第一次検定・第二次検定

管工事
施工管理技士
科目別問題集

2級

一般基礎、電気、建築
空気調和・換気設備
給排水衛生設備
建築設備一般
施工管理法（知識）
設備関連法規
施工管理法（能力）
第二次検定

市ヶ谷出版社

ま　え　が　き

　管工事業は建設業法で定める「指定建設業」で，「2級管工事施工管理技士」は，給排水衛生・空気調和設備の工事現場において，主任技術者として中心的な存在となっております。

　「2級管工事施工管理技士」試験は1972（昭和47）年度より実施され，建設業法に基づき国土交通大臣が指定した試験機関である（一財）全国建設研修センターによって実施される国家試験です。従来，学科試験（6・11月）と実地試験（11月）の構成で実施され，資格を得るためにはその両方に合格しなければなりませんでしたが，2021（令和3）年度より，「第一次検定」及び「第二次検定」のそれぞれ独立した試験として実施されることになりました。第一次検定合格者には2級施工管理**技士補**，第二次検定合格者には2級施工管理**技士**の資格が付与されます。

　「2級管工事施工管理技士」の資格取得は，本人のキャリアアップはもちろんのこと，所属する企業においても，経営事項審査において2級資格取得者には2点が与えられ，技術力の評価につながり，この資格者の役割はますます重要になってきております。ぜひ，本書を利用して実践的な知識を身に着けることにより，試験の合格を確実なものにしていただきたい。

　本書は，2級管工事施工管理技士の第一次及び第二次検定合格を目指す皆様が，**効率よく，短期間に実力を身につけられる**よう，令和4年度〜令和6年度（新試験制度）までの**最新5回の試験で出題された問題を中心**に選定し，**その正答と解説を記述**しました。また，ページの許す限り試験によく出る重要事項などを，**ワンポイントアドバイスとして掲載**しています。

　施工管理についての問題は，従来は14問出題されていましたが，令和3年度の試験制度の改正により，施工管理法（基礎的な知識）10問と，施工管理法（基礎的な能力）4問に分割しての出題となりました。なお，施工管理法（基礎的な能力）の問題は，4つの選択肢から"適当でないもの"2つを選んで解答する，四肢二択方式となりました。

　なお，本書の姉妹版として，専門分野ごとに体系的に要点を取りまとめた「2級管工事施工管理技士　要点テキスト」を発行しておりますので，本書とあわせてご利用いただければ幸いです。

　本書を利用された皆様が，2級管工事施工管理技士の試験に，必ず合格されますことをお祈り申し上げます。

　　　令和7年4月　　　　　　　　　　　　　　　　　　　　　　　執筆者一同

２級管工事施工管理技術検定　令和３年度制度改正について

令和３年度より，施工管理技術検定は制度が大きく変わりました。

●**試験の構成の変更**　　　　（旧制度）　　　　→　　　　（新制度）

　　　　　　　　　　　　学科試験・実地試験　　　→　　　第一次検定・第二次検定

●**第一次検定合格者に『技士補』資格**

　令和３年度以降の第一次検定合格者が生涯有効な資格となり，国家資格として『２級管工事施工管理技士補』と称することになりました。

●**試験内容の変更**・・・以下を参照ください。

●**受検手数料の変更**・・第一次検定・第二次検定ともに受験手数料が6,350円に変更。

試験内容の変更

　学科・実地の両試験を経て２級管工事施工管理技士となる旧制度から，施工技術のうち，基礎となる知識・能力を判定する第一次検定，実務経験に基づいた技術管理，指導監督の知識・能力を判定する第二次検定に改められました。

　第一次検定の合格者には技士補，第二次検定の合格者には技士がそれぞれ付与されます。

第一次検定

　これまで学科試験で求めていた知識問題を基本に，実地試験で出題していた施工管理法の基礎的な能力問題が一部追加されました。

　第一次検定の解答形式は，マークシート方式と公表されていて，旧制度の四肢一択形式に加えて，施工管理法の能力を問う問題については，四肢二択でした。

　合格に求める知識・能力の水準は旧制度と同程度となっています。

制度改正　ⅴ

第一次検定の試験内容

検定区分	検定科目	検　定　基　準
第一次検定	機械工学等	1. 管工事の施工の管理を適確に行うために必要な機械工学，衛生工学，電気工学，電気通信工学及び建築学に関する概略の知識を有すること。
		2. 管工事の施工の管理を適確に行うために必要な設備に関する概略の知識を有すること。
		3. 管工事の施工の管理を適確に行うために必要な設計図書を正確に読みとるための知識を有すること。
	施工管理法	1. 管工事の施工の管理を適確に行うために必要な施工計画の作成方法及び工程管理，品質管理，安全管理等工事の施工の管理方法に関する基礎的な知識を有すること。
		2. 管工事の施工の管理を適確に行うために必要な基礎的な能力を有すること。
	法　　規	建設工事の施工の管理を適確に行うために必要な法令に関する概略の知識を有すること。

※　検定問題の文中に使用される漢字には，ふりがなが付記されます。
（注記）本書に掲載している検定問題ではふりがなは付記しません。（市ヶ谷出版社）

（2級管工事施工管理技術検定　受検の手引より引用）

第一次検定の合格基準

　　・第一次検定 ──────── 得点が 60％ 以上

（国土交通省 不動産・建設経済局建設業課「技術検定制度の見直し等（建設業法の改正）」より）

第二次検定

　第二次検定は，施工管理法についての試験で知識，基礎的な能力を問う記述式の問題となります。

第二次検定の試験内容

検定区分	検定科目	検　定　基　準
第二次検定	施工管理法	1. 主任技術者として，管工事の施工の管理を適確に行うために必要な知識を有すること。
		2. 主任技術者として，設計図書で要求される設備の性能を確保するために設計図書を正確に理解し，設備の施工図を適正に作成し，及び必要な機材の選定，配置等を適切に行うことができる応用能力を有すること。

※　検定問題の文中に使用される漢字には，ふりがなが付記されます。
（注記）本書に掲載している検定問題ではふりがなは付記しません。（市ヶ谷出版社）

（2級管工事施工管理技術検定　受検の手引より引用）

2級管工事施工管理技術検定の概要

1. 試験日程

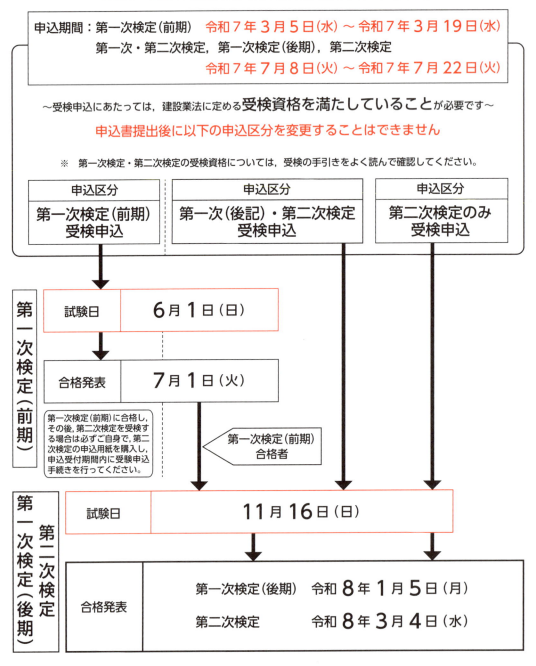

2. 受検資格

受検資格に関する詳細については，必ず「受検の手引」をご確認ください。

（1） 新受検資格による場合

① 第一次検定

令和7年度における年齢が17歳以上の者（誕生日が平成21年4月1日までの者）。

② 第二次検定

・2級第一次検定合格後，実務経験が3年以上の者。

・1級第一次検定合格後，実務経験が1年以上の者。

（2） 旧受検資格による場合

① 第一次検定

令和7年度中における年齢が17歳以上の者（誕生日が平成21年4月1日までの者）

② 第二次検定

受検資格区分(イ), (ロ), (ハ), (ニ), (ホ)のいずれかに該当する者が受検できます。

※上記の詳しい内容につきましては，「受検の手引」をご参照ください。

区分	学歴と資格	管工事施工管理に関する必要な実務経験年数	
		指定学科	指定学科以外
(イ)	学校教育法による ・大学 ・専門学校の「高度専門士」*1	卒業後　1年以上 の実務経験年数	卒業後　1年6ヵ月以上 の実務経験年数
(ロ)	学校教育法による ・短期大学 ・高等専門学校（5年制） ・専門学校の「専門士」*2	卒業後　2年以上 の実務経験年数	卒業後　3年以上 の実務経験年数
(ハ)	学校教育法による ・高等学校 ・中等教育学校（中高一貫6年） ・専修学校の専門課程	卒業後　3年以上 の実務経験年数	卒業後　4年6か月以上 の実務経験年数
(ニ)	その他（最終学歴を問わず）	8年以上の実務経験年数	
(ホ)	技能検定合格者 職業能力開発促進法による技能検定のうち検定職種を1級の「配管」（建築配管作業とするものに限る以下同じ）又は2級の「配管」とするものに合格した者	4年以上の実務経験年数 <u>ただし，**1級「配管」**（建築配管作業）の資格を取得した者又は，平成15年度以前に**2級「配管」**（建築配管作業）の資格を取得していた者は，実務経験の記載は不要です。</u> 職業能力開発促進法施行規則の一部を改正する省令（平成15年12月25日厚生労働省令第180号） （改正前の職業訓練法施行令（昭和48年政令第98号）による「空気調和設備配管」若しくは「給排水衛生設備配管」又は「配管工」を含む）	

*1 「高度専門士」の要件
　①修業年数が4年以上であること。
　②全課程の修了に必要な総授業時間が3,400時間以上。又は単位制による学科の場合は，124単位以上。
　③体系的に教育課程が編成されていること。
　④試験等により成績評価を行い，その評価に基づいて課程修了の認定を行っていること。
*2 「専門士」の要件
　①修業年数が2年以上であること。
　②全課程の修了に必要な総授業時間が1,700時間以上。又は単位制による学科の場合は，62単位以上。
　③試験等により成績評価を行い，その評価に基づいて課程修了の認定を行っていること。
　④高度専門士と称することができる課程と認められたものでないこと。

3. 試験地

札幌・青森・仙台・東京・新潟・金沢・名古屋・大阪・広島・高松・福岡・鹿児島・那覇

※試験会場は，受検票でお知らせします。

※試験会場の確保等の都合により，やむを得ず近郊の都市で実施する場合があります。

※第一次検定のみ，第二次検定のみ，第一次・第二次検定で会場が違います。詳しくは「受検の手引」をご参照ください。

4. 試験の内容等

「2 級管工事施工管理技術検定　令和 3 年度制度改正について」をご参照ください。

受検資格や試験の詳細については「受検の手引」をよく確認してください。

不明点等は下記機関に問い合わせしてください。

5. 試験実施機関

国土交通大臣指定試験機関

一般財団法人　全国建設研修センター　管工事試験部

〒 187-8540　東京都小平市喜平町 2-1-2

TEL　042-300-6855

ホームページアドレス　https://www.jctc.jp/

電話によるお問い合わせ応対時間　9：00～17：00

土・日曜日・祝祭日は休業日です。

本書の利用のしかた

　本書は，試験問題の出題順にあわせ，第一次検定を次の第1章～第9章に分類し，さらに，その中で専門分野ごとに細分化し，最新5回の問題を中心に体系的にまとめてあります。第二次検定については第10章としてまとめてあります。

　　　第1章　一般基礎　　　第2章　電気設備　　　第3章　建築工事
　　　第4章　空気調和・換気設備　　　第5章　給排水衛生設備
　　　第6章　建築設備一般　　　第7章　施工管理法（基礎的な知識）
　　　第8章　設備関連法規　　　第9章　施工管理法（応用能力）
　　　第10章　第二次検定

　第一次検定のうち，第4章空気調和・換気設備と第5章給排水衛生設備（17問中9問），第7章施工管理法（10問中8問），第8章設備関連法規（10問中8問）は**選択問題**です。それ以外は**必須問題**となります。まず，必須問題を重点的に学習してください。
　特に施工管理法については，令和3年度の試験制度の改正により，全14問を施工管理法（基礎的な知識）10問と，施工管理法（基礎的な能力）4問に分割しての出題となりました。施工管理法（応用能力）については，解答方式が四肢二択方式に変更となっていますので注意が必要です。
　選択問題は，専門分野ごとに問題を取りまとめてあります。総花的に解答にトライしようとせずに，自分の得意な分野に限定して確実に得点できるようにしてください。限られた時間を有効に利用するためにも，取捨選択は大事な受験技術です。必要正答数40問（出題52問）に対し合格ラインは正答率60%以上であるので，正答率80%を目標に効率的に学習してください。

1. 各章のはじめに，最新5回分の**出題内容と出題箇所，および出題傾向分析**を掲載しています。出題範囲を含め出題傾向がある程度把握しやすい試験であるので，本年度の出題の可能性を確認しながら学習を進めていってください。また，紙面構成を，左ページに問題・右ページに正答と解説を配置し，見開きで見やすく学習しやすいように工夫しています。**最新の問題**には，スミアミをかけてあります。
2. 解説文の中で，試験によく出題される重要な用語は，太字で記述しています。重要な解説，設問に対する正しい用語・文章にはアンダーラインで示していますので，合格するための最低限の知識として覚えてください。また，皆様が正答肢として誤って選択しやすい設問について，**間違いやすい選択肢**として示していますので参考にしてください。
3. 問題番号の前の□□□は，問題に目を通すごとにチェックするためのもので，重要な問題・不得意な問題は2度，3度と繰り返し学習効果を高めてください。

x　本書の利用のしかた

　第二次検定は，記述式解答となります。5問（設備全般の施工要領に関する必須問題1問，空調設備・給排水衛生設備の留意事項に関する選択問題2問のうち1問選択，バーチャート工程表に関する必須問題1問，法規に関する必須問題1問）出題され4問を解答します。令和6年度より，第二次検定の試験問題が見直しされています。第10章を参照ください。

　なお本書では，解説の記述は正答肢に対する内容の説明に限定し，受験書として受験者の理解に必要な最小限の記述にとどめましたので，詳しく学習される方は，本書の姉妹品「2級管工事施工管理技士　要点テキスト（令和5年度版）：市ヶ谷出版社刊」の該当箇所を併わせて学習してください。

合格の七ヶ条　　　　　　　　　第一次検定

1. **過去5回分の出題傾向分析により，出題者の意図（傾向）をつかむ。**
　　毎年出題・隔年に出題される，などの傾向がかなりはっきりしているので，勉強のポイントを外さないこと。敵を知れば百戦危うからず。

2. **得意な（理解できる）分野から勉強を始める。**
　　試験勉強が途中で挫折しないように，一般基礎や電気設備などが不得意なら後まわしにする。

3. **正答率70%をめざして得点計画を立てる（満点を取る必要はなし）。**
　　全解答60問に対し36問正解（60%）なら合格ラインです。受験勉強は毎年必ず出る問題を中心に得意・不得意分野を取捨選択し，正答率70%以上をめざそう。

4. **選択問題（空調設備，衛生設備，法規）でも賢く得点する。**
　　苦手分野でも，数問は正答肢がわかるものです。また，例えば空調が苦手でも，ほぼ毎年出題される換気や排煙の計算問題などにもトライしてみよう。

5. **過去問題の正しい選択肢文を，繰り返し勉強・復習する。**
　　過去の出題問題からの類似出題が多いので，数多くの問題を学習し出題のポイントを復習することが有効です。誤りの文は正しい文に直して覚える。

6. **試験直前で他の図書に手を出さない。**
　　本書でしっかり実力をつけ，自信を持って試験に臨もう。

7. **実力が十分に発揮できるように，受験の心得を確認する。**
　　得意な分野の問題から解く。
　　最後に全体を見直す時間を確保できるように，時間配分に注意する。
　　第一次検定試験は，施工管理法（能力）を除き，すべて四肢択一問題なので，最後まであきらめずに正答肢を見つけよう。

目　　次

第 1 章　一般基礎

1・1	**環境工学**	4	**1・2**	**流体工学**	14
1・1・1	水と環境（水質汚濁，水の性状）	4	1・2・1	流体の用語	14
1・1・2	室内空気環境	6			
1・1・3	湿り空気・結露防止	10	**1・3**	**熱力学**	18
			1・3・1	熱に関する用語	18

第 2 章　電気設備

2・1	**保護装置・制御機器・力率改善**	24	**2・2**	**電気工事**	28

第 3 章　建築工事

3・1	**鉄筋コンクリート造**	34	3・1・3	鉄筋コンクリート造の鉄筋	36
3・1・1	鉄筋コンクリート造の施工	34	3・1・4	曲げモーメント	38
3・1・2	鉄筋コンクリート造の構造	34			

第 4 章　空気調和・換気設備

4・1	**空調方式**	42	**4・6**	**空調管理**	54
4・2	**省エネルギー**	44	**4・7**	**暖房設備**	56
4・3	**空気線図**	46	**4・8**	**ヒートポンプ，冷凍機**	58
4・4	**熱負荷**	50	**4・9**	**換気方式**	60
4・5	**空気清浄**	52	**4・10**	**換気計算**	62

第 5 章　給排水衛生設備

5・1	**上水道**	68	5・4・2	配管の流速・勾配・材質	76
			5・4・3	給湯機器，安全装置	78
5・2	**下水道**	70			
			5・5	**排水・通気設備**	80
5・3	**給水設備**	72	5・5・1	排水トラップ，間接排水，	
5・3・1	飲料水の汚染防止	72		封水の損失原因	80
5・3・2	給水方式	72	5・5・2	排水管の勾配・管径，特殊継手	
5・3・3	給水量，給水圧力	74		排水システム	82
5・3・4	給水機器	74	5・5・3	通気管の種類・管径	82
5・4	**給湯設備**	76	**5・6**	**消火設備**	84
5・4・1	給湯方式，給湯温度	76			

5・7	ガス設備	86	**5・8**	浄化槽	88

第6章　建築設備一般

6・1	共通機材	94	6・2・2	ダクト及びダクト付属品	110
6・1・1	設備機器	94	6・2・3	保温材	114
6・1・2	飲料用給水タンク	100			
6・1・3	給湯設備の機器	102	**6・3**	設計図書	116
			6・3・1	設計図に記載する項目等	116
6・2	配管・ダクト	104	6・3・2	公共工事標準請負契約約款	118
6・2・1	配管及び配管付属品	104			

第7章　施工管理法（基礎的な知識）

7・1	公共工事における施工計画等	124	**7・6**	配管工事	148
			7・6・1	配管の施工	148
7・2	工程管理	128	7・6・2	配管及び付属品の施工	150
7・2・1	ネットワーク工程表	128			
7・2・2	各種工程表	132	**7・7**	ダクト工事	154
			7・7・1	ダクトの施工	154
7・3	建設工事における品質管理	134	7・7・2	ダクト及びダクト付属品の施工	156
7・4	建設工事における安全管理	138	**7・8**	保温，保冷，塗装工事	160
7・5	機器の据付	142	**7・9**	試験・検査	164
7・5・1	機器の基礎及び支持・固定	142			
7・5・2	基礎・アンカーボルト	146	**7・10**	試運転調整	168

第8章　設備関連法規

8・1	労働安全衛生法	174	**8・5**	消防法	206
8・1・1	労働安全衛生管理	174	8・5・1	危険物の区分及び指定数量	206
8・1・2	作業主任者，就業制限	178	8・5・2	消火設備，屋内消火栓設備	208
8・2	労働基準法	182	**8・6**	廃棄物の処理及び清掃に関する法律	
8・2・1	労働条件	182			212
8・2・2	未成年者	188			
			8・7	その他の法令	218
8・3	建築基準法	190	8・7・1	建設工事に係る資材の再資源化等に	
8・3・1	建築の用語	190		関する法律	218
8・3・2	建築設備（配管設備他）	194	8・7・2	フロン類の使用の合理化及び管理の	
				適正化に関する法律	220
8・4	建設業法	198	8・7・3	騒音規制法	222
8・4・1	建設業の許可及び請負契約	198	8・7・4	浄化槽法	224
8・4・2	主任技術者と監理技術者，建設業		8・7・5	建築物のエネルギー消費性能の向上	
		202		に関する法律	226

8・7・6　測定項目と法律の組合せ　227

第9章　施工管理法（応用能力）

9・1　工程管理：各種工程表　232

9・2　施工計画：機器の据付と調整　238

9・3　施工計画：配管及び配管付属品の施工　244

9・4　施工計画：ダクト及びダクト付属品の施工　250

第10章　第二次検定

10・1　設備全般の施工要領［必須問題］　262

10・2　バーチャート工程表と法規　273
10・2・1　バーチャート工程表　273
10・2・2　法規　285

10・3　留意事項［選択問題］　290
10・3・1　留意事項（空調設備）　290
10・3・2　留意事項（給排水衛生設備）　297

10・4　施工経験した管工事の記述　303

２級管工事施工管理技士第一次検定試験　分野別の出題数と解答数

（令和６年度（後期）の例）

出　題　分　類		出　題　数	必要解答数	備　　考
機械工学等	一　般　基　礎	4問	4問	必須問題
	（環 境 工 学）	(2)		
	（流 体 工 学）	(1)		
	（熱 　 力 　 学）	(1)		
	電　気　設　備	1問	1問	
	建　　　　　築	1問	1問	
	空 気 調 和 ・ 換 気 設 備	8問	9問	選択問題 　17問の中から任意に９問を選び，解答してください。 　余分に解答すると，減点されます。
	（空 調 方 式）	(1)		
	（省エネルギー）	(0)		
	（空 気 線 図）	(1)		
	（熱 　 負 　 荷）	(1)		
	（空 気 清 浄）	(1)		
	（空 調 管 理）	(0)		
	（暖 房 設 備）	(1)		
	（ヒートポンプ，冷凍機）	(1)		
	（換 気 方 式）	(2)		
	（換 気 計 算）	(0)		
	給 排 水 衛 生 設 備	9問		
	（上 　 水 　 道）	(1)		
	（下 　 水 　 道）	(1)		
	（給 水 設 備）	(1)		
	（給 湯 設 備）	(1)		
	（排 水 通 気 設 備）	(2)		
	（消 火 設 備）	(1)		
	（ガ ス 設 備）	(1)		
	（浄 　 化 　 槽）	(1)		
	建 築 設 備 一 般	5問	5問	必須問題
	（共 通 機 材）	(2)		
	（配管・ダクト）	(2)		
	（設 計 図 書）	(1)		
施工管理法	施 工 計 画 法（基礎的な知識）	10問	8問	選択問題 　10問の中から任意に８問を選び，解答してください。 　余分に解答すると，減点されます。
	（施 工 計 画）	(1)		
	（工 程 管 理）	(1)		
	（品 質 管 理）	(1)		
	（安 全 管 理）	(1)		
	（機 器 の 据 付）	(1)		
	（配 管 工 事）	(1)		
	（ダ ク ト 工 事）	(1)		
	（保温，保冷，塗装工事）	(1)		
	（試 験 ・ 検 査）	(1)		
	（試 運 転 調 整）	(1)		
法規	設 備 関 連 法 規	10問	8問	選択問題 　10問の中から任意に８問を選び，解答してください。 　余分に解答すると，減点されます。
	（労 働 安 全 衛 生 法）	(1)		
	（労 働 基 準 法）	(1)		
	（建 築 基 準 法）	(2)		
	（建 設 業 法）	(2)		
	（消 　 防 　 法）	(1)		
	（騒 音 規 制 法）	(0)		
	（廃 棄 物 の 処 理）	(1)		
	（資源の再資源化等）	(0)		
	（そ 　 の 　 他）	(2)		
施工管理法	施 工 管 理 法（応用能力）	4問	4問	必須問題
	合　　　計	52問	40問	

第1章
一般基礎

一般基礎

1・1 ▶ 環境工学	———————————	4
1・2 ▶ 流体工学	———————————	14
1・3 ▶ 熱力学	———————————	18

過 去 の 出 題 傾 向

● 一般基礎は，必須問題が4問出題される。

● 例年，各設問はある程度限られた範囲（項目）から出題内容も毎年または交互に出題となっているので，過去問題から傾向を把握しておくこと。令和6年度も大きな出題傾向の変化はなかったので，令和7年度に出題が予想される項目について重点的に学習しておくとよい。

●過去5回の出題内容と出題箇所●

出題内容・出題数	年度（和暦）	令和					計
		6後期	6前期	5後期	5前期	4後期	
1・1 環境工学	1.水と環境(水質汚濁，水の性状)		1		1	1	3
	2.室内空気環境	1		1	1	1	4
	3.湿り空気・結露防止	1	1	1			3
1・2 流体工学	1.流体の用語	1	1	1	1	1	5
1・3 熱力学	1.熱に関する用語	1	1	1	1	1	5

●出題傾向分析●

1・1 環境工学

①　**水環境や水の性状に関する用語**は，水質汚濁防止法と有害物資，BOD，COD，DO，SS，TOC，Mg と硬度，塩化物イオン濃度，水素イオン濃度 (pH)，濁度，色度，ノルマルヘキサン抽出物質，富栄養化，大腸菌などについて理解しておく。

②　**室内空気環境に関する用語**は，酸素濃度，ホルムアルデヒドと致死量，$CO \cdot CO_2$ の濃度と人体への影響，臭気，空気齢，シックハウス症候群，浮遊粉じんの量，石綿，必要換気量，PM2.5 などについて理解しておく。

③　**湿り空気**は，飽和湿り空気，絶対湿度，相対湿度，空気中の水蒸気量，乾球温度と湿球温度，露点温度，結露などについて理解しておく。また，表面結露防止に関する事項は，**表面結露防止の方法**について理解しておく。

④　**室内温熱環境の評価や代謝に関する用語**は，有効温度，等価温度，予想平均申告 (PMV)，基礎代謝，エネルギー代謝量とメット (met)，作用温度 (OT)，新有効温度 (ET)，着衣量，平均放射温度 (MRT) などについて理解しておく。

1・2 流体工学

①　**流体の性質と用語**は，水の粘性係数，空気の粘性係数と温度，粘性の影響，水の圧力の伝達，動圧・静圧，流速，流体の密度と水撃圧，圧力損失の大きさ，表面張力と毛管現象，乱流・層流とレイノズル数，水の密度，パスカルの原理，ベルヌーイの定理などについて理解しておく。

②　**流体の用語**は，ダルシー・ワイスバッハの式，ベンチュリー管，トリチェリの定理，ウォータハンマー，非圧縮性の完全流体の定常流などについて理解しておく。

1・3 熱力学

熱に関する原理と用語は，伝熱，熱伝達，気体の熱伝導率，自然対流，熱容量と比熱，熱伝導，熱放射と媒体，熱移動量，物質の状態（気体，液体，固体），相変化（蒸発・凝縮・凝固・融解・昇華）顕熱・潜熱，熱と仕事の相互変換熱移動，気体の断熱圧縮などについて理解しておく。

4・第1章　一般基礎

1・1　環境工学

●1・1・1　水と環境（水質汚濁，水の性状）

1
水に関する記述のうち，**適当でないもの**はどれか。
(1)　濁度は，水の濁りの程度を示す。
(2)　COD は，水中に溶存する酸素量である。
(3)　色度は，水の色の程度を示す。
(4)　硬水は，カルシウムイオンやマグネシウムイオンを多く含む水である。

《R6 前-1》

2
水に関する記述のうち，**適当でないもの**はどれか。
(1)　1 気圧のもとで水の密度は，0℃ のときに最大となる。
(2)　1 気圧のとき，水に対する空気の溶解度は，温度の上昇とともに減少する。
(3)　1 気圧のもとで 1 kg の水の温度を 1℃ 上昇させるために必要な熱量は，約 4.2 kJ である。
(4)　1 気圧のとき，沸点は約 100℃ であるが，気圧が下がると沸点も下さがる。

《R5 前-2》

3
水に関する記述のうち，**適当でないもの**はどれか。
(1)　軟水は，カルシウム塩，マグネシウム塩を多く含む水である。
(2)　BOD は，水中に含まれる有機物質の量を示す指標である。
(3)　0℃ の水が氷になると，体積は約 10% 増加する。
(4)　pH は，水素イオン濃度の大小を示す指標である。

《R4 後-2》

▶解説

1　(2)　COD（化学的酸素要求度）は，水中に含まれる有機物が過マンガン酸カリウムなどの酸化剤で化学的に酸化したときに消費される酸素量である。したがって，適当でない。

2　(1)　<u>大気圧における水の密度の最大</u>は，4℃ である。したがって，適当でない。

3　(1)　<u>カルシウム塩，マグネシウム塩を多く含む水は**硬水**</u>である。したがって，適当でない。間違いやすい設問である(2)には注意。BOD（生物化学的酸素要求量）は，水中に含まれる有機物が微生物によって酸化分解される際に消費される酸素量のため，指数としても捉えられる。

1・1　環境工学　5

ワンポイントアドバイス　1・1・1　水と環境

一般基礎

(1)　水に関する評価項目，BOD，COD，SS，色度，濁度，pH，DO，硬度などを理解しておく。

①　BOD（生物化学的酸素要求量）

水中に含まれる有機物が微生物によって酸化分解される際に消費される酸素量をいう。

②　COD（化学的酸素要求量）

水中に含まれる有機物が過マンガン酸カリウムなどの酸化剤で化学的に酸化したときに消費される酸素量をいう。BODと間違いやすい。

③　SS（浮遊物質）

水中に溶解しないで浮遊又は懸濁している有機物，無機質の物質量である。水の汚染度を示す。空気環境評価の浮遊粉塵とは関係ない。

④　色度・濁度

色度は，水の着色の程度の判断を示し，濁度は，水の濁りの程度を示す指標である。

⑤　pH（水素イオン濃度）

pHは，水素イオン濃度の大小を示す指標で，溶液の酸性やアルカリ性の度合いを示す量である。pHが7のときは中性，7を超える場合はアルカリ性である。

⑥　DO（溶存酸素量）

水中に溶けている酸素の量である。

⑦　空気の溶解度

大気圧において，空気の水に対する溶解度は，温度の上昇とともに減少する。温度が低い方（冬季）が溶解度は大きい。

⑧　硬度

硬度は，水中のマグネシウムイオンとカルシウムイオンの量で示される。

マグネシウムイオンの多い水は，硬度が高い。また，硬水は，硬度が高く，水中のマグネシウムイオンとカルシウムイオンが多く含む水である。

(2)　水の性質で，水の圧縮性，密度，水の熱量，ニュートン流体，粘性係数などを理解しておく。

①　水の圧縮性

空気は，圧縮性流体として，水は，非圧縮性流体として扱われる。

水は，空気に比べ圧縮しにくい。

②　密度

大気圧における水の密度は，4℃で最大となる。また，0℃の氷の密度より大きい。

③　水の熱量

大気圧において，水の温度を1℃上昇させるために必要な熱量は，約4.2 kJ／kgである。

④　ニュートン流体

水は，ニュートン流体として扱われる。ニュートン流体は，粘性による摩擦応力が境界面と垂直方向の速度勾配に比例する。

⑤　水と空気の粘性係数

水の粘性係数は，20℃で1.002 mPa・sで温度が上昇すると減少し，気体の粘性係数は，20℃で18.2 μPa・sで，温度が上昇すると増加する。

水の粘性係数は，空気の粘性係数より大きい。

⑥　氷の体積

水を凍らすと氷になり，体積は約10%増加する。

6　第 1 章　一般基礎

●1・1・2　室内空気環境

4　空気環境に関する記述のうち，**適当でないもの**はどれか。

(1)　室内空気の汚染度を示す指標の一つには，浮遊物質（SS）がある。

(2)　空気齢とは，外気が室内に導入されてからある地点に到達するまでの平均時間をいう。

(3)　大気中における二酸化炭素濃度は，季節変動を繰り返しながら経年的に増加傾向にある。

(4)　一酸化炭素は，無色無臭であるが，人体に有害である。

《R6 後-1》

5　空気環境に関する記述のうち，**適当でないもの**はどれか。

(1)　室内の浮遊紛じんは，人体の呼吸器系に影響を及ぼす。

(2)　臭気は，空気汚染を示す指標の一つであり，臭気強度や臭気指数で表す。

(3)　居室の必要換気量は，一酸化炭素濃度の許容値に基づき算出する。

(4)　ホルムアルデヒドの室内濃度が高くなると，目や呼吸器系を刺激し健康に影響を及ぼす。

《R5 後-2》

6　次の指標のうち，空気環境と**関係のないもの**はどれか。

(1)　平均放射温度

(2)　予想平均申告（PMV）

(3)　浮遊物質（SS）

(4)　不快指数

《R5 前-1》

7　空気環境に関する記述のうち，**適当でないもの**はどれか。

(1)　一酸化炭素は，炭素を含む物質の燃焼中に酸素が不足すると発生する気体である。

(2)　二酸化炭素は，直接人体に有害とはならない気体で，空気より軽い。

(3)　浮遊粉じん量は，室内空気の汚染度を示す指標の一つである。

(4)　ホルムアルデヒドは，内装仕上げ材や家具等から放散され刺激臭を有する。

《R4 後-1》

〈p.4 の解答〉　**正解**　**1**(2)，**2**(1)，**3**(1)

▶解説

4 (1) 浮遊物質（SS）は，水の汚染度を表す，水中に溶解しないで浮遊または懸濁している有機物，無機質の物質量であり，空気環境評価の浮遊粉塵量とは関係ない。したがって適当でない。

5 (3) **居室の必要換気量**は，一般に二酸化炭素濃度の許容値に基づいて算出する。したがって，適当でない。

6 (3) 浮遊物質（SS）は，水の汚染度を表す，水中に溶解しないで浮遊または懸濁している有機物，無機質の物質量であり，空気環境評価の浮遊粉塵量とは関係ない。したがって，適当でない。

7 (2) **二酸化炭素**は，空気より重い。したがって，適当でない。

■ ワンポイントアドバイス　1・1・2　室内空気環境

(1) 室内空気の汚染に関する用語，二酸化炭素，一酸化炭素，浮遊粉じん，臭気，揮発性有機化合物，ホルムアルデヒドなどについて理解しておく。

(2) 建築物における衛生的環境の確保に関する法律（建築物衛生法）

(イ)	浮遊粉塵量	空気 $1\,\mathrm{m^3}$ につき $0.15\,\mathrm{mg}$ 以下
(ロ)	CO 含有量	$6\,\mathrm{ppm}$ 以下（令和4年4月1日，$10\,\mathrm{ppm}$ が改正された）
(ハ)	CO_2 含有量	$1{,}000\,\mathrm{ppm}$ 以下
(ニ)	温度	(1) 18℃ 以上　28℃ 以下（令和4年4月1日，17℃ 以上が改正された） (2) 居室における温度を外気温度より低くする場合は，その差を著しくしないこと
(ホ)	相対湿度	40% 以上　70% 以下
(ヘ)	気流	$0.5\,\mathrm{m/s}$ 以下
(ト)	ホルムアルデヒドの量	空気 $1\,\mathrm{m^3}$ につき $0.1\,\mathrm{mg}$ 以下

① **二酸化炭素**

・在籍者の呼吸・代謝や燃焼によって増加し，無色・無臭の気体で，それ自体としては人体に有害ではない。空気清浄度の指標とされている。

・二酸化炭素は，空気や一酸化炭素より重い。

・二酸化炭素は，オゾン破壊係数がゼロで，地球温暖化係数は小さいが，排出量が非常に多いため，地球温暖化への影響は大きい。

② **一酸化炭素**

一酸化炭素は，無色・無臭で，空気に対する比重は，0.967 と二酸化炭素よりも小さい。

③ **浮遊粉じん**

・浮遊粉じんは，室内空気の汚染度を示す指標の1つである。空気の乾燥したときに多い。

・石綿は，天然の繊維状の鉱物で，その粉じんを吸入すると中皮腫などの重篤な健康障害を引き起こす恐れがある。

・PM2.5（微小粒子状物質）は，大気中に浮遊する微少粒子状物質を表すもので，環境基準に定められている。

8　第1章　一般基礎

④　**臭気と必要換気量・空気齢**

- 臭気は，空気汚染を知る指標の1つである。居室の必要換気量は，喫煙による臭気を許容される限界濃度まで，下げるための換気量で，たばこ1本につき 20 m³/h 程度以上の換気量が必要とされ，1人当たりでは 25 m³/h 以上の換気量が必要である。

- 空気齢は，窓や給気口などの開口部から室内に入ってきた空気が，室内のある場所に到達するまでにかかる時間をいう。室内の換気の状況を表すために用いられ，空気齢が短いほど空気が新鮮であることを表している。

⑤　**揮発性有機化合物**

建材に使用される材料から揮発性有機性化合物（VOCs）が室内に拡散され，室内空気汚染される。

⑥　**ホルムアルデヒド**

ホルムアルデヒドは，内装仕上材や家具などから発生する無色透明な気体で，揮発性で，鼻につく独特な臭いを発する。無色・無臭ではない。

ホルムアルデヒドは，化学物質過敏症やシックハウス症候群の原因物質である。眼や呼吸器系を刺激し，アレルギーを引き起こす恐れがある。

(2)　室内温熱環境の評価で関係する気流，有効温度，新有効温度，作用温度，予想平均申告，平均放射温度，着衣量とクロ，代謝量とメットなどについて理解しておく。

①　**気流**

気流は，室内空気環境に関係し，夏の冷房時に強い気流速度を長時間あたると不快感を生じる。

②　**有効温度（ET）**

有効温度は，室内空気環境に関係し，乾球温度・湿球温度・気流速度（風速）の3つの組合わせを同じ体感を得られる無風で，湿度100%のときの空気温度で表したものである。

③　**新有効温度（ET*）**

新有効温度は，室内空気環境に関係し，湿度50%を基準とし，気温，湿度，気流，放射熱，着衣量（クロ），代謝量（メット）により総合的に評価したものである。

④　**作用温度（OT）**

作用温度は，室内空気環境に関係し，周囲空間と人体との間で対流と放射による熱交換を行っており，これと同じ量の熱を交換する均一温度で閉鎖空間の温度をいう。空気温度，放射温度による対流熱伝達率と放射熱伝達率との総合効果を表したものである。

⑤　**予想平均申告（PMV）**

予想平均申告は，室内空気環境に関係し，温熱感覚に関する6要素をすべて考慮した指標である。6要素には，環境側の気温，湿度，放射，気流の4要素と人体側の代謝量（メット），着衣量（クロ）の2要素がある。

⑥　**平均放射温度（MRT）**

平均放射温度は，室内空気環境に関係し，室内各部の表面積の合計に対する室内各部の表面温度に，その部分の表面積を乗算した総計の割合である。

表面温度を積極的に調整するものに放射暖房・放射冷房がある。

⑦　**着衣量とクロ（clo）**

着衣量は，室内空気環境に関係し，人体からの放熱量が，室内の温熱状態のほかに着衣の断熱性にも関係して，clo（クロ）で表す。

〈p.6の解答〉　**正解**　**4** (1)，**5** (3)，**6** (3)，**7** (2)

⑧ **代謝量とメット（met）**

メットは，人体の代謝量を示す単位で，1メットはいす座安静時における代謝量をいう。

⑨ **暑さ指数（WBGT）**

熱中症予防のための運動指数

屋外：WBGT＝0.7×湿球温度＋0.2×黒球温度＋0.1×乾球温度

屋内：WBGT＝0.7×湿球温度＋0.3×黒球温度

● 1・1・3 湿り空気・結露防止

8 湿り空気に関する記述のうち，**適当でないもの**はどれか。
(1) 湿り空気を加熱すると，その絶対湿度は下がる。
(2) 絶対湿度は，湿り空気中の乾き空気1 kgに対する水蒸気の質量で示す。
(3) 飽和湿り空気の乾球温度と湿球温度は等しい。
(4) 飽和湿り空気の相対湿度は100%である。

《R6後-4》

9 下図に示す湿り空気線図において，A点（●印）の湿り空気の乾球温度として，**適当なもの**はどれか。
(1) 12℃
(2) 12.5℃
(3) 18.5℃
(4) 23.5℃

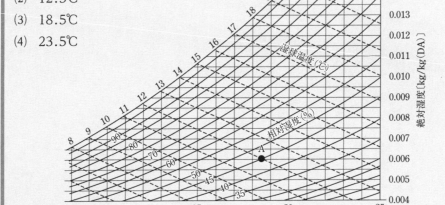

《R6前-4》

10 湿り空気に関する記述のうち，**適当でないもの**はどれか。
(1) 飽和湿り空気の相対湿度は100%である。
(2) 絶対湿度は，湿り空気中に含まれている乾き空気1 kgに対する水蒸気の質量で示す。
(3) 飽和湿り空気の乾球温度と湿球温度は等しい。
(4) 湿り空気を加熱すると，その絶対湿度は下がる。

《R5後-1》

1・1 環境工学　11

▶ 解説

8 (1)　湿り空気を加熱しても，絶対湿度の変化は無い。したがって，適当でない。絶対湿度は，湿り空気中に含まれる乾き空気 1 Kg に対する水蒸気の質量であるため，加熱しても変わらない。

9 (3)　A 点から垂直下で乾球温度（℃）と交差した点であり 18.5℃ である。したがって，(3)が適当である。

10 (4)　湿り空気を加熱しても絶対湿度の変化はない。したがって，適当でない。絶対湿度は，湿り空気中に含まれる乾き空気 1 Kg に対する水蒸気の質量であるため，加熱しても変わらない。

ワンポイントアドバイス　1・1・3　湿り空気・結露防止

(1)　湿り空気に関する用語，飽和湿り空気，湿球温度，絶対湿度，相対湿度，露点温度などについて理解しておく。

① **飽和湿り空気**

飽和湿り空気，湿り空気でこれ以上水蒸気を含めない状態のものをいう。

飽和湿り空気では，乾球温度と湿球温度は等しい。

空気中に含有できる水蒸気量は，温度が高くなるほど多くなる。

飽和湿り空気は，相対湿度 100% をいう。

② **湿球温度**

湿球温度は，湿ったガーゼで包んだ感熱部を持つ湿球温度計の示す空気温度である。

湿球温度は，アスマン通風式乾湿計などの示度を用いる。

③ **絶対湿度**

絶対湿度は，湿り空気中に含まれる乾き空気 1kg に対する水蒸気の質量をいう。ここで，間違いやすいのは，湿り空気 1kg に対するものではない。また，相対湿度ではない。

④ **相対湿度**

・相対湿度は，ある湿り空気の水蒸気分圧と，その温度における飽和湿り空気の水蒸気分圧との比をいう。

・飽和湿り空気の相対湿度は，100% である。

⑤ **露点温度**

・露点温度は，ある湿り空気の水蒸気分圧に等しい水蒸気分圧をもつ飽和湿り空気の温度である。さらに温度が下がると水蒸気の一部が凝縮液化して物体の表面に結露が生じる。

・言い換えると，露点温度は，その空気と同じ絶対湿度をもつ飽和湿り空気の温度である。

(2)　湿り空気の状態変化，冷却，加熱，水噴霧加湿，蒸気加湿，化学吸着吸収剤による除湿，乾球温度の変化などについて理解しておく。

① **冷却（断熱冷却）**

　a.　露点温度より高い冷媒での冷却では，乾球温度が下がり，絶対湿度は一定である。

　b.　露点湿度より低い冷媒での冷却では，乾球温度・絶対湿度とも下がる。

② **加熱**

・加熱は，乾球温度が上がり，絶対湿度は一定で，相対湿度は下がる。

・加熱，冷却（乾球温度を変化させる）しても絶対湿度は変わらない。

③ **水噴霧加湿**
　水噴霧加湿は，水スプレーで加湿する場合で，絶対湿度は上がり，乾球温度は下がる。
④ **蒸気加湿**
・蒸気加湿は，乾球温度がほぼ一定で，絶対湿度が上がる。
・水噴霧加湿や蒸気加湿などにより加湿すると絶対湿度が上がる。
⑤ **化学吸着吸収剤による除湿**
　化学吸着吸収剤による除湿は，絶対湿度が下がり，乾球温度が上がる。
⑥ **乾球温度の変化**
　a．飽和湿り空気（相対湿度100％）の乾球温度を上げると，絶対湿度は変わらず，相対湿度は下がる。
　b．飽和湿り空気（相対湿度100％）の乾球温度を下げると，絶対湿度は下がり（露点温度以下となるため），相対湿度は変わらない。
　湿り空気線図による。

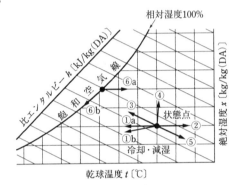

(3) **表面結露を防止する対策**について理解しておく。
① 断熱材を用いて，熱貫流抵抗を大きくする。別な言い方は，壁体の熱通過率を小さくする。
② 室内空気の温度を高くして，相対湿度を低くする。
③ 室内空気の気流を確保して，内壁の表面温度を高くする。
④ 十分な換気を行い，相対湿度を高くしない。
⑤ 室内側壁体の表面温度を低下させない。カーテンを掛けないでガラスを露出させることが結露防止に有効である。

〈p.10の解答〉　**正解**　**8**(1)，**9**(3)，**10**(4)

メモ

14　第1章　一般基礎

1・2 流体工学

●1・2・1 流体の用語

1

水平管中の流体について，全圧，静圧及び動圧の関係を表す式として，**適当なもの**はどれか。ただし，Pt：全圧（Pa），Ps：静圧（Pa），ρ：流体の密度（kg/m^3），v：流速（m/s）とする。

(1)　$Pt = Ps + \rho v$　　(2)　$Ps = Pt + \rho v$　　(3)　$Pt = Ps + \dfrac{\rho v^2}{2}$　　(4)　$Ps = Pt + \dfrac{\rho v^2}{2}$

《R6 後-2》

2

流体の速度が2倍となったとき，運動エネルギーの変化後の倍率として，**適当なもの**はどれか。

(1)　$\dfrac{1}{4}$ 倍　　(2)　$\dfrac{1}{2}$ 倍　　(3)　2 倍　　(4)　4 倍

《R6 前-2》

3

流体に関する記述のうち，**適当でないもの**はどれか。

(1)　全圧とは，静圧と位置圧の和をいう。
(2)　水の粘性係数は，空気の粘性係数より大きい。
(3)　ピトー管は，流速の測定に用いられる。
(4)　レイノルズ数が大きくなると，乱流になる。

《R5 後-3》

4

流体に関する用語の組合せのうち，**関係のないもの**はどれか。

(1)　粘性係数 ———————————— 摩擦応力
(2)　パスカルの原理 ———————————— 圧力
(3)　ベンチュリー管 ———————————— 流量計測
(4)　ダルシー・ワイスバッハの式 ——— 表面張力

《R5 前-3》

5

流体に関する記述のうち，**適当でないもの**はどれか。

(1)　圧力計が示すゲージ圧は，絶対圧から大気圧を差し引いた圧力である。
(2)　毛管現象は，液体の表面張力によるものである。
(3)　流体が直管路を満流で流れる場合，圧力損失の大きさは，流体の密度と関係しない。
(4)　定常流は，流れの状態が，場所によってのみ定まり時間的には変化しない。

《R4 後-3》

1・2 流体工学 15

▶ **解説**

1 (3) 全圧 Pt（Pa）は静圧 Ps（Pa）と流体の密度 ρ（kg/m³）に流速の2乗の1/2を乗じた値を加えたものである。したがって，適当である。

2 (4) 運動エネルギーは速度の2乗に比例するため，2の2乗より4となる。したがって，適当である。

3 (1) 全圧とは，動圧と，静圧と，位置圧の和である。したがって，適当でない。

4 (4) ダルシー・ワイスバッハの式は圧力損失式である。したがって，関係がない。

5 (3) 直管路の圧力損出は，管の長さ，流体の密度及び動圧に比例（平均速度の2乗に比例）し，管の内径に反比例する。したがって，適当でない。

ワンポイントアドバイス 1・2・1 流体の用語

(1) 流体に関する用語，粘性係数と摩擦応力，パスカルの原理と水圧，体積弾性係数と圧縮率，表面張力と毛管現象，層流・乱流とレイノルズ数，静圧・動圧とベルヌーイの定理，ピトー管と流速，オリフィスと流量の関係などについて理解しておく。

① **粘性係数と摩擦応力**

水は，ニュートン流体として扱い，粘性による摩擦応力が境界面と垂直方向の速度勾配に比例する。流体の粘性による摩擦応力の影響は，表面近く（境界層）で顕著に表れる。

② **パスカルの原理と水圧**

パスカルの原理は，ある面に圧力をかけると重力の影響がなければ，その内部のあらゆる部分で均等に圧力（水圧）が加わることをいう。

③ **体積弾性係数と圧縮率**

体積弾性係数は，大きいほど体積変化がしにくいことを表し，また，体積変化のしやすさを表す圧縮率があり，圧縮率は，体積弾性係数の逆数である。

④ **表面張力と毛管現象**

毛管現象は，表面張力によるものであり，細管中の液面高さは，表面張力に比例する。毛管現象による管内の液面高さは，液体の表面張力及び接触角の余弦に比例し，管の内径及び液の密度に反比例する。

⑤ **層流・乱流とレイノルズ数**

・流体の流れは，流線が規則正しい層をなして流れる層流と，内部に渦を含んだ不規則に変動しながら流れる乱流に分けられる。

・層流と乱流の判定には，レイノルズ数が使用される。レイノルズ数が小さいと層流，臨界レイノルズ数を超えると乱流となる。

⑥ **静圧・動圧とベルヌーイの定理**

流体のもっている運動エネルギー，圧力のエネルギー及び重力による位置エネルギーの総和は一定である。この定理をベルヌーイの定理という。ベルヌーイの定理は，エネルギー保存の法則の一形式である。流速による動圧と圧力による静圧，重力による位置圧の総計が全圧と呼ばれる。重力による位置圧は，静止した水面からの深さに比例して高くなる。

16　第1章　一般基礎

⑦　**ピトー管と流速**

　　ピトー管は，流体の流速を測定するものである。側面に静圧孔を，先端に全圧孔を有する管で静圧と全圧の差から，動圧を求めて流速を算出する。流量ではない。

⑧　**オリフィスと流量**

　　管路の途中にオリフィスを設け，静圧の差から流量を計測するものである。流速の計測ではない。

(2)　流体の性質や運動に関する，水と空気の粘性係数，ウォータハンマー，圧力損失，ゲージ圧，粘性の影響なとについて理解しておく。

①　**水と空気の粘性係数・圧縮性**

　　・水の粘性係数は，20℃で1.002 mp·s，気体の粘性係数は，20℃の乾燥空気で，18.2 μp·s であり，水の粘性係数は，気体（空気）の粘性係数より大きい。

　　・水（液体）は，非圧縮流体として，空気は，圧縮流体として扱われる。言い換えると，液体は，空気に比べ圧縮しにくい。

②　**ウォータハンマー（水撃圧力）**

　　・ウォータハンマーは，弁を急閉止すると流れが急に減少して，弁の上流側の水を圧縮するので，急激な圧力上昇が生じる現象をいう。

　　・水撃圧力は，水の密度が大きいほど高く，伝搬速度は，管材のヤング率が大きいほど，肉厚が厚いほど大きな値となる。液体（水）の粘性には関係しない。

③　**圧力損失**

　　圧力損失の大きさは，管の長さ及び動圧に比例（平均速度の2乗に比例）し，管の内径に反比例する。また，流体の密度に比例し，影響する。

　　流体が直管路を満流で流れる場合の圧力損失の大きさ ΔP は，管摩擦係数を λ，管の長さを l，管の内径を d，流体の密度を ρ，管内の平均流速を v とすると，

$$\Delta P = \lambda \frac{l}{d} \cdot \frac{\rho v^2}{2}$$

というダルシー・ワイスバッハの公式で表される。

④　**ゲージ圧**

　　真空をゼロとする絶対圧力に対して，ゲージ圧は，大気圧をゼロとする相対的な圧力をいう。（ゲージ圧＝絶対圧－大気圧）

⑤　**粘性の影響**

　　粘性の影響は，液体の接する物体の表面近くで大きく，無視できない。

〈p.14の解答〉　**正解**　**1**(3)，**2**(4)，**3**(1)，**4**(4)，**5**(3)

メモ

18 第1章 一般基礎

1・3 熱力学

● 1・3・1 熱に関する用語

1 固体，液体及び気体の相変化に関する下図で， A 及び B に当てはまる用語の組合せとして，**適当なもの**はどれか。

	[A]		[B]
(1)	凝固	———	昇華
(2)	凝固	———	膨張
(3)	融解	———	昇華
(4)	融解	———	膨張

《R6 後-3》

2 圧力 2.0×10^5 Pa，体積 8.0 L の理想気体を，温度一定で圧力 4.0×10^5 Pa にしたときの体積の値として，**適当なもの**はどれか。

(1) 2.0 L

(2) 4.0 L

(3) 8.0 L

(4) 16.0 L

《R6 前-3》

3 伝熱に関する記述のうち，**適当でないもの**はどれか。

(1) 熱伝導とは，物体の内部において，温度の高い方から低い方に熱が伝わる現象をいう。

(2) 固体壁とこれに接する流体間の熱伝達量は，固体表面と流体の温度差に反比例する。

(3) 熱伝導率は材料固有のものであり，熱の伝わりやすさの度合いを示すものである。

(4) 熱は，低温の物体から高温の物体へ自然に移ることはない。

《R5 後-4》

4 熱に関する記述のうち，**適当でないもの**はどれか。

(1) 気体を断熱圧縮すると温度は上がる。

(2) 温度変化を伴わず，相変化するときに必要な熱は顕熱である。

(3) 相変化には，融解，凝固，気化，液化，昇華等がある。

(4) 熱伝導率は，一般的に，気体は小さく，金属は大きい。

《R5 前-4》

1・3 熱力学 19

5	熱に関する記述のうち，**適当でないもの**はどれか。

（1）熱容量の大きい物質は，温まりにくく冷えにくい。

（2）熱放射による熱エネルギーの伝達には，媒体が必要である。

（3）熱は，低温の物体から高温の物体へ自然に移ることはない。

（4）顕熱は，相変化を伴わない，物体の温度を変えるための熱である。

《R4 後-4》

一般基礎

▶ **解説**

1　（1）液体から個体になる相変化は「凝固」であり，個体から気体になる相変化は｛昇華｝である。したがって，適当である。

2　（2）空気の圧縮率は，初圧/圧縮後の圧力である，よって $2.0 \times 10\,Pa / 4.0 \times 10\,Pa = 0.5$ より体積 $8.0\,L \times 0.5 = 4.0\,L$ となる。したがって，適当である。

3　（2）固体壁とこれに接する流体間の熱伝達量は，固体表面と流体の温度差に比例する。したがって，適当でない。

4　（2）温度変化を伴わず，相変化する時に必要な熱は潜熱である。したがって，適当でない。

5　（2）熱放射は電磁波の形で熱エネルギーが放出されるため，媒体は必要ない。したがって，適当でない。

ワンポイントアドバイス　1・3・1　熱に関する用語

（1）熱に関する用語，熱量の単位，比熱と熱容量，定圧比熱と定容比熱，顕熱・潜熱と相変化，熱伝導・熱伝導率，熱伝達・熱伝達量，自然対流，熱放射などについて理解しておく。

① **熱量の単位**

　熱量の単位は，国際単位系では，ジュール（J）を用いる。

② **比熱と熱容量**

・比熱は，物体の単位質量の温度を 1℃ 上げるのに必要な熱量である。

・熱容量は，物体の質量にその比熱を掛けたもので，加熱したときの温まりにくさや冷えにくさを示す。

③ **定圧比熱と定容比熱**

・比熱には定圧比熱と定容比熱とがある。

・固体や液体は，温度による容積の変化が少なく，両者の差はほとんどないが，気体は，その差が大きく，定容比熱より定圧比熱の方が大きい。

④ **顕熱・潜熱と相変化・昇華**

・**顕熱**は，物質の状態は変えずに，温度変化にのみ費やされる（熱量温度変化に使われる）熱をいう。潜熱と間違いやすい。

・**潜熱**は，温度変化を伴わないで，状態の変化（相変化）のみに費やされる熱をいう。

20 第1章 一般基礎

- ・**相変化**は，固体・液体・気体の3つの状態を相といい，相が変化することをいう。相の変化には，融解，凝固，蒸発，凝縮，昇華がある。
- ・**昇華**は，固体が液体を経ないで直接気体になることをいう。また，気体が直接固体になることをいう。

⑤ **熱伝導・熱伝導率**
- ・熱伝導は，高温の物質から低温の物質に物質の移動なく，熱エネルギーが移動する現象である。
- ・熱伝導率は，気体，液体，固体の順に大きくなる。

⑥ **熱伝達・熱伝達量**
- ・熱伝達は，固体表面と流体との対流伝熱（熱エネルギーの移動）をいう。
- ・固体壁とこれに接する流体間における熱伝達による熱の移動量（熱伝達量）は，固体の表面温度と周囲の流体温度との差に比例する。
- ・固体壁における熱伝達とは，固体壁表面とこれに接する流体との間で熱移動する現象をいう。

⑦ **自然対流**
温度差により密度の差が生じる浮力により上昇流や下降流が起こる場合を自然対流という。

⑧ **熱放射**
熱放射は，物体が電磁波の形で熱エネルギーを放出し，熱吸収して移動が行われるもので，途中の熱エネルギーを伝達する媒体を必要としない。

(2) 気体の法則，熱と仕事，熱移動，気体の断熱圧縮，熱通過などについて理解しておく。

① **気体の法則**
気体の圧力 P は，体積 V に反比例し，絶対温度 T に比例する。

$$P = \frac{RT}{V} \quad R はガス定数$$

体積を一定に保ったまま気体を冷却すると，圧力は低くなる。
体積を一定に保ったまま気体を加熱すると，圧力は高くなる。

② **熱と仕事**
- ・熱と仕事は同じエネルギーである。
- ・機械的仕事が熱に変わり，また，熱が機械的仕事に変わる。

③ **熱移動**
熱は，高温度の物体から低温度の物体へ移動する。低温度の物体から高温度の物体へ自然に移ることはない。

④ **気体の断熱圧縮**
気体を断熱圧縮させると圧力と温度が上がる。

⑤ **熱通過**
熱通過は，固体壁をへだてて温度の異なる流体があるとき，高温側の一方の流体より低温側の他方の流体へ壁を通して熱が伝わる現象である。

〈p.18〜p.19 の解答〉 **正解** **1**(1)，**2**(2)，**3**(2)，**4**(2)，**5**(2)

第2章
電気設備

2・1 ▶ 保護装置・制御機器・力率改善 ———————— 24
2・2 ▶ 電気工事 ———————————————————— 28

電気設備

過 去 の 出 題 傾 向

● 電気設備は，必須問題が1問出題される。

● 例年，各設問はある程度限られた範囲（項目）から電動機・回路の保護装置・制御機器が概ね交互に出題されているので，過去問題から傾向を把握しておくこと。令和6年度も大きな出題傾向の変化はなかったので，令和7年度に出題が予想される項目について重点的に学習しておくとよい。

22　第 2 章　電気設備

●過去 5 回の出題内容と出題箇所●

年度（和暦） 出題内容・出題数	令和					計
	6 後期	6 前期	5 後期	5 前期	4 後期	
2・1　保護装置・制御機器・力率改善		1	1	1	1	4
2・2　電気工事	1					1

●出題傾向分析●

2・1　保護装置・制御機器・力率改善

① 電動機や回路の保護装置や制御機器に関する用語，配線用遮断器・ヒューズと短絡保護，漏電遮断器と地絡保護，サーマルリレーと過負荷保護，火災・感電防止の地絡保護，接地などの関係について理解しておく。

② 電動機の進相コンデンサによる力率改善の効果を理解しておく。

③ 電動機の始動方式と始動電圧・始動電流の関係と，全電圧始動方式やスターデルタ始動方式の特徴，電動機の回転などについて理解しておく。

④ 配電方式について理解しておく。

2・2　電気工事

① 電気工事に関する規制で，電気工事士でなければできない電気工事の主な作業を理解しておく。

② 金属管工事の注意点，合成樹脂管工事（CD 管・PF 管）の特徴と注意点，金属管工事との比較，漏電遮断器の設置が必要な回路について理解しておく。

メモ

24　第2章　電気設備

2・1　保護装置・制御機器・力率改善

1

電気設備に関する用語の組合せのうち，**関係のないもの**はどれか。

(1)　配線用遮断器 —————— 力率改善

(2)　接地 —————————— 感電防止

(3)　三相3線式 ———————— 配電方式

(4)　サーマルリレー ———— 過負荷検出

《R6 前-5》

2

電気設備において「記号又は文字記号」と「名称」の組合せのうち，**適当でないもの**はどれか。

　　　　[記号又は文字記号]　　　　[名称]

(1)　F ————————————— ヒューズ

(2)　FEP ———————————— 波付硬質合成樹脂管

(3)　VT ————————————— 計器用変圧器

(4)　SC ————————————— 過負荷欠相継電器

《R5 後-5》

3

電気設備に関する「機器又は方式」と「特徴」の組合せのうち，**適当でないもの**はどれか。

　　　　[機器又は方式]　　　　　　[特徴]

(1)　全電圧始動方式 —————— 始動時のトルクを制御できる

(2)　3Eリレー ———————— 回路の反相を保護できる

(3)　進相コンデンサ —————— 回路の力率を改善できる

(4)　スターデルタ始動方式 ——— 始動時の電流を抑制できる

《R5 前-5》

4

電気設備において，記号又は文字記号とその名称の組合せのうち，**適当でないもの**はどれか。

　　　（記号又は文字記号）　　　（名称）

(1)　EM−IE ——— 600V耐燃性ポリエチレン絶縁電線

(2)　PF ————— 合成樹脂製可とう電線管

(3)　MC ————— 電磁接触器

(4)　ELCB ———— 配線用遮断器

《R4 後-5》

2・1 保護装置・制御機器・力率改善 25

▶解説

1 (1) 配線用遮断器は，MCCB（Model Case Circuit Breaker）であり，<u>短絡保護の役割</u><u>がある</u>。一方，回路の力率改善をできるのは，<u>進相コンデンサである</u>。したがって(1)の組合せは，関係のないものである。

間違いやすい選択肢 ▶ サーマルリレーは，三相モータを焼損から保護，過負荷検出を行う継電器である。

2 (4) SC の記号は，<u>進相コンデンサ</u>（Static Capacitor）であり，力率改善に関係する。一方，過負荷欠相継電器は，<u>2 E リレーである</u>。したがって，(4)の組合せは適当でない。

間違いやすい選択肢 ▶ (3)VT は，Voltage Transformers の略であり，高電圧回路の電圧を計器や継電器に必要な扱いやすい電圧（通常は 110 V）に変換する計器用変圧器である。

3 (1) 全電圧始動方式は，直入始動であり，始動時のトルクを<u>制御できない</u>。一方，始動時のトルクを制御するには，トルクは電圧の二乗に比例するため，電圧を制御しなくてはならなく，電圧を制御する始動方式は，<u>減電圧始動方式（スターデルタ始動方式）</u>である（トルクは $1/\sqrt{3}$ である）。したがって，(1)の組合せは適当でない。

間違いやすい選択肢 ▶ (2)3 E リレーは，回路の過負荷保護＋欠相保護＋逆相（反相）保護ができる。

4 (4) ELCB は，<u>漏電遮断器（Earth Leakage Circuit Breaker）のことで，漏電遮断器と</u><u>は，漏電を感知し，自動的に電気を遮断することができる</u>。一方，配線用遮断器は，<u>MCCB（Model Case Circuit Breaker）であり</u>，漏電を感知する機能がないため，水気の多い水回りやコンセントには使用しない。したがって，(4)の組合せは適当でない。

間違いやすい選択肢 ▶ (3)MC は，Electromagnetic Contactor で，コイルの電磁力によって接点を開閉する電磁接触器である。

電気設備

26 第2章 電気設備

5 電気設備に関する機器又は方式と特徴の組合せのうち，**適当でないもの**はどれか。

  （機器又は方式）   （特徴）

(1) 進相コンデンサ ─────── 回路の力率を改善できる。

(2) 3Eリレー（保護継電器）─── 回路の逆相（反相）を保護できる。

(3) 全電圧始動（直入始動）──── 始動時のトルクを制御できる。

(4) スターデルタ始動 ─────── 始動時の電流を抑制できる。

《基本問題》

6 電気設備に関する用語の組合せのうち，**関係のないもの**はどれか。

(1) 漏電遮断器 ──────── 地絡保護

(2) 配線用遮断器 ─────── 短絡保護

(3) 接地工事 ───────── 感電防止

(4) サーマルリレー ────── 力率改善

《基本問題》

▶ **解説**

5 (3) 全電圧始動方式は，直入始動であり，始動時のトルクを制御できない。一方，始動時のトルクを制御するには，トルクは電圧の二乗に比例するため，電圧を制御しなくてはならなく，電圧を制御する始動方式は，減電圧始動方式（スターデルタ始動方式）である（トルクは $1/\sqrt{3}$ である）。したがって，(3)の組合せは適当でない。

間違いやすい選択肢 ▶ (2) 3Eリレー（保護継電器）は，回路の過負荷保護＋欠相保護＋逆相（反相）保護ができる。

6 (4) サーマルリレーは，過電流保護のための装置で，過電流で生じる熱でリレー内部が変形し，電流を遮断する機器として，電磁開閉器と組み合わせて電動機回路の保護を行うもので，力率改善には，電流と電圧の時間のずれによってロスとなる電流を減らし，蓄電機能を持つ進相コンデンサを用いる。したがって，(4)の組合せは関係がない。

間違いやすい選択肢 ▶ (1) 漏電遮断器は，ELCB（Earth Leakage Circuit Breaker）で，地絡保護漏電を感知し，自動的に電気を遮断することができる地絡保護遮断器である。

〈p.24 の解答〉 **正解** **1**(1)，**2**(4)，**3**(1)，**4**(4)

2・1　保護装置・制御機器・力率改善　27

ワンポイントアドバイス　2・1　保護装置・制御機器・力率改善

(1)　電気設備の保護装置・制御機器に関する用語，配線用遮断器・ヒューズと短絡保護，漏電遮断器と地絡保護，接地工事と感電防止，サーマルリレー（電磁開閉器）と電動機の保護などについて理解しておく。

① **配線用遮断器 (MCCB)・ヒューズ（F）と短絡保護**

　　・配線用遮断器は，過電流負荷，短絡電流に対して回路を遮断するもので，短絡保護である。

　　・ヒューズは，短絡保護を目的として，A 種，B 種がある。

② **漏電遮断器（ELCB）と地絡保護**

　　漏電遮断器は，人の感電や火災に対して漏電保護するものである。

③ **接地工事と感電防止**

　　接地工事は，火災若しくは感電事故防止のために行う。

④ **サーマルリレー（電磁開閉器）と電動機の保護**

　　サーマルリレーは，電動機の過負荷，欠相などによる損傷保護を目的にしている。

⑤ **計器用変圧器（VT）**

　　高電圧回路の電圧を計器や継電器に扱い易い低電圧に変換する機器をいう。また，大電流を小電流に変換する機器は，計器用変流器（CT）という。

(2)　電動機の進相コンデンサの力率改善の効果，回転方向，始動方式，トルクなどについて理解しておく。

① **進相コンデンサ (SC) の力率改善の効果**

　　効果は，電線路及び変圧器内の電力損失の軽減，電圧降下の改善，電力供給設備余力の増加，電気基本料金の割引きなどがある。

② **回転方向**

　　電動機の電源接続を 2 相を変えると磁界が変わり，回転方向が変わる。

③ **始動方式**

　　・全電圧始動（直入れ始動）方式は，始動電流が，定格電流の 7～8 倍の大きな電流となり，電圧降下が生じる。

　　・スターデルタ始動方式は，電動機巻線をスター結線とし，電圧を $1/\sqrt{3}$ に，動電流及び電圧始動の 1/3 を低減して始動し，定格速度に近づいたときにデルタ結線に切り替えて運転する方式である。

④ **トルク**

　　トルクは，電圧の 2 乗に比例するので，電圧が降下すると，始動トルクは減少する。

28　第2章　電気設備

2・2　電気工事

7 電気設備における，合成樹脂製可とう電線管（PF管）を金属管と比較した場合の長所として，**適当でないもの**はどれか。
(1) 曲げやすい。
(2) 錆びない。
(3) 熱に強い。
(4) 非磁性体である。

《R6 後-5》

8 一般用電気工作物において，「電気工事士法」上，電気工事士資格を有しない者でも**従事することができるもの**はどれか。
(1) 電線管に電線を収める作業
(2) 電線管とボックスを続接する作業
(3) 露出型コンセントを取り換える作業
(4) 接地極を地面に埋設する作業

《基本問題》

9 電気工事に関する記述のうち，**適当でないもの**はどれか。
(1) 飲料用冷水機の電源回路には，漏電遮断器を設置する。
(2) CD管は，コンクリートに埋設して施設する。
(3) 絶縁抵抗の測定には，接地抵抗計を用いる。
(4) 電動機の電源配線は，金属管内で接続しない。

《基本問題》

▶ **解説**

7 (3) 合成樹脂製可とう電線管は，合成樹脂製で可とう性があり，金属管より耐食性に優れ，軽量，曲げやすく，非磁性体などの長所があるが，<u>熱に弱い</u>。したがって，適当でない。

間違いやすい選択肢 ▶ 非磁性体である。磁性の影響度合いが無視できるレベルのものを「非磁性体」といい，銅やアルミ，樹脂や木材等がその代表である。

〈p.26 の解答〉 **正解** **5** (3)，**6** (4)

2・2 電気工事 29

8 (3) 第一種電気工事士免状の交付を受けている者（第一種電気工事士）でなければ，自家用電気工作物に係る電気工事の作業（自家用電気工作物の保安上支障がないと認められる作業であって，経済産業省令で定めるものを除く。）に従事してはならない（電気工事士法第三条（電気工事士等））。

法第三条第 1 項の自家用電気工作物の保安上支障がないと認められる作業であって，経済産業省令で定めるものは，次の通りとする（電気工事士法施行規則第二条（軽微な作業））。

　一　次に掲げる作業以外の作業
　　イ　電線相互を接続する作業
　　ハ　電線を直接造営材その他の物件に取り付け，又はこれを取り外す作業
　　ニ　電線管，線ぴ，ダクトその他これらに類する物に電線を収める作業
　　ホ　配線器具を造営材その他の物件に取り付け，若しくはこれを取り外し，又はこれに電線を接続する作業（露出型点滅器又は露出型コンセントを取り換える作業を除く。）
　　ヘ　電線管を曲げ，若しくはねじ切りし，又は電線管相互若しくは電線管とボックスその他の附属品とを接続する作業
　　ト　金属製のボックスを造営材その他の物件に取り付け，又はこれを取り外す作業
　　チ　電線，電線管，線ぴ，ダクトその他これらに類する物が造営材を貫通する部分に金属製の防護装置を取り付け，又はこれを取り外す作業
　　リ　金属製の電線管，線ぴ，ダクトその他これらに類する物又はこれらの附属品を，建造物のメタルラス張り，ワイヤラス張り又は金属板張りの部分に取り付け，又はこれらを取り外す作業
　　ヌ　配電盤を造営材に取り付け，又はこれを取り外す作業
　　ル　接地線を自家用電気工作物に取り付け，若しくはこれを取り外し，接地線相互若しくは接地線と接地極とを接続し，又は接地極を地面に埋設する作業
　　ヲ　電圧六百ボルトを超えて使用する電気機器に電線を接続する作業

したがって，露出型コンセントを取り換える工事は，軽微な作業であり，電気工事士資格を有しない者でも従事することができる。

間違いやすい選択肢 ▶ (4)接地極を地面に埋設する作業

9 (3) 絶縁抵抗の測定には，絶縁抵抗計（メガー）を用いて測定する。一方，接地抵抗計（アーステスター）は，接続した導体と地面の電気抵抗を測定する計測器で，全く別物である。したがって，適当でない。

間違いやすい選択肢 ▶ (1)飲料用冷水機の電源回路には，漏電遮断器を設置する。

電気設備

30　第2章　電気設備

ワンポイントアドバイス　2・2　電気工事

(1)　電気工事に関する規制について，電気工事士有資格作業，金属管工事の注意点，合成樹脂管工事の特徴と注意点，漏電遮断器の設置が必要な回路，接地抵抗と絶縁抵抗の違いなどについて理解しておく。

① **電気工事士でなければできない電気工事の主な作業（電気工事士有資格作業）**
・電線相互を接続する作業
・電線管に電線を収める作業
・配線器具を造営材その他の物件に取り付け，取り外し作業
（露出型点滅器又は露出型コンセントを取り換える作業を除く。）
・電線管の曲げ，電線管相互，電線管とボックスその他の附属品とを接続する作業
・接地極を地面に埋設する作業

② **金属管工事の注意点**
金属管内に接続点を設けてはならない。金属管相互及び管とボックスとは，堅ろうに電気的に接続する。

③ **合成樹脂管工事の特徴と注意点**
a. 合成樹脂管工事の特徴
・軽量で，耐食性・絶縁性に優れている。
・非磁性体であり，電磁的平衡の配慮が不要である。
・機械的強度が劣る。
・金属管に比較して熱的強度（不燃など）がないので使用の制限がある。
b. 合成樹脂管（CD管，PF管）工事の注意点
・CD管は，コンクリートに埋設して施設する。天井内で直接転がしてはならない。
・PF管は，天井内で直接転がしたり，コンクリートに埋設して施設してもよい。

④ **波付硬質合成樹脂管（FEP)**
ケーブルを地中埋設するときの保護管として使用される。波付硬質ポリエチレン管ともいう。

⑤ **漏電遮断器の設置が必要な回路**
漏電遮断器の設置が必要な回路は，飲料用冷水器回路，し尿浄化槽回路，屋外コンセント回路，湿気の多い地下室などに設置した給水ポンプなどで水気のある場所の回路である。

⑥ **接地抵抗と絶縁抵抗**
接地抵抗の測定には，接地抵抗計（アーステスター）を用い，絶縁抵抗の測定には，絶縁抵抗計（メガー）を用いて測定する。

〈p.28の解答〉　**正解**　**7**(3)，**8**(3)，**9**(3)

第3章
建築工事

3・1 ▶ 鉄筋コンクリート造—————————34

過去の出題傾向

- 建築工事は，必須問題が1問出題される。
- 例年，各設問はある程度限られた範囲（鉄筋コンクリート造の施工・構造・鉄筋）から繰り返しの出題となっているので，過去問題から傾向を把握しておくこと。令和6年度も大きな出題傾向の変化はなかったので，令和7年度に出題が予想される項目について重点的に学習しておくとよい。

建築工事

32　第3章　建築工事

●過去5回の出題内容と出題箇所●

出題内容・出題数	年度（和暦）	令和					計
		6後期	6前期	5後期	5前期	4後期	
3・1 鉄筋コンクリート造	1. 鉄筋コンクリート造の施工			1		1	2
	2. 鉄筋コンクリート造の構造	1					1
	3. 鉄筋コンクリート造の鉄筋				1		1
	4. 曲げモーメント		1				1

●出題傾向分析●

3・1　鉄筋コンクリート造

① 鉄筋コンクリート造の施工では，夏季の打込み後の湿潤養生，型枠の存置期間，スランプ値，水セメント比，コンクリート打設などについて理解しておく。

② 鉄筋コンクリート造の構造では，鉄筋コンクリート造の剛性，硬化中のコンクリートの振動・養生温度・養生シート，湿潤養生，コンクリートと鉄筋の線膨張係数，異形棒鋼，コンクリート中の鉄筋はさびにくい，鉄筋コンクリート造，バルコニーなど片持ち床版，柱への配管埋設禁止，梁貫通，構造体に作用する荷重及び外力（固定荷重，積載荷重，地震力，風圧力）などについて理解しておく。

③ 鉄筋コンクリート造の鉄筋では，ジャンカ，コールドジョイント，コンクリートの引張強度，あばら筋，帯筋，鉄筋のかぶり厚さ，鉄筋相互のあき，継手の位置，折り曲げ加工などについて理解しておく。

④ 曲げモーメントでは，単純梁における反力などについて理解しておく。

メモ

34　第3章　建築工事

3・1　鉄筋コンクリート造

●3・1・1　鉄筋コンクリート造の施工

●3・1・2　鉄筋コンクリート造の構造

1 コンクリートに関する記述のうち，**適当でないもの**はどれか。

(1) コンクリートは，スランプの値が小さいほど流動性は高くなる。

(2) コンクリートは，アルカリ性のため，コンクリート中の鉄筋はさびにくい。

(3) コンクリートに破壊以下の一定の応力をかけ続けることで，時間の増加とともにひずみが増大する現象をクリープという。

(4) コンクリートの圧縮強度は，引張強度より大きい。

《R6後-6》

2 コンクリート工事に関する記述のうち，**適当でないもの**はどれか。

(1) 水セメント比が大きくなると，コンクリートの圧縮強度も大きくなる。

(2) コンクリートは，気温が高いと早く固まり，低いとゆっくり固まる。

(3) 梁の打継ぎは，せん断力の小さい梁中央付近に設ける。

(4) コンクリートを打ち込む場合，原則として横流しをしてはいけない。

《R5後-6》

3 鉄筋コンクリートの特性に関する記述のうち，**適当でないもの**はどれか。

(1) 鉄筋コンクリート造は，剛性が低く振動による影響を受けやすい。

(2) 異形棒鋼は，丸鋼と比べてコンクリートとの付着力が大きい。

(3) コンクリートはアルカリ性のため，コンクリート中の鉄筋は錆びにくい。

(4) コンクリートと鉄筋の線膨張係数は，ほぼ等しい。

《R4後-6》

4 コンクリート打設後の初期養生に関する記述のうち，**適当でないもの**はどれか。

(1) 硬化中のコンクリートに振動を与えると，締め固め効果が高まる。

(2) 養生温度が低い場合は，高い場合よりもコンクリートの強度の発現が遅い。

(3) コンクリートの露出面をシートで覆い，直射日光や風から保護する。

(4) 湿潤養生は，コンクリートの強度の発現をより促進させる。

《基本問題》

5 鉄筋コンクリートの特性に関する記述のうち，**適当でないもの**はどれか。
(1) コンクリートと鉄筋の線膨張係数は，ほぼ等しい。
(2) 異形棒鋼は，丸鋼と比べてコンクリートとの付着力が大きい。
(3) コンクリートはアルカリ性のため，コンクリート中の鉄筋はさびにくい。
(4) 鉄筋コンクリート造は，剛性が低く振動による影響を受けやすい。

《基本問題》

▶解説

1 (1) スランプ試験において，スランプコーンにコンクリートを充填し，逆さに置き，直ちにスランプコーンを静かに垂直に引き上げた時，コンクリートの中央部が下がるが，この下がり〔x cm〕を測定してスランプ値とする。すなわち，スランプ値が小さいほど，コンクリートの流動性が小さく，ワーカビリティー（コンクリートの打設効率）は低下し，充填不足を生じることがある。したがって，適当でない。

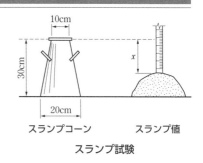
スランプ試験

間違いやすい選択肢 ▶ (4)コンクリートの圧縮強度は，引張強度より大きい。

2 (1) **水セメント比**とは，セメントペースト中のセメントに対する水の質量百分率〔W(水の質量)/C(セメントの質量)〕で，この値が小さい程密実なコンクリートとなるので，水セメント比が大きくなると，コンクリートの圧縮強度は小さくなる。したがって，水セメント比は施工に支障をきたさない範囲で小さいことが望まれる。したがって，適当でない。

間違いやすい選択肢 ▶ (3)梁の打継ぎは，せん断力の小さい梁中央付近に設ける。梁やスラブの垂直打ち継ぎ部は，せん断応力の小さいスパンの中央部に設けるのが基本である。

3 (1) 鉄筋コンクリート造（RC造）は，一般に，柱や梁を剛接合するラーメン構造となっており，剛性が高く振動による影響を受けにくい。一方，剛性が低く振動による影響を受けやすいのは，鉄骨造（S造）である。したがって，適当でない。

間違いやすい選択肢 ▶ (2)異形棒鋼は，丸鋼と比べてコンクリートとの付着力が大きい。

4 (1) 硬化中のコンクリートに振動を与えると，亀裂等が入り，所定の強度が出現しない。したがって，適当でない。

間違いやすい選択肢 ▶ (2)養生温度が低い場合は，高い場合よりもコンクリートの強度の発現が遅い。

5 (4) 鉄筋コンクリート造（RC造）は，一般に，柱や梁を剛接合するラーメン構造となっており，剛性が高く振動による影響を受けにくい。一方，剛性が低く振動による影響を受けやすいのは，鉄骨造（S造）である。したがって，適当でない。

間違いやすい選択肢 ▶ (2)異形棒鋼は，丸鋼と比べてコンクリートとの付着力が大きい。

● 3・1・3 鉄筋コンクリート造の鉄筋

6 鉄筋コンクリート造の建築物の鉄筋に関する記述のうち，**適当でないもの**はどれか。
(1) 鉄筋相互のあきの最小寸法は，鉄筋の強度によって決まる。
(2) 帯筋は，柱のせん断力に対する補強筋である。
(3) 鉄筋の折曲げ加工は，鋼材の品質が劣化しないよう常温で行う。
(4) 鉄筋の継手は，1か所に集中させず相互にずらして設ける。

《R5前-6》

7 鉄筋コンクリート造の建築物の鉄筋に関する記述のうち，**適当でないもの**はどれか。
(1) ジャンカ，コールドジョイントは，鉄筋の腐食の原因になりやすい。
(2) コンクリートの引張り強度は小さく，鉄筋の引張り強度は大きい。
(3) あばら筋は，梁のせん断破壊を防止する補強筋である。
(4) 鉄筋のかぶり厚さは，外壁，柱，梁及び基礎で同じ厚さとしなければならない。

《基本問題》

8 鉄筋コンクリート造の鉄筋工事に関する記述のうち，**適当でないもの**はどれか。
(1) 鉄筋のかぶり厚さは，建築基準法に定められている。
(2) 鉄筋のかぶり厚さが大きくなると，一般的に，鉄筋コンクリートの耐久性が高くなる。
(3) 現場での鉄筋の折曲げ加工は，加熱して行う。
(4) 鉄筋の継手は，1か所への集中を避け，応力の小さいところに設ける。

《基本問題》

▶ 解説

6 (1) 鉄筋相互のあきの最小寸法は，① 鉄筋経数の1.5倍，② 粗骨材最大寸法の1.25倍，③ 25mmのうち，最も大きい値が鉄筋の「あき」の最小値になり，一般的には30mm程度である。あきを確保する理由は，① 鉄筋のあきが不足すると，コンクリート打設時に，鉄筋と鉄筋の間に骨材が詰まり，コンクリートの充填が不十分になりコンクリート内に空洞（ジャンカ）などができるおそれがあるため，② 鉄筋コンクリート造の構造物は，鉄筋とコンクリートが適切に付着し，一体化することによってお互いの特性で，引張力と圧縮力を負担し合う構造になっており，鉄筋のあきが確保されていないと，鉄筋の周りに一定量のコンクリートが周らないため，適切な付着力を得ることができず，お互いの特性を，うまく生かすことができなくなる。したがって，鉄筋の強度によって決まるものではない。したがって，適当でない。

〈p.34～p.35の解答〉 **正解** **1**(1), **2**(1), **3**(1), **4**(1), **5**(4)

間違いやすい選択肢 ▶ (2)帯筋（フープ筋）は，柱主筋の外周に等間隔で水平に設けられ，柱のせん断力に対する補強筋である。

7 (4) 鉄筋のかぶり厚さは，耐力壁以外の壁又は床にあっては 20 mm 以上，耐力壁，柱又ははりにあっては 30 mm 以上，直接土に接する壁，柱，床，若しくは，はり又は布基礎の立上り部分にあっては 40 mm 以上，基礎（布基礎の立上り部分を除く。）にあっては，捨コンクリートの部分を除いて 60 mm 以上としなければならない（令第七十九条の一）。したがって，適当でない。

間違いやすい選択肢 ▶ (3)あばら筋は，梁のせん断破壊を防止する補強筋である。

鉄筋の最小かぶり厚さ [mm]

構造部分の種類				すべてのコンクリート
土に接しない部分	床板, 耐内壁以外の壁	仕上げあり		20
		仕上げなし		30
	柱 梁 耐力壁	屋内	仕上げあり	30
			仕上げなし	30
		屋外	仕上げあり	30
			仕上げなし	40
	擁壁			40
土に接する部分	柱，梁，床板，壁			40
	基礎，擁壁，耐圧床板			60
煙突など高熱を受ける部分				60

（備考）基礎にあっては，捨コンクリートの部分の厚さを除く。

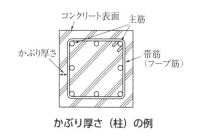

かぶり厚さ（柱）の例

8 (3) 現場での鉄筋の折曲げ加工は，冷間加工となる鉄筋ベンダーを用いて行う。鉄筋は加熱すると，強度が低下し構造体に悪影響を与えるので，現場での加熱は厳禁である。したがって，適当でない。

間違いやすい選択肢 ▶ (2)鉄筋のかぶり厚さが大きくなると，一般的に，鉄筋コンクリートの耐久性が高くなる。

鉄筋ベンダー

●3・1・4 曲げモーメント

9 下図に示す単純梁に集中荷重が作用したとき，支点Bの鉛直方向の反力の値として，**適当なもの**はどれか。

(1) 3 kN
(2) 6 kN
(3) 9 kN
(4) 12 kN

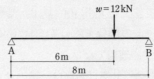

《R6 前-6》

▶ 解説

9 (3) 単純梁に荷重が作用すると，支点に反力が生じ，これが移動しないで静止しているときは，荷重と反力がつり合っているはずである。
　今，支点Aを中心に回転させようとする力の総和 $\Sigma M_A=0$ より，支点Bの垂直方向の反力 V_B を求める（時計回りのモーメントを＋と仮定）。

$\Sigma M_A = W \times 6\,m - V_B \times 8\,m = 0$

$V_B = W \times 6/8 = 12 \times 3/4 = 9\,kN$

したがって，(3)は適当なものである。

|間違いやすい選択肢| ▶ (2) 6 kN

ワンポイントアドバイス　3・1・4　曲げモーメント

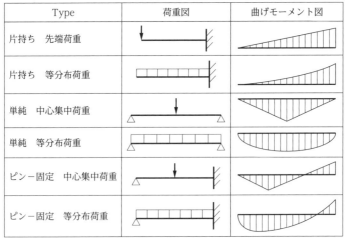

図　荷重図と曲げモーメント図

〈p.36の解答〉 **正解** **6**(1)，**7**(4)，**8**(3)
〈p.38の解答〉 **正解** **9**(3)

第4章
空気調和・換気設備

4・1 ▶ 空調方式	——————————————	42
4・2 ▶ 省エネルギー	—————————————	44
4・3 ▶ 空気線図	——————————————	46
4・4 ▶ 熱負荷	———————————————	50
4・5 ▶ 空気清浄	——————————————	52
4・6 ▶ 空調管理	——————————————	54
4・7 ▶ 暖房設備	——————————————	56
4・8 ▶ ヒートポンプ，冷凍機	————————	58
4・9 ▶ 換気方式	——————————————	60
4・10 ▶ 換気計算	—————————————	62

過 去 の 出 題 傾 向

● 空気調和・換気設備に関する設問が8問出題される。

● 例年，各設問はある程度限られた範囲（項目）から繰り返しの出題となっているので，過去問題から傾向を把握しておくこと。

● 令和6年度も大きな出題傾向の変化はなかったので，令和7年度に出題が予想される項目について重点的に学習しておくとよい。

空気調和・換気設備

40　第4章　空気調和・換気設備

●過去5回の出題内容と出題箇所●

出題内容・出題数	年度（和暦）	令和					計
		6後期	6前期	5後期	5前期	4後期	
4・1　空調方式			2		1	1	4
4・2　省エネルギー		1		1			2
4・3　空気線図		1		1	1	1	4
4・4　熱負荷		1	1	1	1	1	5
4・5　空気清浄		1	1	1	1	1	5
4・6　空調管理							
4・7　暖房設備			1	1	1	1	4
4・8　ヒートポンプ，冷凍機		2	1	1	1	1	6
4・9　換気方式		2	2	2	2	2	10
4・10　換気計算							

●出題傾向分析●

4・1　空調方式

　過去5回の試験で毎回4回出題されている。空調方式と空調設備における省エネルギーについては，交互に出題される傾向にある。空調方式については変風量単一ダクト方式，定風量単一ダクト方式，ダクト併用ファンコイルユニット方式，マルチパッケージ形空気調和方式の特徴に焦点が当てられている。

4・2　省エネルギー

　毎年出題されてはいないがSDGsに注目が集まる現在，十分出題される可能性はある。空調設備の省エネルギーに関わる運用や空調機器の省エネルギー性能について幅広い知識が要求されるが，過去の問題を理解することによって十分解答を得ることができる。

4・3　空気線図

　空気線図は過去5回の試験で毎回4回出題されている。エアハンドリングユニットの基本構成における各部位の空気線図上の空気の状態点が求められるが，過去の問題を履修することによって，出題傾向を十分理解することができる。また，空気の状態に関する問題が出題されることもあるため，特に湿度に関する知識が重要となる。

4・4　熱負荷

　熱負荷は毎回出題されている。熱負荷について幅広い知識が要求されるが，過去の問題を理解することによって十分解答を得ることができる。空調熱負荷計算に関わる項目，特に熱負荷にかかわる建築の熱的な構造，日射に影響される窓の構造，顕熱や潜熱，外気や人体発熱の影響などが問われる。

4・5　空気清浄

　新型コロナの影響もあるためか，過去5回の試験で毎回5回連続で，空気清浄に関する問題が出題されている。内容としては，各種フィルターについての特徴や使用目的が出題されて

いるが，フィルターの基本的な事柄であるので，過去の問題を学習することにより十分理解することができる。

4・6 空調管理

空調管理は過去5回では出題されてはいないが，空調設備の管理における基本的な事柄であるので十分理解する必要がある。コールドドラフトはクレームにつながり，令和元年前期の問題は空調設備機器の管理に関係することであるため，過去の問題に照らし合わせて学習する必要がある。

4・7 暖房設備

暖房設備については過去5回のうち毎回4回出題されている。主な項目としては，自然対流型放熱器，強制対流型放熱器，温水暖房と蒸気暖房，熱源，配管設備や膨張タンクについての知識が求められる。

4・8 ヒートポンプ，冷凍機

ヒートポンプ，冷凍機については過去5回で6問毎回出題されている。ヒートポンプについては，ルームエアコンやマルチエアコンの性能について，冷凍機については，ターボ冷凍機や吸収式冷凍機の特徴について出題される。特に，一般的な建物の空調設備においてはマルチエアコンが採用されるケースが多いため，冷媒配管など設置に関わる影響を十分理解する必要がある。

4・9 換気方式

換気方式については過去5回の試験で毎回2回，10問出題されていることから重要な問題である。換気に関する幅広い知識が求められるが，過去の問題を解くことにより十分対応することができる。主な項目としては，換気方式と室内静圧の関係，汚染源との関係，排気ダクトと排気ファンについて，各室の換気目的についてなどがある。

4・10 換気計算

換気計算については過去5回では出題されてはいないが，過去出題された問題は，給気口の寸法計算，台所などの火を使用する調理室等に設ける換気設備の有効換気量を求める式，特殊建築物の居室に機械換気設備を設ける場合の有効換気量の必要最小値の算定である。

42 第4章 空気調和・換気設備

4・1 空調方式

1
変風量単一ダクト方式に関する記述のうち，**適当でないもの**はどれか。

(1) 給気温度は一定とし，各室への送風量を変化させることで室温を制御する。

(2) VAVユニットからの発生騒音には，考慮が必要である。

(3) 代表室のサーモスタットの信号により，空気調和機の送風量を制御する。

(4) 送風量の減少時においても，必要外気量を確保する必要がある。

《R6 前-8》

2
定風量単一ダクト方式に関する記述のうち，**適当でないもの**はどれか。

(1) 各室ごとの温度制御が容易である。

(2) 送風量を一定にして送風温度を変化させる。

(3) 空気調和機は，一般的に，機械室に設置されているため維持管理が容易である。

(4) 送風量が多いため，室内の清浄度を保ちやすい。

《R5 前-8》

3
空気調和方式に関する記述のうち，**適当でないもの**はどれか。

(1) ファンコイルユニット・ダクト併用方式は，全空気方式に比べてダクトスペースが小さくなる。

(2) ファンコイルユニット・ダクト併用方式は，ファンコイルユニット毎の個別制御が困難である。

(3) パッケージ形空気調和機方式は，全熱交換ユニット等を使うなどして外気を取り入れる必要がある。

(4) パッケージ形空気調和機方式の冷媒配管は，長さが短く高低差が小さい方が運転効率が良い。

《R4 後-7》

4
定風量単一ダクト方式に関する記述のうち，**適当でないもの**はどれか。

(1) 送風量を一定にして送風温度を変化させる。

(2) 各室ごとの温度制御が容易である。

(3) 一般的に，空調機は機械室にあるため，維持管理が容易である。

(4) 送風量が多いため，室内の清浄度を保ちやすい。

《基本問題》

4・1 空調方式　43

5 変風量単一ダクト方式に関する記述のうち，**適当でないもの**はどれか。

(1) 負荷変動が異なる室が複数ある場合には，代表室に設置したサーモスタットにより給気温度の制御を行う。

(2) 送風量の制御は，一般的に，インバーターにより空気調和機の送風機を回転数制御する。

(3) 定風量単一ダクト方式に比べ，間仕切り変更や負荷の変動にも容易に対応しやすい。

(4) 使用しない室や使用しない時間帯に対応するために，VAV ユニットは全閉機能付きのものを使用する。

《基本問題》

▶ 解説

1 (3) 変風量単一ダクト方式（VAV）では，代表室ではなく，VAV ユニットが空調対象とするゾーンのサーモスタットの信号により，吹出口から出る温度を一定に保ちながら，VAV ユニットの開度を制御して吹出し風量を制御する。空調機の送風量は，インバータなどで送風機側を制御するため，搬送動力や光熱費を削減できる。したがって，適当でない。

2 (1) 定風量単一ダクト方式は，一台の空調機で複数室の温湿度制御を行う場合は，制御部が一か所であるため各室ごとの温度制御は出来ない。各室ごとの温度制御お行うためには変風量単一ダクト方式が適している。したがって，適当でない。

3 (2) ファンコイルユニットは，それぞれの機器ごとにリモコンが有り温度や風量の調整ができる。また冷温水配管を4管式することにとり冷暖フリーにすることも可能であることから個別制御は容易である。したがって，適当でない。

4 (2) 定風量単一ダクト方式は，1つの空調機から複数のゾーンや部屋に温度制御された空気を送るため各室ごとの温度制御には向かない。各室ごとの温度制御を行うには，変風量単一ダクト方式やファンコイルユニットとの併用が必要となる。したがって，適当でない。

5 (1) 変風量単一ダクト方式は，VAV ユニットを各ゾーン，各室ごとに設置されたサーモスタットにより風量を調整し室温の制御を行うため，負荷変動が異なる部屋ごとの温度制御が可能となる。したがって，適当でない。

空気調和・換気設備

44　第4章　空気調和・換気設備

4・2　省エネルギー

1

空気調和設備の計画に関する記述のうち，省エネルギーの観点から，**適当でないもの**はどれか。

(1)　外気の取入れに全熱交換器を採用する。

(2)　高効率の機器を採用する。

(3)　熱源機器を複数台に分割する。

(4)　暖房時に外気導入量を多くする。

《R6 後-7》

2

空気調和設備の計画に関する記述のうち，省エネルギーの観点から，**適当でないもの**はどれか。

(1)　湿度制御のため，冷房に冷却減湿・再熱方式を採用する。

(2)　予冷・予熱時に外気を取り入れないように制御する。

(3)　ユニット形空気調和機に全熱交換器を組み込む。

(4)　成績係数が高い機器を採用する。

《基本問題》

3

空気調和設備の計画に関する記述のうち，省エネルギーの観点から，**適当でないもの**はどれか。

(1)　成績係数が高い機器を採用する。

(2)　予冷・予熱時に外気を取り入れないように制御する。

(3)　ユニット形空気調和機に全熱交換器を組み込む。

(4)　湿度制御のため，冷房に冷却減湿・再熱方式を採用する。

《基本問題》

4

空気調和設備の計画に関する記述のうち，省エネルギーの観点から，**適当でないもの**はどれか。

(1)　熱源機器は，部分負荷性能の高いものにする。

(2)　熱源機器を，複数台に分割する。

(3)　暖房時に外気導入量を多くする。

(4)　空気調和機にインバータを導入する。

《基本問題》

〈p.42～43 の解答〉　**正解**　**1** (3)，**2** (1)，**3** (2)，**4** (2)，**5** (1)

4・2 省エネルギー　45

▶ 解説

1 (4) 外気は冷房・暖房共に空調熱負荷の割合が大きいため，導入量を少なくする方が省エネルギーとなる。

したがって，適当でない。

2 (1) 湿度制御のため，冷房に冷却減湿・再熱方式を採用した場合には，湿度制御の性能は向上するが，冷却・再熱に熱源のエネルギーを多く消費する。湿度制御のためには，一般的には冷房に冷却減湿・再熱方式が採用されるが，再熱負荷が発生し省エネルギーの観点からは不適切である。省エネルギーを図りながら湿度制御を行うには，なるべく外気量を減らし全熱交換機を導入するなどの対策が必要である。

したがって，適当でない。

3 (4) **2** と同じ理由で適当でない。

4 (3) **1** と同じ理由で適当でない。

■ ワンポイントアドバイス　4・1　空調方式

① ファンコイルユニットは室内の空気を吸い込み熱処理を行うものであり，ダクト方式はエアハンドリングユニットに外気と部屋からのリターン空気の混合空気を冷却・除湿または加熱・加湿し温湿度制御をしたのちに対象室へ処理空気を送風する。

② 定風量単一ダクト方式は1つの空調機で熱負荷変動の類似したゾーンを空調の対象としており，変風量単一ダクト方式は，1つの空調機で熱負荷変動の異なった部屋やゾーンを風量制御によって空調を行うことができる。

③ 変風量単一ダクト方式におけるVAVユニットの動作特性と各対象室の必要外気量を把握する必要がある。

■ ワンポイントアドバイス　4・2　省エネルギー

① 空調システムの採用において，空調の精度と省エネルギーが相反する場合があるので，各室の温湿度の精度等建物の要求性能に適したシステムの採用が重要となる。

② 省エネルギーを図る場合には，熱源機器の成績係数，台数制御やインバータによる機器の運転効率の向上，全熱交換器による外気負荷の削減を検討する。

③ 搬送動力を削減するには，インバータ制御により送風量を適正にすると効果が上がる。

空気調和・換気設備

4・3 空気線図

1 下図に示す冷房時の湿り空気線図のc点に対応する空気調和システム図中の位置として，**適当なもの**はどれか。

(1) ①
(2) ②
(3) ③
(4) ④

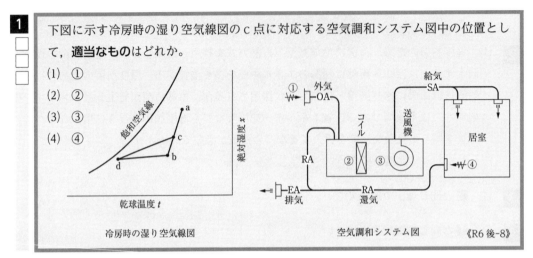

冷房時の湿り空気線図　　空気調和システム図　　《R6 後-8》

2 下図に示す暖房時の湿り空気線図のd点に対応する空気調和システム図上の位置として，**適当なもの**はどれか。

(1) ①
(2) ②
(3) ③
(4) ④

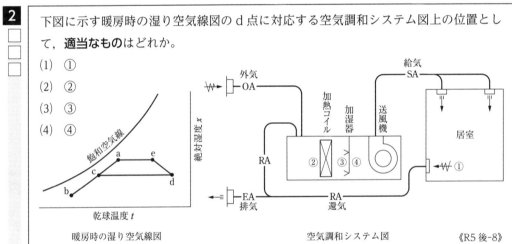

暖房時の湿り空気線図　　空気調和システム図　　《R5 後-8》

3 下図に示す冷房時の湿り空気線図に関する記述のうち，**適当でないもの**はどれか。ただし，空気調和方式は定風量単一ダクト方式とする。

(1) ⑤から②は，顕熱比の状態線上を移動する。
(2) 空気調和機コイル出口空気の状態点は，④である。
(3) ②から③は，室内での状態変化である。
(4) コイルの冷却負荷は，③と④の比エンタルピー差から求められる。

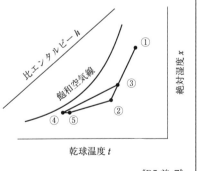

《R5 前-7》

〈p.44 の解答〉　**正解**　**1** (4)，**2** (1)，**3** (4)，**4** (3)

▶ 解説

1 (2) 湿り空気線図のc点は，室内からのリターン空気④と外気①を混合した点②であり，冷却コイル前の状態である。

したがって，適当なものである。

2 (3) 湿り空気線図のd点は，室内からのリターン空気④と外気①を混合したc点②をコイルで処理した空気③であり加湿前の状態である。

したがって，適当なものである。

3 (3) ②から③は，室内空気が空調機の入口部分での外気との混合するときの状態変化である。

したがって，適当でない。

4 居室の温湿度が下図に示す空気線図上にあるとき、窓ガラス表面に結露を生ずる可能性が**最も低いもの**はどれか。ただし、窓ガラスの居室側表面温度は 10℃ とする。

(1) 居室の乾球温度が 22℃、相対湿度が 50% のとき。
(2) 居室の乾球温度が 20℃、相対湿度が 55% のとき。
(3) 居室の乾球温度が 18℃、相対湿度が 60% のとき。
(4) 居室の乾球温度が 16℃、相対湿度が 65% のとき。

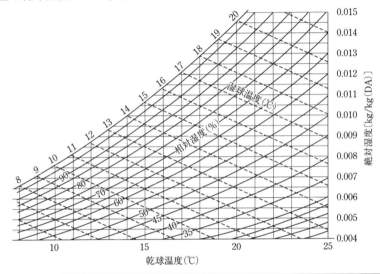

《基本問題》

5 下図に示す暖房時の湿り空気線図に関する記述のうち、**適当でないもの**はどれか。ただし、空気調和方式は定風量単一ダクト方式、加湿方式は水噴霧加湿とする。

(1) 吹出温度差は①と⑤の乾球温度差である。
(2) コイルの加熱負荷は、③と④の比エンタルピー差から求める。
(3) 加湿量は、④と⑤の相対湿度差から求める。
(4) コイルの加熱温度差は、③と④の乾球温度差である。

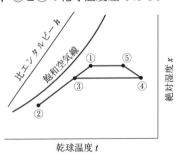

《基本問題》

〈p.46 の解答〉 **正解** **1** (2), **2** (3), **3** (3)

▶解説

4 (4) 湿り空気線図のA点は、室内からのリターン空気①である。

(1) 居室の乾球温度が22℃、相対湿度が50%のときの露点温度=11.1［℃］

(2) 居室の乾球温度が20℃、相対湿度が55%のときの露点温度=10.8［℃］

(3) 居室の乾球温度が18℃、相対湿度が60%のときの露点温度=10.3［℃］

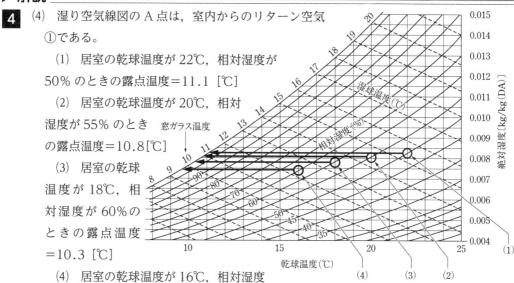

(4) 居室の乾球温度が16℃、相対湿度が65%のときの露点温度=9.7［℃］

(4)の露点温度は9.7℃であり、窓ガラスの居室側表面温度は10℃以下であるため窓ガラス表面に結露を生ずる可能性が最も低い。

したがって、(4)が正しい。

5 (3) 相対湿度とは、ある温度での空気中に含むことができる最大限の水分量である飽和水蒸気量に対する実際に含まれている水蒸気の割合を%で表す割合のことであり、大気中に存在できる水蒸気量（飽和水蒸気量）は、温度によって変化し、温度が高ければ増え、低ければ減ることとなる。

絶対湿度とは、湿り空気（水蒸気を含む空気）を乾き空気（湿り空気から水蒸気を除外した空気）で除したものであり、乾き空気はどの温度になっても質量は変わらない。したがって、加湿量は、④と⑤の相対湿度差ではなく、絶対湿度から求められる。

したがって、適当でない。

ワンポイントアドバイス　4・3　空気線図

① 空気の状態点や相対湿度、絶対湿度、乾球温度の関係を理解しておく。
② 我が国のように夏季相対湿度が高い地域では、冷房の場合には、空気線図は除湿の動き示す。
③ 暖房の場合には、空気を加熱しただけでは相対湿度が低くなるため加湿が必要となる。
④ 蒸気加湿や水噴霧加湿など加湿方法により空気線図上の動きが異なることに留意する。

50　第4章　空気調和・換気設備

4・4　熱負荷

1　冷房時の熱負荷に関する記述のうち，**適当でないもの**はどれか。

(1)　ガラス面日射負荷は，日影の場合も考慮する。

(2)　日射負荷には，顕熱と潜熱がある。

(3)　照明器具による熱負荷は，顕熱のみである。

(4)　人体や事務機器からの熱負荷は，室内負荷として考慮する。

《R6 後-9》

2　熱負荷計算に関する記述のうち，**適当でないもの**はどれか。

(1)　二重サッシ窓で，ブラインドを室内に設置する場合と二重サッシ内に設置する場合では，日射負荷は同じである。

(2)　暖房負荷計算では，一般的に，日射負荷は考慮しない。

(3)　窓ガラス面の通過熱負荷計算では，一般的に，内外温度差を使用する。

(4)　冷房負荷計算において，LED 照明を採用すると蛍光灯に比べて熱負荷は減少する。

《R6 前-9》

3　熱負荷に関する記述のうち，**適当でないもの**はどれか。

(1)　日射負荷には，顕熱と潜熱がある。

(2)　外気負荷には，顕熱と潜熱がある。

(3)　顕熱比（SHF）とは，全熱負荷のうち顕熱負荷が占める割合をいう。

(4)　冷房負荷及び暖房負荷には，それぞれ顕熱と潜熱がある。

《R5 後-9》

4　冷房負荷計算に関する記述のうち，**適当でないもの**はどれか。

(1)　OA 機器による熱負荷は，顕熱のみである。

(2)　ガラス面からの熱負荷は，ガラス面を透過した日射による負荷のみとする。

(3)　人体による熱負荷は，顕熱と潜熱である。

(4)　一般的に，9 時，12 時，14 時及び 16 時における熱負荷を計算する。

《R5 前-9》

〈p.48 の解答〉　**正解**　**4**(4)，**5**(3)

5 熱負荷に関する記述のうち，**適当でないもの**はどれか。

(1) 構造体の空気層は，熱通過率には影響を与えない。

(2) 非空調室と接する内壁の単位面積当たりの熱負荷は，空調対象室と非空調室の温度差と熱通過率より求める。

(3) 冷房負荷計算では，人体や事務機器からの負荷を室内負荷として考慮する。

(4) 暖房負荷計算では，一般的に，外壁，屋根，ピロティの熱負荷には方位係数を乗じる。

《基本問題》

▶ **解説**

1 (2) 潜熱負荷とは，水蒸気の状態変化に伴う熱負荷のことであることから，日射負荷には顕熱のみであり潜熱はない。

したがって，適当でない。

2 (1) 二重サッシ内部にブラインドを設置した場合には，内側のガラス面より外側で日射を遮るが，二重サッシ窓の場合であってもブラインドを室内側に設けた場合には，いったん日射をすべて室内に入れてしまうため，日射熱負荷は大きくなる。

したがって，適当でない。

3 (1) 潜熱負荷とは，水蒸気の状態変化に伴う熱負荷のことであることから，日射負荷には顕熱のみであり潜熱はない。

したがって，適当でない。

4 (2) ガラス面からの熱負荷は，ガラス面を透過した日射による負荷のみではなく外気からの熱通過による熱負荷がある。

したがって，適当でない。

5 (1) 空気は断熱性能が高いが，厚さや密閉度など空気層の構造により断熱性能は異なる。したがって空気層は，熱通過率に影響を与える。

したがって，適当でない。

空気調和・換気設備

ワンポイントアドバイス　4・4　定常最大熱負荷

① 一般的に定常最大熱負荷計算では，密閉空気層の熱抵抗は 0.15 [$m^2 \cdot k/W$]。非密閉空気層の熱抵抗は 0.07 [$m^2 \cdot k/W$] で計算する。

52 第4章 空気調和・換気設備

4・5 空気清浄

1 エアフィルターの「種類」と「主な用途」の組合せのうち，**適当でないもの**はどれか。

	[種類]	[主な用途]
(1)	自動巻取形	厨房排気
(2)	粗じん用エアフィルター	外気用
(3)	電気集じん器	一般空調用
(4)	活性炭フィルター	有害ガス除去

《R6 後-10》

2 空気清浄装置に関する記述のうち，**適当でないもの**はどれか。

(1) 自動巻取形は，ロール状に巻いたろ材を自動的に巻き取る方式のため長時間使用できる。

(2) 計数法とは，フィルターに捕集された粉じんの質量から捕集率を求める方法である。

(3) ろ過式のろ材には，天然繊維，ガラス，セラミックス等が使用されている。

(4) フィルターの通過速度を低く抑えるために，ろ材を折り込んだものや袋状にしたものがある。

《R6 前-10》

3 空気清浄装置に関する記述のうち，**適当でないもの**はどれか。

(1) 静電式は，一般空調用に使用される。

(2) ろ過式には，粗じん用から HEPA 用まで多くの種類がある。

(3) 粒子捕集原理には，遮り，静電気等がある。

(4) 空気通過速度を速くすることで，圧力損失を小さくしている。

《R5 後-10》

4 空気清浄装置に関する記述のうち，**適当でないもの**はどれか。

(1) ろ過式のろ材は，難燃性又は不燃性のものとする。

(2) 性能は，定格風量における圧力損失，汚染除去率，汚染除去容量等で示す。

(3) ろ過式のろ材は，吸湿性が高いものとする。

(4) 静電式は，高電圧を使い粉じんを帯電させて捕集する。

《R5 前-10》

〈p.50〜51 の解答〉 **正解** **1**(2)，**2**(1)，**3**(1)，**4**(2)，**5**(1)

4・5 空気清浄 53

5 エアフィルターの種類と主な用途の組合せのうち，**適当でないもの**はどれか。

　　　　（種類）　　　　　　（主な用途）
(1)　HEPA フィルター ―――― クリーンルーム
(2)　活性炭フィルター ―――― ガス処理
(3)　自動巻取形 ――――――― 一般空調
(4)　電気集じん器 ―――――― 厨房排気

《R4 後-10》

▶ 解説

1 (1)　自動巻取型エアフィルターは，合成繊維，ガラス繊維製のロール状ろ材を駆動装置により自動的に巻取更新を行うフィルタであり，ろ材更新機構にはタイマ式と差圧式がある。捕集率は 86 %（質量法）ほどあり，形状は縦に巻き取る形式と横に巻き取る形式がある。空気調和機に組込む場合と，挟み込む場合がある。厨房用のフィルターは，油性の排気に対応するためグリスフィルターが用いられる。
　　　したがって，適当でない。

2 (2)　フィルターの計数法とは，高・中性能フィルタや HEPA，ULPA フィルタの集塵効率を測定する試験方法であり，試験装置の上部から試験粉体を発生させ，粉じん捕集前と捕集後の粉体濃度を測定して効率を算出する。
　　　したがって，適当でない。

3 (4)　空気通過速度を速くすると，圧力損失は大きくなる。
　　　したがって，適当でない。

4 (3)　ろ過式のろ材には，難燃性または不燃性であること，腐食及びカビの発生が少ないこと，空気抵抗が小さいこと，粉塵の保持容量が大きいこと，吸湿性が少ないことなどが求められる。
　　　したがって，適当でない。

5 (4)　電気集じん器は汚れた空気の中に含まれる各種ダストの微粒子に電荷を与え，集塵極に引き寄せることでダストを捕集する集塵装置であり，厨房排気においては燃焼空気に含まれる油分を除去するグリスフィルターが使われる。
　　　したがって，適当でない。

空気調和・換気設備

ワンポイントアドバイス　4・5　空気清浄

① 空気清浄に関する問題は，各種エアフィルターの特徴とそれに適した用途及び保守管理を知る必要がある。

54　第4章　空気調和・換気設備

4・6　空調管理

1　コールドドラフトの防止に関する記述のうち，**適当でないもの**はどれか。

(1)　暖房負荷となる外壁面からの熱損失をできるだけ減少させる。

(2)　自然対流形の放熱器では，放熱器をできるだけ外壁の窓下全体に設置する。

(3)　屋外から侵入する隙間風を減らすため，外気に面する建具廻りの気密性を高める。

(4)　強制対流形の放熱器では，放熱器を暖房負荷の小さい内壁側に設置する。

《基本問題》

2　空気調和設備に関する用語の組合せのうち，**関係のないもの**はどれか。

(1)　冷却水の水質 ——————— ブローダウン

(2)　吸収冷温水機 ——————— 特定フロン

(3)　変風量（VAV）ユニット ——— 温度検出器

(4)　空調ゾーニング ——————— ペリメータ

《基本問題》

〈p.52～53の解答〉 **正解**　**1**(1)，**2**(2)，**3**(4)，**4**(3)，**5**(4)

4・6 空調管理 55

▶解説

1 (4) 暖房期間においては，外気に面する壁側は開口部もあり室内空気を冷やすことから下降空気によるコールドドラフトが発生し暖房負荷が大きくなる。対策としては窓の場合，断熱性や気密性の向上や主に窓の内側を温めるとコールドドラフトの予防効果がある。強制対流形の放熱器では，放熱器を暖房負荷の大きい窓の内側に設置する。

したがって，適当でない。

2 (2) 吸収冷温水機の冷媒は水であり，冷媒を吸収する吸収材には臭化リチウムやアンモニアなどが用いられているが，特定フロンは用いられていない。

したがって，関係のないものである。

ワンポイントアドバイス 4・6 空調管理

① コールドドラフトはクレームの原因の1つであり，その原因は建築的要素からくる場合が多いため意匠上の熱特性をよく理解し，その対処に当たる必要がある。

② 空調設備の主な管理項目には，水式の場合には水質の管理，ヒートポンプなどは冷媒の管理，変風量単一ダクト方式の場合にはVAVユニット・温度センサーやインバータの管理，空調設備の効果を検証するために空調ゾーニング検討が必要となる。

56　第4章　空気調和・換気設備

4・7　暖房設備

1 温水暖房における膨張タンクに関する記述のうち，**適当でないもの**はどれか。

(1) 開放式膨張タンクの場合，膨張管の接続位置は，ポンプの吐出し側とする。

(2) 開放式膨張タンクにボイラーの逃がし管を接続する場合，その途中に弁は設けない。

(3) 開放式膨張タンクは，装置内のエア抜きとしても利用できる。

(4) 密閉式膨張タンクは，設置場所の制限が少ないため，ボイラー室等に設置できる。

《R6 前-11》

2 コールドドラフトの防止に関する記述のうち，**適当でないもの**はどれか。

(1) 自然対流形の放熱器では，放熱器の表面温度と室内温度の差を小さくする。

(2) 放熱器は，内壁側に設置する。

(3) エアフローウィンドウで窓面の熱負荷を低減する。

(4) 外壁に面する建具の気密性を高め，隙間風を減らす。

《R5 後-11》

3 暖房設備に関する記述のうち，**適当でないもの**はどれか。

(1) 温水暖房は，温水の顕熱を利用している。

(2) 蒸気暖房は，温水暖房に比べて制御性が良い。

(3) 蒸気暖房のウォーミングアップにかかる時間は，温水暖房に比べて短い。

(4) 温水暖房に使用する温水の温度は，一般的に，50〜60℃ とする。

《R5 前-11》

4 放射冷暖房方式に関する記述のうち，**適当でないもの**はどれか。

(1) 放射冷暖房方式は，室内における上下の温度差が少ない。

(2) 放射暖房方式は，天井の高いホール等では良質な温熱環境を得られにくい。

(3) 放射冷房方式は，放熱面温度を下げすぎると放熱面で結露を生じる場合がある。

(4) 放射冷房方式は，室内空気温度を高めに設定しても温熱感的には快適な室内環境を得ることができる。

《R4 後-11》

〈p.54 の解答〉 **正解** **1** (4)，**2** (2)

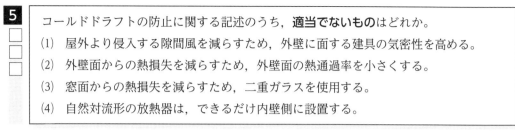

▶解説

1 (1) 開放式タンクではポンプの吐出し側に接続した場合には吐出圧力によりタンクから溢れる場合があるため，ポンプの吸込み側に接続する。
したがって，適当でない。

2 (2) 室内を暖房する放熱器の設置位置は，基本的には熱損失量の大きい外気に面するガラス窓に沿って配置し，窓からの冷気が室内に侵入してくるのを防ぐとコールドドラフトの防止効果があり暖房効果を上げることができる。
したがって，適当でない。

3 (2) 蒸気暖房は蒸気の圧力により供給された蒸気の凝縮するときの潜熱を利用することにより行われるが，温水暖房は温水の供給を制御性の高い制御弁により行われることからその制御性は悪い。
したがって，適当でない。

4 (2) 放射暖房方式は，放射によって直接人体に熱を伝えるため天井の高いホール等でも良質な温熱環境を得られる。
したがって，適当でない。

5 (4) 冬期の窓際からのコールドドラフトを防止するためには，その冷気を温めるために自然対流形の放熱器は，できるだけ窓側に設置する。
したがって，適当でない。

ワンポイントアドバイス　4・7　暖房設備

① 暖房設備の出題は，自然対流型と強制対流型の特徴，膨張タンクの設置に関わる問題，ボイラーに関する問題が出される傾向が多い。

58　第 4 章　空気調和・換気設備

4・8　ヒートポンプ，冷凍機

1

パッケージ形空気調和機に関する記述のうち，**適当でないもの**はどれか。

(1)　マルチパッケージ形空気調和機には，屋外機の圧縮機をガスエンジンで駆動するものがある。

(2)　マルチパッケージ形空気調和機は，同一冷媒配管系統の屋内機ごとに冷房と暖房が自由に選択できるものがある。

(3)　マルチパッケージ形空調機方式は，中央熱源方式に比べて機械室面積等が広く必要となる。

(4)　パッケージ形空気調和機は，冷媒配管の長さに制限がある。

《R6 後-12》

2

吸収冷温水機に関する記述のうち，**適当でないもの**はどれか。

(1)　冷媒は水なので，フロン系の冷媒は使用していない。

(2)　木質ペレットを燃料として使用する機種もある。

(3)　立ち上がり時間は，一般的に，圧縮式冷凍機に比べて長い。

(4)　電力消費量は，遠心冷凍機に比べて大きい。

《R6 後-11》

3

パッケージ形空気調和機に関する記述のうち，**適当でないもの**はどれか。

(1)　ヒートポンプ方式のマルチパッケージ形空気調和機の冷媒配管方式には，2 管式と 3 管式がある。

(2)　空気熱源ヒートポンプ方式では，冷媒配管が短くなるほど冷暖房能力が減少する。

(3)　業務用パッケージ形空気調和機は，一般的に，代替フロン（HFC）が使用されており，「フロン類の使用の合理化及び管理の適正化に関する法律」の対象となっている。

(4)　ガスエンジンヒートポンプ方式は，ガスエンジンの排熱を暖房用に利用している。

《R6 前-12》

4

吸収冷温水機に関する記述のうち，**適当でないもの**はどれか。

(1)　冷房時にもガスや油をバーナーで燃焼させる必要がある。

(2)　圧縮式冷凍機に比べて機器の立上がり時間が短い。

(3)　機内を大気圧以下に保つ必要がある。

(4)　吸収液には臭化リチウムが用いられる。

《R5 前-12》

〈p.56〜57 の解答〉　**正解**　**1**(1)，**2**(2)，**3**(2)，**4**(2)，**5**(4)

4・8 ヒートポンプ，冷凍機 　59

5 空冷ヒートポンプパッケージ形空気調和機に関する記述のうち，**適当でないもの**はどれか。

(1) 冷房の場合，外気温度が高いほど運転効率は低下する。

(2) マルチパッケージ形空気調和機には，系統内で熱回収される冷暖同時型がある。

(3) 屋内機と屋外機間の高低差には，制限がない。

(4) 暖房運転において外気温度が低いときには，屋外機コイルに霜が付着することがある。

《R5 後-12》

▶解説

1 (3) マルチパッケージ形空気調和機方式は，一般的に屋外機は屋上などの屋外に設置され，屋内機は壁掛型など壁への設置，天井カセット型や天吊り方などの天井面への設置，天井内隠蔽ダクト型などの天井内へ設置されるため，中央熱源方式に比べ機械室面積等は不要か狭くても良い。

したがって，適当でない。

2 (4) 収式冷凍機は，蒸発器内の圧力をほぼ真空状態にして水が 7〜10℃ で沸騰する原理を利用し全て化学反応で行う冷凍サイクルであるため，電力消費量が大きい遠心式のターボコンプレッサを採用している遠心式冷凍機と比較して消費電力は小さい。

したがって，適当でない。

3 (2) 空気熱源ヒートポンプ方式では，冷媒配管が短くなるほど配管抵抗が小さくなるため冷暖房能力が大きくなる。

したがって，適当でない。

4 (2) 収式冷凍機は，蒸発器内の圧力をほぼ真空状態にして水が 7〜10℃ で沸騰する原理を利用し全て化学反応で行う冷凍サイクルであるため，遠心式のターボコンプレッサを採用して起動させるターボ冷凍機と比較すると遅くなる。

したがって，適当でない。

5 (3) 空冷ヒートポンプパッケージ形空気調和機の屋内機と屋外機間の高低差は，冷媒の蒸発温度と圧力の関係からその能力に影響がある。

したがって，適当でない。

ワンポイントアドバイス　4・8　ヒートポンプ，冷凍機

① 冷凍機についての出題は，吸収式冷凍機と遠心冷凍機の比較が多い。

② ヒートポンプについては冷媒配管，屋内機と屋外機の高低差，設置位置や冷媒配管長に関する問題が多い。

60　第4章　空気調和・換気設備

4・9　換気方式

1 換気に関する記述のうち，**適当でないもの**はどれか。

(1) 温度差を利用する自然換気方式では，換気対象室の高い位置に排気口を設ける。

(2) 無窓の居室の換気は，第一種機械換気方式とする。

(3) 第二種機械換気方式は，排気口を設けない。

(4) 便所の換気は，臭気の拡散防止のため第三種機械換気方式とし室内を負圧とする。

《R6 後-13》

2 換気の「対象となる室」と「主な目的」の組合せのうち，**適当でないもの**はどれか。

　　　　[対象となる室]　　　　　　[主な目的]

(1) 居室 ——————— 室内空気の浄化

(2) ボイラー室 ——————— 酸素供給

(3) 電気室 ——————— 湿気の排除

(4) 車庫 ——————— 有害ガスの排除

《R6 後-14》

3 次のうち，第三種機械換気方式を用いることが**適当でないもの**はどれか。

(1) 倉庫

(2) 湯沸室

(3) 電気室

(4) ボイラー室

《R6 前-13》

4 第三種機械換気方式における排気ガラリの面積を求めるために，必要な要素として**適当でないもの**はどれか。

(1) 排気風量

(2) ガラリの有効開口率

(3) 有効開口面風速

(4) 排気温度

《R6 前-14》

〈p.58〜59 の解答〉 **正解** **1** (3)，**2** (4)，**3** (2)，**4** (2)，**5** (3)

4・9　換気方式　61

5　換気設備に関する記述のうち，**適当でないもの**はどれか。
- (1)　換気回数とは，換気量を室容積で除したものである。
- (2)　必要換気量とは，室内の汚染質濃度を許容値以下に保つために循環する空気量をいう。
- (3)　自然換気には，風力によるものと温度差によるものがある。
- (4)　シックハウスを防ぐには，室内中の TVOC（総揮発性有機化合物の濃度）を低く保つ必要がある。

《基本問題》

▶ **解説**

1　(3)　第二種換気方式とは，送風機により外気を室内に送風し排気口で室外に排気する方式であるため排気口が必要となる。
したがって，適当でない。

2　(3)　電気室の換気は，湿気の排除が目的ではなく，電気室内の許容温度を 40℃ 以下にする必要があることから，電気設備からの発熱により電気室内部の温度上昇を防ぐのが主な目的である。発熱量が大きく換気量が大きくなる場合には，空調設備の検討が必要となる。
したがって，適当でない。

3　(4)　ボイラ室の還気の目的は，ボイラの燃焼に必要となる酸素を供給することが目的であることから給気ファン，排気ファンによる第一種換気方式が必要となる。
したがって，適当でない。

4　(4)　第三種換気方式の排気ガラリの面積を求めるためには，排気風量から適当な面風速や有効開口率によって面積を求めるため，排気温度は直接関係ない。
したがって，適当でない。

5　(2)　換気とは，室内空気の浄化，酸素の供給，水蒸気や臭気・有毒ガスの除去などを目的とし室内の空気と屋外の空気を入れ替えて室内に新鮮な空気（外気）を取り入れることであり，循環させることではない。必要換気量とは，そのために必要な外気を室内の汚染質濃度を許容値以下に保つために導入する空気量をいう。
したがって，適当でない。

空気調和・換気設備

ワンポイントアドバイス　4・9　換気方式

① 第 1 種機械換気方式，第 2 種機械換気方式，第 3 種機械換気方式と，各種換気法式と部屋の種別とその目的を理解する。
② 建築物における衛生的環境の確保に関する法律施行令における一酸化炭素の含有率以外の各種基準を理解する。

4・10 換気計算

1 図に示すような室を換気扇で換気する場合，給気口の寸法として，**適当なもの**はどれか。ただし，換気扇の風量は 720 m³/h，給気口の有効開口面風速は 2 m/s，給気口の有効開口率は 30% とする。

(1) 600 mm×400 mm (2) 700 mm×400 mm
(3) 700 mm×500 mm (4) 800 mm×600 mm

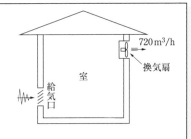

《基本問題》

2 図に示す室を換気扇で換気する場合，給気口の寸法として，**適当なもの**はどれか。ただし，換気扇の風量は 360 m³/h，給気口の有効開口率は 40%，有効開口面風速は 2 m/s とする。

(1) 250 mm×250 mm (2) 350 mm×250 mm
(3) 450 mm×250 mm (4) 500 mm×250 mm

《基本問題》

3 特殊建築物の居室に機械換気設備を設ける場合，有効換気量の必要最小値を算定する式として，「建築基準法」上，**正しいもの**はどれか。
ただし，V：有効換気量 [m³/h]，
　　　　Af：居室の床面積 [m²]，
　　　　N：実況に応じた1人当たりの占有面積（3を超えるときは3とする。）[m²]
　　　　とする。

(1) $V = \dfrac{10\,Af}{N}$　(2) $V = \dfrac{20\,Af}{N}$　(3) $V = \dfrac{Af}{10\,N}$　(4) $V = \dfrac{Af}{20\,N}$

《基本問題》

4 床面積の合計が 100 m² を超える住宅の調理室に設置するガスコンロ（開放式燃焼器具）の廃ガス等を，換気扇により排気する場合の必要換気量として，「建築基準法」上，**正しいもの**はどれか。
ただし，排気フードは設けないものとする。
ここで，K：燃料の単位燃焼量当たりの理論廃ガス量 [m³/(kW·h)]
　　　　Q：火を使用する器具の実況に応じた燃料消費量 [kW] とする。

(1) 2 KQ [m³/h] (2) 20 KQ [m³/h]
(3) 30 KQ [m³/h] (4) 40 KQ [m³/h]

《基本問題》

〈p.60~61 の解答〉**正解** **1**(3), **2**(3), **3**(4), **4**(4), **5**(2)

▶解説

1 (3) 700 mm×500 mm

換気扇の風量＝720 m³/h

給気口の有効開口率＝30％

有効開口面風速＝2 m/s

とする場合

換気扇の風量［m³/h］＝給気口の有効開口面積［m²］×給気口の有効開口率

×有効開口面風速［m/s］×3600

給気口の有効開口面積［m²］＝720［m³/h］/(2×0.3×3600)

＝0.34［m²］

これに見合う給気口サイズは　700 mm×500 mm

したがって，(3)が適当なものである。

2 (4) 500 mm×250 mm

換気扇の風量＝360 m³/h

給気口の有効開口率＝40％

有効開口面風速＝2 m/s

とする場合

換気扇の風量［m³/h］＝給気口の有効開口面積［m²］×給気口の有効開口率

×有効開口面風速［m/s］×3,600

給気口の有効開口面積［m²］＝360［m³/h］/(2×0.4×3,600)

＝0.125［m²］

これに見合う給気口サイズは　500 mm×250 mm

したがって，(4)が適当なものである。

3 (2) 建築基準法施行令第 20 条の 2 第 2 号ロ(1)に基づいた計算式である。

(2)　$V = \dfrac{20\,Af}{N}$

したがって，(2)が正しいものである。

4 (4) 建築基準法施行令第 20 条の 3 第 2 項　昭和 45 年建設省告示第 1826 号に基づいた計算式である。排気フードなしの場合は **40 KQ**〔m³/h〕

したがって，(4)が正しいものである。

ワンポイントアドバイス　4・10　換気計算

①開口部と換気量の関係式，火を使うコンロの換気量計算式，在室人員のための換気量計算式を覚えておく。

64　第4章　空気調和・換気設備

〈p.62 の解答〉 正解　**1**(3)，**2**(4)，**3**(2)，**4**(4)

第5章
給排水衛生設備

5・1 ▶ 上水道	68
5・2 ▶ 下水道	70
5・3 ▶ 給水設備	72
5・4 ▶ 給湯設備	76
5・5 ▶ 排水・通気設備	80
5・6 ▶ 消火設備	84
5・7 ▶ ガス設備	86
5・8 ▶ 浄化槽	88

過 去 の 出 題 傾 向

● 給排水衛生設備に関する設問が9問，空調設備に関する設問が8問出題され，合計17問より9問を選択する（余分に解答すると減点される）。

● 例年，各設問はある程度限られた範囲（項目）から繰り返しの出題となっているので，過去問題から傾向を把握しておくこと。令和6年度も大きな出題傾向の変化はなかったので，令和7年度に出題が予想される項目について重点的に学習しておくとよい。

給排水衛生設備

●過去 5 回の出題内容と出題箇所●

出題内容・出題数 \ 年度（和暦）	令和 6後期	6前期	5後期	5前期	4後期	計
5・1 上水道　1. 上水道施設		1		1	1	3
2. 配水管の施工，給水装置	1		1			2
5・2 下水道　1. 下水道の排除方式・種類						
2. 管きょの勾配・流速	1	1	1		1	4
3. 管きょの接合方法				1		1
5・3 給水設備　1. 飲料水の汚染防止						
2. 給水方式		1		1		2
3. 給水量，給水圧力						
4. 給水機器	1		1		1	3
5・4 給湯設備　1. 給湯方式，給湯温度				1	1	2
2. 配管の流速・勾配・材質	1					1
3. 給湯機器，安全装置		1	1			2
5・5 排水・通気設備　1. 排水トラップ，間接排水，封水の損失原因	1	1	1	1	1	5
2. 排水管の勾配・管径，特殊継手排水システム	1	1			1	3
3. 通気管の種類・管径			1	1		2
5・6 消火設備　1. 屋内消火栓設備	1		1	1	1	4
2. 消火栓ポンプまわりの配管		1				1
5・7 ガス設備　1. 都市ガスの種類・特徴						
2. 液化石油ガス（LPG）の種類・特徴	1	1	1	1	1	5
3. ガス漏れ警報器，ガス機器						
5・8 浄化槽　1. 処理対象人員	1		1			2
2. FRP 製浄化槽の施工		1		1		2
3. 小型浄化槽の処理フロー					1	1

●出題傾向分析●

5・1　上水道

① 上水道施設と配水管の施工，給水装置について理解しておく。

② 上水道施設のフロー（取水施設，導水施設，浄水施設，送水施設の流れと順番）・役割，消毒設備，他の地下埋設物との距離，給水管の分岐位置，最小動水圧，給水装置の耐圧性能試験，不断水分岐工法，簡易専用水道などについて理解しておく。

5・2　下水道

① 下水道の種類，排除方式（分流式，合流式），管きょの勾配について理解しておく。

② 管きょの最小管径・流速・接合方法，排水ますの構造，管きょの基礎，処理区域（水洗化），合流管きょの計画水量などについて理解しておく。

5・3　給水設備

① 飲料水の汚染防止，ウォーターハンマーの防止について理解しておく。

② 給水圧力，給水量，受水タンク及び高置タンクの構造，揚水ポンプの水量及び揚程，水道直結増圧方式などの給水方式の種類と特徴，高置タンクの設置高さ，給水器具の必要圧力・給水量算定法などについて理解しておく。

5・4　給湯設備

① レジオネラ属菌対策，配管方式及び銅管の管内流速について理解しておく。

② 給湯管の線膨張係数，循環ポンプ，加熱装置の種類・特徴，安全装置（逃し管，逃し弁など），瞬間湯沸器の号数，膨張タンク（密閉式，開放式）などについて理解しておく。

5・5　排水・通気設備

① 排水トラップ，間接排水，通気管の種類・管径について理解しておく。

② 排水管の勾配や最小管径，排水口空間，掃除口，特殊継手排水システム，通気管の種類や管径，排水ポンプなどについて理解しておく。

5・6　消火設備

① 屋内消火栓設備の設置の技術基準について理解しておく。

② 屋内消火栓ポンプ廻りの配管（吸水管や逆止め弁など），加圧送水装置について，理解しておく。

5・7　ガス設備

① 都市ガス（LNG）の特徴，ガス漏れ警報器の設置位置について理解しておく。液化石油ガス（LPG）の特徴・種類に関する問題も出題頻度が高い。

② ガスの発熱量，LPGボンベの設置，ガスメータ，ガス機器の燃焼形式の特徴について理解しておく。

5・8　浄化槽

① FRP製浄化槽の設置工事と処理対象人員の算定方法について理解しておく。

② 浄化の原理，浄化槽の処理方式，小型合併処理浄化槽の処理フロー（特に嫌気3床接触ばっ気方式），浄化槽設置の土工事について理解しておく。

68　第5章　給排水衛生設備

5・1　上水道

1　上水道施設に関する記述のうち，**適当でないもの**はどれか。

(1)　送水施設は，浄化した水を需要者に必要な圧力で必要な量を供給する施設である。

(2)　浄水施設の沈殿池は，フロック形成池から出た原水のフロックを沈殿除去し，ろ過池の負荷を軽くする。

(3)　導水施設は，取水施設から浄水施設まで原水を送る施設である。

(4)　浄水施設のろ過池における緩速ろ過方式は，低濁度の原水を処理するのに適している。

《R6 前-15》

2　上水道に関する記述のうち，**適当でないもの**はどれか。

(1)　水道水の消毒薬には，次亜塩素酸ナトリウム等が使用される。

(2)　遊離残留塩素より結合残留塩素の方が，殺菌力が高い。

(3)　水道水の水質基準のうち，pH 値は，5.8 以上 8.6 以下とされている。

(4)　「消防法」に規定する有効容量が $10\,m^3$ を超える消防用水槽であって，全く飲用に供されることのないものは，簡易専用水道に該当しない。

《R6 後-15》

3　上水道施設に関する記述のうち，**適当でないもの**はどれか。

(1)　硬質ポリ塩化ビニル管に分水栓を取り付ける場合は，管の折損防止のため，サドル付を使用する。

(2)　水道水の水質基準では，色度は 5 度以下と定められている。

(3)　簡易専用水道とは，水道事業者から供給を受ける水のみを水源とし，水の供給を受ける水槽の有効容量の合計が $5\,m^3$ を超えるものをいう。

(4)　配水管の試験は，原則として空気圧による試験は行わない。

《R5 前-15》

4　上水道施設に関する記述のうち，**適当でないもの**はどれか。

(1)　取水施設は，河川，湖沼又は地下の水源より原水を取り入れ，粗いごみや砂を取り除く施設である。

(2)　送水施設は，取水施設にて取り入れた原水を浄水施設へ送る施設である。

(3)　着水井には，流入する原水の水位変動を安定させ，その量を調整することで，浄水施設での浄化処理を安定させる役割がある。

(4)　結合残留塩素は，遊離残留塩素より殺菌作用が低い。

《R4 後-15》

▶解説

1 (1) 送水施設は，浄水施設から配水施設まで必要量の浄水を送る施設であり，本文は配水施設の説明である。したがって，適当でない。

間違いやすい選択肢 ▶ (4) 緩速ろ過方式（ろ過速度；4〜5 m/日）は，比較的水質が良好で水質の変化の少ない浄水施設などの水の処理に向いている。急速ろ過方式（ろ過速度；120〜150 m/日）は，比較的濁りの多い河川水や湖沼水の処理に向いている。

2 (2) 水を塩素消毒する際に，水中にアンモニアやその化合物があると，塩素とそれが化合して結合残留塩素を生ずる。結合残留塩素よりも遊離残留塩素の方が殺菌力が高い。したがって，適当ではない。

間違いやすい選択肢 ▶ (4) 全く飲み水に使用しない場合（工業用水や消防用水），地下水を受水槽に貯めている場合は，簡易専用水道に該当しない。

3 (3) 簡易専用水道は，水の供給を受ける水槽の有効容量の合計が 10 m³ を超えるものをいう。したがって，適当でない。

間違いやすい選択肢 ▶ (4) 給水装置の耐圧試験は，厚生労働大臣が定める耐圧性能試験により，1.75 MPa の静水圧を 1 分間加えた時の水漏れ，変形，破損等の異常のないことを確認するなど，給水設備では水圧試験を行う。排水設備では空気圧による気密試験も行う。

4 (2) 設問は送水施設ではなく，導水施設について述べている。**送水施設**は，浄化した水を需要家に配水する配水施設に送るための施設である。したがって，適当でない。

間違いやすい選択肢 ▶ (1) **取水施設**は，河川，湖沼又は地下の水源より原水を取り入れ，粗いごみや砂を取り除く施設である。

ワンポイントアドバイス　5・1　上水道

① 上水道は，取水→導水→浄水→送水→配水施設で構成される。

② 水道水の水質基準は 51 項目定められており，大腸菌は検出されてはならない。水銀や鉛，一般細菌などは基準値以下とする。
③ **簡易専用水道**とは，水道事業の用に供する水道及び専用水道以外の水道で，水道事業者から供給を受ける水のみを水源とするもの（受水槽有効容量が 10 m³ 以下のものを除く）をいう。水槽の清掃は 1 年以内に 1 回実施する。
④ ダクタイル鋳鉄管及び塩ビ管の異形管防護は，原則として，コンクリートブロックによる防護または離脱防止継手を用いる。
⑤ 道路内の配水管は，他の埋設物との間隔を 30 cm 以上確保する。
⑥ 敷地における配水管の埋設深さは，30 cm 以上とする。
⑦ 給水装置の**耐圧性能試験**は，原則，水圧による試験とし，静水圧 1.75 MPa で 1 分間の保持時間で行う。
⑧ 給水管の分岐個所での配水，管の最小動水圧は 0.15 MPa，最大動水圧は 0.74 MPa とする。

70　第5章　給排水衛生設備

5・2　下水道

1　下水道に関する記述のうち，**適当でないもの**はどれか。

(1)　下水道は，公共下水道，流域下水道及び都市下水路に分けられる。

(2)　下水道本管に接続する取付管の勾配は，$\dfrac{1}{100}$ 以上とする。

(3)　排水設備の雨水ますの底には，深さ 10 cm 以上のどろためを設ける。

(4)　管きょの流速は，一般的に，下流に行くに従い漸増させ，勾配は，下流に行くに従い緩やかにする。

《R6 前-16》

2　下水道に関する記述のうち，**適当でないもの**はどれか。

(1)　管きょのますは，管きょの長さがその内径又は内のり幅の 200 倍を超えない範囲内に設ける。

(2)　汚水ますのマンホールは，密閉することができるふたを設ける。

(3)　公共下水道に流入させるための建物敷地内の排水管の土被りは，原則として 20 cm 以上とする。

(4)　敷地からの下水は，排水設備を通じて公共下水道に排除される。

《R6 後-16》

3　下水道に関する記述のうち，**適当でないもの**はどれか。

(1)　都市下水路は，地方公共団体が管理するもので，公共下水道を含んでいる。

(2)　汚水管きょの流速は，0.6～3.0 m/s とする。

(3)　合流管きょの計画下水量は，計画時間最大汚水量に計画雨水量を加えたものとする。

(4)　下水道本管に接続する取付管の最小管径は，150 mm を標準とする。

《R5 前-16》

4　下水道に関する記述のうち，**適当でないもの**はどれか。

(1)　下水とは，生活若しくは事業（耕作の事業を除く。）に起因し，若しくは付随する廃水又は雨水をいう。

(2)　分流式では，降雨時の路面排水が直接公共用水域に放流される。

(3)　公共下水道の設置，改築，修繕，維持その他の管理は，市町村が行う。

(4)　下水道本管への取付管の接続は，管底に接続する。

《R5 後-16》

〈p.68 の解答〉　**正解**　**1**(1)，**2**(2)，**3**(3)，**4**(2)

▶解説

1 (3) 雨水ますとトラップますの底には，15 cm 以上の泥だめを設ける。したがって，適当でない。

間違いやすい選択肢 ▶ (4) 下流に行くに従い流量が増加し，管断面は大きくなり，勾配を緩やかにしても流速を漸増させることができるので，一般に下流に行くほど流速は漸増させ，管きょの勾配は緩やかにする。

2 (1) 管きょのますは，その内径または内のり幅の 120 倍を超えない範囲内において，清掃上適当な位置に設置する。したがって，適当ではない。

間違いやすい選択肢 ▶ (3) 一般に敷地外排水管の土被りは，一般に 60 cm 以上，敷地排水管の土被りは 20～30 cm 以上とする。

3 (1) 都市下水路は，市街地における下水を排除するために地方公共団体が管理している下水道で，公共下水道および流域下水道は，除くものである。したがって，適当でない。

間違いやすい選択肢 ▶ (4) 最小口径は汚水管きょは 200 mm を標準とし，雨水管きょおよび合流管きょは 250 mm を標準とするが，それらへの取付管の最小口径は 150 mm を標準とする。

4 (4) 下水道本管への取付管の接続は，本管の中心線より上方に接続する。したがって，適当でない。

間違いやすい選択肢 ▶ (2) 合流式では，雨天時に計画水量の 3 倍程度を超える下水は，無処理で公共用水域などへ放流される。

ワンポイントアドバイス　5・2　下水道

① 敷地からの取付け管の下水道本管への接続は，本管の中心線より上方で接続する。
② 管きょの最小流速は，汚水管きょでは 0.6 m/s，雨水管きょでは 0.8 m/s とする。最大流速はいずれも 3.0 m/s とする。流速は下流に行くに従い漸増させ，勾配は緩やかにする。
③ 最小管径は，汚水管きょ 200 mm，雨水管きょ及び合流管きょ 250 mm を標準とする。下水道本管の取付管の最小管径は 150 mm を標準とし，こう配は 1/100 以上とする。
④ 硬質ポリ塩化ビニル管などの可とう性管きょの基礎は，原則として自由支承の砂または砕石基礎とする。軟弱地盤では，ベッドシート基礎または布基礎とする。
⑤ 排水ますは，管径の 120 倍以内に設け，排水管の落差が大きい場合は，ドロップますとする。
⑥ 雨水ますとトラップますは 15 cm 以上の泥だめを設け，汚水ますにはインバートを設ける。
⑦ 管きょの径が変化するまたは合流する場合の接合方法には，**水面接合，管中心接合，管頂接合，管底接合**がある。原則として水面接合または管頂接合とする（右図参照）。

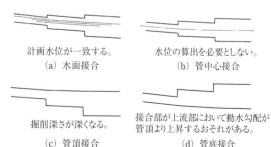

計画水位が一致する。
(a) 水面接合

水位の算出を必要としない。
(b) 管中心接合

掘削深さが深くなる。
(c) 管頂接合

接合部が上流部において動水勾配が管頂より上昇するおそれがある。
(d) 管底接合

管きょの管径が変化する箇所の接合方法

72　第5章　給排水衛生設備

5・3 給水設備

● 5・3・1〜2　飲料水の汚染防止，給水方式

1 給水設備に関する記述のうち，**適当でないもの**はどれか。

(1) 水道直結方式は，給水負荷が最大となる瞬間に対応するために，ピーク時の給水使用量を予想する必要がある。

(2) 高置タンク方式は，他の給水方式に比べ，給水圧力の変動が大きい。

(3) 設置器具数が少ない場合には，管均等表を利用して管径を決定する方法もある。

(4) 受水タンク，高置タンク等は，水を汚染するほこり等がタンク内に入らないよう据付け場所を考慮する。

《R6 前-17》

2 給水設備に関する記述のうち，**適当でないもの**はどれか。

(1) 給水量の算定に用いられる器具給水負荷単位による方法では，給水管が受け持つ器具給水負荷単位の総和から，瞬時最大給水流量を求める。

(2) 受水タンクの吐水側配管に取り付ける緊急遮断弁は，受水タンク内の残留塩素が規定値以下となる場合に給水を遮断する目的で設置される。

(3) 大気圧式バキュームブレーカーは，大便器洗浄弁等と組み合わせて使用される。

(4) 飲料用給水タンクには，直径 60 cm 以上の円が内接するマンホールを設ける。

《R5 前-17》

3 給水設備に関する記述のうち，**適当でないもの**はどれか。

(1) 水道直結直圧方式を採用する場合は，夏季等の水圧が低くなる時期の本管水圧で決定する。

(2) 飲料用給水タンクは，保守点検及び清掃を考慮し，容量に応じて2槽分割等にする。

(3) 飲料用給水タンクの上部には，原則として，飲料水以外の配管を設けてはならない。

(4) 飲料用給水タンクのオーバーフロー管には，トラップを設け，虫の侵入を防止する。

《基本問題》

給排水衛生設備

〈p.70 の解答〉　**正解**　**1** (3)，**2** (1)，**3** (1)，**4** (4)

▶解説

1 (2) 高置タンク方式は，他の方式に比べ，給水圧力の変動が小さい。したがって，適当でない。

間違いやすい選択肢▶ (3)給水管の管径は，設置器具数が少ない場合には管均等表を用いることもあり，一般には器具給水単位法などが用いられる。

2 (2) 受水タンクの吐水側配管に取り付ける緊急遮断弁は，地震時等の強い揺れに対し，水槽やその配管系が破損した際，水槽内の水が漏れ出すのを防ぐために設置する。したがって，適当でない。

間違いやすい選択肢▶ (1)住宅の給水量の算定には，住戸数（居住人員）から瞬時最大流量を求める方法が用いられる。器具給水負荷単位法は，主にオフィスなどの業務用途の瞬時最大流量の算定に用いる。

3 (4) 飲料用タンクのオーバーフロー管には防虫網を設け，トラップは設けてはならない。なお，オーバーフロー管からの排水を受ける排水管側にはトラップを設ける（ワンポイントアドバイス5・3給水設備(2)の図参照）。したがって，適当でない。

間違いやすい選択肢▶ (3)給飲料用タンクの上部に飲料用配管以外を設ける場合は，汚染防止のためドレンパンなどを設ける。

ワンポイントアドバイス　5・3　給水設備(1)

① **吐水口空間**とは，逆サイホン作用による汚染防止のため，給水栓などの吐水口端と器具のあふれ縁（オーバーフロー口ではない）との垂直距離をいう（右図参照）。
② 常時圧力がかからない大便器洗浄弁には**大気圧式**バキュームブレーカーを，常時圧力がかかっている散水栓などには**圧力式**バキュームブレーカーを設ける。
③ 給水方式は，**水道直結方式**（直圧方式，増圧方式）と，**受水タンク方式**（高置タンク槽方式，圧力タンク方式，ポンプ直送方式）に大別される（下図参照）。
④ 直結方式のほうが，受水タンクを設置する場合に比べて汚染の可能性が低い。直結増圧方式では，逆流防止器と吸排気弁を設ける。

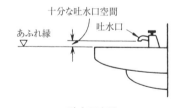

吐水口空間

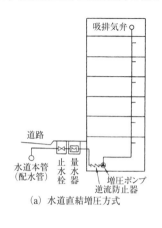
(a) 水道直結増圧方式

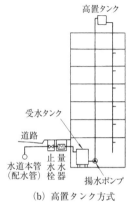
(b) 高置タンク方式

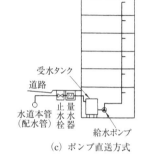
(c) ポンプ直送方式

主な給水方式

74　第5章　給排水衛生設備

●5・3・3〜4　給水量，給水圧力，給水機器

4　給水設備に関する記述のうち，**適当でないもの**はどれか。

(1)　受水タンクのオーバーフロー管の管端は，間接排水とする。

(2)　高置タンク方式は，他の給水方式に比べ，給水圧力の変動が大きくなる。

(3)　水道直結増圧方式は，高置タンク方式に比べ，一般的に，ポンプの吐出し量が大きくなる。

(4)　クロスコネクションとは，飲料水系統とその他の系統が，配管・装置により直接接続されることをいう。

《R6 後-17》

5　給水設備に関する記述のうち，**適当でないもの**はどれか。

(1)　受水タンクのオーバーフローの取り出しは，給水管の吐水口端の高さより上方からとする。

(2)　揚程が 30 m を超える給水ポンプの吐出し側に取り付ける逆止め弁は，衝撃吸収式とする。

(3)　受水タンクへの給水には，ボールタップや定水位弁が用いられる。

(4)　クロスコネクションとは，飲料水系統とその他の系統が，配管・装置により直接接続されることをいう。

《R5 後-17》

6　給水設備に関する記述のうち，**適当でないもの**はどれか。

(1)　揚程が 30 m を超える給水ポンプの吐出し側に取り付ける逆止め弁は，衝撃吸収式とする。

(2)　受水タンクのオーバーフローの取り出しは，給水吐水口端の高さより上方からとする。

(3)　受水タンクへの給水には，ウォーターハンマーを起こりにくくするため，一般的に，定水位弁が用いられる。

(4)　クロスコネクションとは，飲料用系統とその他の系統が，配管・装置により直接接続されることをいう。

《R4 後-17》

〈p.72 の解答〉　**正解**　**1**(2)，**2**(2)，**3**(4)

▶解説

4 (2) 高置タンク方式は，高置タンクからの重力により必要箇所へ給水する方式で，他の方式に比べ給水圧力の変動が小さい。したがって，適当でない。

5 (1) 受水タンクのオーバーフローの取り出しは，給水管の吐水口端の高さより下方からとる。したがって，適当でない。

間違いやすい選択肢 ▶ (2) 一般に，揚水ポンプの吐出し側の逆止め弁にスイング逆止め弁を使用すると，ウォータハンマーが生じることがあるので，スイング逆止め弁は使用しない。ウォータハンマー防止のため，緩閉形逆止め弁などの衝撃吸収式のものを用いる。

6 (2) 受水タンクのオーバーフローの取り出しは，給水吐水口端の高さより下方からとする（下図参照）。したがって，適当でない。

間違いやすい選択肢 ▶ (3) 受水タンクへの給水には，ウォーターハンマーを起こりにくくするため一般的に，定水位弁が用いられる。

ワンポイントアドバイス　5・3　給水設備(2)

① 水道直結給水方式は水を貯水するタンクがないので，給水引込み管の管径は，受水タンク方式より大きくなる。
② ウォータハンマーを防止するには，過大な水圧にしない，管内流速を小さくする，水撃圧の上昇を緩和するエアチャンバなどを設ける，揚水管は低層階で横引きする，などがある。
③ 飲料用受水タンクの上部には，原則として空調用などの飲料水以外の用途の配管は通さない。
④ 飲料用受水タンクのオーバーフロー管の開口端には防虫網を設け，**間接排水**とする。なお，排水トラップは排水管側に設ける。
⑤ 飲料用の受水タンクや高置タンクは，下図のような構造となる。
⑥ 揚程が30mを超える給水ポンプの吐出し側に取り付ける逆止め弁は，衝撃吸収式とする。

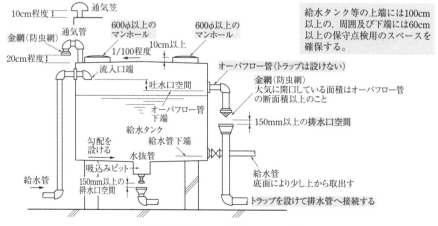

飲料用受水タンク，高置タンクの構造

76 第5章 給排水衛生設備

5・4 給湯設備

●5・4・1～2 給湯方式，給湯温度，配管の流速・勾配・材質

1 給湯設備に関する記述のうち，**適当でないもの**はどれか。

(1) 潜熱回収型給湯器には，潜熱回収時の凝縮水を中和処理する装置が組み込まれている。

(2) 中央給湯方式の膨張タンクは，装置内の圧力が水の膨張により異常に上昇しないように設ける。

(3) 給湯管に使用される架橋ポリエチレン管の線膨張係数は，ステンレス鋼鋼管の線膨張係数に比べて小さい。

(4) 給湯温度は，貯湯タンク内での湯温が60℃以上を維持できるようにする。

《R6後-18》

2 給湯設備に関する記述のうち，**適当でないもの**はどれか。

(1) 給湯配管には，水道用硬質塩化ビニルライニング鋼管を使用する。

(2) 給湯配管をコンクリート内に敷設する場合は，熱による伸縮で配管が破断しないように保温材等をクッション材として機能させる。

(3) ヒートポンプ給湯機は，大気中の熱エネルギーを給湯の加熱に利用するものである。

(4) ガス瞬間湯沸器の先止め式とは，給湯先の湯栓の開閉により，バーナーが着火・消火する方式をいう。

《R5前-18》

3 給湯設備に関する記述のうち，**適当でないもの**はどれか。

(1) 給湯管に使用される架橋ポリエチレン管の線膨張係数は，銅管の線膨張係数に比べて小さい。

(2) 湯沸室の給茶用の給湯には，一般的に，局所式給湯設備が採用される。

(3) ホテル，病院等の給湯使用量の大きな建物には，中央式給湯設備が採用されることが多い。

(4) 給湯配管で上向き供給方式の場合，給湯管は先上がり，返湯管は先下がりとする。

《基本問題》

〈p.74の解答〉 **正解** **4**(2)，**5**(1)，**6**(2)

▶解説

1 (3) 架橋ポリエチレン管などの樹脂管の線膨張係数は，ステンレス鋼鋼管などの金属管の線膨張係数に比べ，大きい。したがって，適当でない。

2 (1) 水道用硬質塩化ビニルライニング鋼管は，内面がビニルで使用温度限界は40℃程度で給湯管として使用できない。給湯配管にはステンレス鋼鋼管，耐熱塩化ビニルライニング鋼管，樹脂管（ポリブテン管，架橋ポリエチレン管）などが用いられる。したがって，適当でない。

間違いやすい選択肢 ▶ (2) 給湯配管では，コンクリート内に敷設する場合は，温度変化による熱伸縮に保温材を活用し対応する。温度による伸び率である線膨張係数は，鋼管より架橋ポリエチレン管などの樹脂管の方が大きい（伸びが大きい）。地上・室内では対策として，伸縮継手を設ける。

3 (1) 架橋ポリエチレン管の**線膨張係数**は0.0002 [L/℃]，銅管は0.000017 [L/℃] で，架橋ポリエチレン管のほうが約11倍大きい（伸びが大きい）。したがって，適当でない。

間違いやすい選択肢 ▶ (4) 給湯配管には**上向き給湯方式**と**下向き給湯方式**があり，配管内のエアが給湯栓から抜けるように給湯栓に向かって先上がり勾配をつける。

ワンポイントアドバイス　5・4　給湯設備(1)

① 給湯方式には，貯湯タンクや循環ポンプ，返湯管をを設けた**中央式**と，給茶用電気温水器（90℃程度）などのような**局所式**がある。

② 中央式給湯方式では，**レジオネラ属菌**対策として，給湯温度は貯湯タンク内で60℃以上とし，ピーク使用時においても55℃以上とする。

③ 中央式給湯設備の**上向き供給方式**（右図参照）では，配管内の空気が抜けるように，勾配は給湯管を先上がり，返湯管を先下がり配管とする。

④ 給湯管に銅管を用いる場合は，**かい食**を防止するために，管内流速が1.5 m/s以下となるように管径を決定する。

⑤ 配管は水温の変動により伸縮する。温度による伸び率である**線膨張係数**は，銅管より架橋ポリエチレン管などの樹脂配管のほうが大きい（伸びが大きい）。給湯管の伸縮対策としては，**伸縮継手**を設けるなどがある。

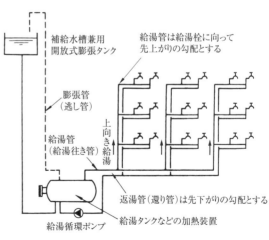

中央式給湯設備（上向き供給方式）

78 第5章 給排水衛生設備

●5・4・3 給湯機器，安全装置

4 給湯設備に関する記述のうち，**適当でないもの**はどれか。

(1) 給湯用循環ポンプは，給湯温度を一定に保持するために設ける。

(2) 潜熱回収型給湯器は，排気ガスの潜熱を回収し給湯の予熱として利用することで，熱効率を向上させている。

(3) 水中の気泡は，水温が高く圧力が高いほど発生しやすい。

(4) 給湯設備で使われる安全装置には，逃がし弁，逃がし管等がある。

《R6 前-18》

5 給湯設備に関する記述のうち，**適当でないもの**はどれか。

(1) 瞬間式湯沸器の加熱能力は，瞬時最大流量に基づき算定する。

(2) 貯湯式給湯器には，開放型と密閉型がある。

(3) 密閉式膨張タンクは，機械室には設置できない。

(4) 集合住宅の住戸内配管は，さや管ヘッダー方式とする場合がある。

《R5 後-18》

6 給湯設備に関する記述のうち，**適当でないもの**はどれか。

(1) 給湯配管には，水道用硬質塩化ビニルライニング鋼管を使用する。

(2) ヒートポンプ給湯機は，大気中の熱エネルギーを給湯の加熱に利用するものである。

(3) 給湯配管をコンクリート内に敷設する場合は，保温材などをクッション材として機能させて，熱膨張の伸縮によって配管が破断しないように措置を行う。

(4) ガス瞬間湯沸器の先止め式とは，機器の出口側（給湯先）の湯栓の開閉でバーナーを着火・消火できる方式をいう。

《基本問題》

〈p.76 の解答〉 **正解** **1**(3)，**2**(1)，**3**(1)

▶解説

4 (3) 水中の気泡は，水温が高く圧力が低いほど発生しやすい。したがって，適当でない。

5 (3) 密閉式膨張タンクは，設置位置に制限がないので機械室には設置できる。水圧の低い位置に設置する方が容量を小さくできる。また，異常な圧力上昇を防止するために，逃し弁等の安全装置を設置する必要がある。したがって，適当でない。

6 (1) **2**(1)の解説を参照のこと。

間違いやすい選択肢 ▶ (4)ガス瞬間湯沸器には，先止め式と元止め式がある。先止め式とは，機器の出口側（給湯先）の湯栓の開閉でバーナーを着火・消火できる方式をいう。

ワンポイントアドバイス　5・4　給湯設備(2)

① ガス瞬間湯沸器の能力（**号数**）は，水温の上昇温度を 25℃ とした場合の出湯流量 1 L/min を **1号**という（約 1.74 kw/号）。住宅の冬季の給湯には 24 号程度が必要である。

② ガス瞬間湯沸器には給湯栓が本体に付属している**元止め式**と，給湯配管の先に設けた給湯栓の開閉によりバーナが点火する**先止め式**とがある。中央式給湯方式には先止め式が用いられる。

③ **給湯循環ポンプ**は，湯を使用していない時に配管内の湯温が低下するのを防止するために設ける。設置位置は，返湯管の貯湯タンクの手前とする（ワンポイントアドバイス　5・4の図参照）。

④ 給湯配管は密閉回路であるので，循環ポンプの揚程は配管摩擦損失分のみを見込めばよく，高低差による圧力損失は関係しない（含めなくてよい）。

⑤ 水は過熱すると膨張するので，中央式給湯設備には，**逃し管（膨張管）**，**逃し弁**，**安全弁**，**膨張タンク（密閉式，開放式）**などの安全装置を設ける。

⑥ 給湯設備に多く用いられている**密閉式膨張タンク**は，設置位置の制約はないが，水圧の低い位置のほうが容量を小さくすることができる。法令による安全装置には該当しないため，貯湯タンクに逃し弁などを設ける必要がある（右図参照）。

⑦ 開放式膨張タンクは補給水槽を兼ねており，給湯配管系統の最も高い位置に設置する。

⑧ 逃し管（膨張管）は貯湯タンクから単独で立上げ，止水弁を設けてはならない。

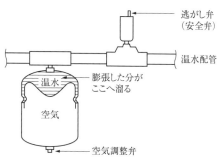

密閉式膨張タンク

80　第5章　給排水衛生設備

5・5 排水・通気設備

● 5・5・1 排水トラップ，間接排水，封水の損失原因

1
排水・通気設備に関する記述のうち，**適当でないもの**はどれか。

(1) 管径 50 mm の排水横枝管の勾配は，$\dfrac{1}{50}$ 以上とする。

(2) 排水ますの内のりは，ますの深さが深いほど大きくする。

(3) 間接排水を受ける水受け容器には，トラップを設けない。

(4) 排水槽の通気管の管径は，50 mm 以上とする。

《R6 前-19》

2
排水・通気設備に関する記述のうち，**適当でないもの**はどれか。

(1) 通気管の最小管径は，25 mm とする。

(2) トラップは，封水により，排水管からの下水ガス等の室内への浸入を防止する。

(3) 飲料用タンクの間接排水管の排水口空間は，排水管の管径によらず，最小 150 mm とする。

(4) 横走排水管に設ける掃除口の取付け間隔は，管径が 100 mm 以下の場合は 15 m 以内，100 mm を超える場合は 30 m 以内が望ましい。

《R6 後-19》

3
排水・通気設備に関する記述のうち，**適当でないもの**はどれか。

(1) 通気管の最小管径は，25 mm とする。

(2) トラップの深さは，浅いと封水が切れやすく，深いと底部に固形物が溜まるため，50～100 mm とする。

(3) 飲料用タンクの間接排水管の排水口空間は，排水管の管径によらず，最小 150 mm とする。

(4) 横走排水管に設ける掃除口の取付け間隔は，管径が 100 mm 以下の場合は 15 m 以内，100 mm を超える場合は 30 m 以内が望ましい。

《R5 後-19》

〈p.78 の解答〉　**正解**　**4** (3)，**5** (3)，**6** (1)

▶解説

1 (3) 間接排水を受ける水受け容器などの排水管には，トラップを設けなければならない。したがって，適当ではない。

間違いやすい選択肢 ▶ (4)排水槽に設置する通気管の管径は 50 mm 以上，排水管に設置する通気管の管径は 30 mm 以上とする。

2 (1) 排水管に設ける通気管の管径は，30 mm 以上とする。したがって，適当でない。

3 (1) 通気管の最小口径は，30 mm とする。したがって，適当でない。

間違いやすい選択肢 ▶ (3) 排水口空間は，間接排水管の呼び径が 25 A に対し最小 50 mm，30～50 A に対し最小 100 mm，65 A に対し最小 150 mm であるが，飲料用タンクではそれらにかかわらず最小 150 mm とする。

ワンポイントアドバイス　5・5　排水・通気設備(1)

① トラップの有効深さ（**封水深**）は，5 cm 以上 10 cm 以下集器を兼ねる排水トラップは，5 cm 以上）とする（右図参照）。

② トラップ封水損失の原因には，**自己サイホン作用**，**誘導サイホン作用**，**跳ね出し作用**，蒸発，毛細管現象などがある。

③ Ｓトラップは，Ｐトラップよりも自己サイホン作用が起こりやすい。防止方法としては，器具排水口からトラップウェアまでの垂直距離を 600 mm 以下とする。なお，ドラムトラップは多量の封水を保有でき，**脚断面積比**が大きいので，破封しにくいトラップである。

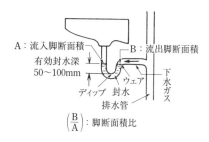

排水トラップ（Ｐトラップ）

④ 阻集器はそれ自体でトラップ機能を持つものが多いので，トラップ付手洗器などをそれに接続すると二重トラップとなるおそれがある。

⑤ 間接排水の方法には，**排水口空間**と**排水口開放**がある。間接排水では，水受け容器など排水管側にトラップを設ける（右図参照）。

⑥ 集合住宅・ホテルなどに用いられ通気立て管が不要となる**排水用特殊継手**（排水集合管ともいう）には，排水横枝管からの排水を円滑に流入させ，排水立て管内の流速を抑制（減速）する効果がある。

⑦ **ブランチ間隔**とは，排水立て管に接続している各階の排水横枝管または排水横主管の間の鉛直距離が，2.5 m を超える排水立て管の区間をいう。

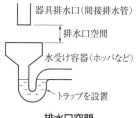

排水口空間

82　第 5 章　給排水衛生設備

● 5・5・2〜3　排水管の勾配・管径，特殊継手排水システム，通気管の種類・管径

4

排水・通気設備に関する記述のうち，**適当でないもの**はどれか。
(1)　通気立て管の下部は，最低位の排水横枝管より高い位置で排水立て管に接続する。
(2)　各個通気方式は，誘導サイホン作用及び自己サイホン作用の防止に有効である。
(3)　排水ますは，屋外排水管の直進距離が管径の 120 倍を超えない範囲で設ける。
(4)　排水管に設ける通気管の最小管径は，30 mm とする。　　　　　　《R6 前-20》

5

排水・通気設備に関する記述のうち，**適当でないもの**はどれか。
(1)　トラップは，サイホン式と非サイホン式に大別される。
(2)　建物内の排水方式における分流式とは，汚水と雑排水を別の排水系統とすることである。
(3)　通気横走り管は，管内の水滴が自然流下によって排水管に流れるように勾配をつける。
(4)　通気立て管の下部は，最低位の排水横枝管より高い位置で排水立て管に接続する。
　　　　　　　　　　　　　　　　　　　　　　　　　　　　　　　　　　　《R6 後-20》

6

排水・通気設備に関する記述のうち，**適当でないもの**はどれか。
(1)　排水槽の吸込ピットは，排水用水中モーターポンプ吸込部の周囲及び下部に 200 mm 以上の間隔を持たせる。
(2)　排水立て管の上部は，一般的に，伸頂通気管として延長し，大気に開放する。
(3)　排水管は，立て管又は横管のいずれの場合でも，排水の流下方向の管径は縮小しない。
(4)　ループ通気管は，最上流の器具排水管が排水横枝管に接続した点のすぐ上流から立ち上げる。　　　　　　　　　　　　　　　　　　　　　　　　　　　　《R5 後-20》

7

排水・通気設備に関する記述のうち，**適当でないもの**はどれか。
(1)　各個通気方式は，誘導サイホン作用及び自己サイホン作用の防止に有効である。
(2)　通気立て管の下部は，最低位の排水横枝管より高い位置で排水立て管に接続する。
(3)　排水ますは，屋外排水管の直進距離が管径の 120 倍を超えない範囲で設ける。
(4)　排水管に設ける通気管の最小管径は，30 mm とする。　　　　　　《R5 前-20》

▶ **解説**

4　(1)　<u>通気立て管の下部は，最低位の排水横枝管より低い位置で排水立て管か排水横主管に接続する</u>。したがって，適当でない。

〈p.80 の解答〉　**正解**　**1** (3)，**2** (1)，**3** (1)

5・5 排水・通気設備　83

5 (4) 通気立て管の下部は，最低位の排水横枝管より低い位置で，排水立て管か排水横主管に接続する。したがって，適当でない。

間違いやすい選択肢 ▶ (2) 建物・敷地内では，汚水と雑排水を別系統とすることを分流式というが，公共下水道では汚水及び雑排水と雨水を別系統とすることを分流式という。

6 (4) ループ通気管は，最上流の器具排水管が排水横枝管に接続した点のすぐ下流から立ち上げる。したがって，適当でない。

間違いやすい選択肢 ▶ (2) 一般的に，伸頂通気管の上端は延長し大気に開放する。通気弁は，伸頂通気管端部に設置することで，大気に開放することなく室内（小屋裏内）で処理することができる。

7 (2) 通気立て管の下部は，最低位の排水横枝管より低い位置で排水立て管に接続する。したがって，適当でない。

間違いやすい選択肢 ▶ (1) 各個通気方式は，トラップの誘導サイホン作用及び自己サイホン作用に有効であるが，ループ通気方式は自己サイホン作用の防止には，各個通気方式ほど効果は少ない。

ワンポイントアドバイス　5・5　排水・通気設備(2)

① 通気方式は，(a)各個通気方式，(b)ループ通気方式，(c)伸頂通気方式に大別される（下図参照）。

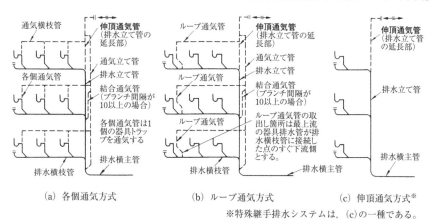

(a) 各個通気方式　　(b) ループ通気方式　　(c) 伸頂通気方式※
※特殊継手排水システムは，(c)の一種である。

通気方式

② 各種通気方式の通気管の管径決定には，下表のルールがある。

伸頂通気管	排水立て管の管径より小さくしてはならない。
各個通気管	その接続される排水管の管径の1/2以上とする。
ループ通気管	排水横枝管と通気立て管のうち，いずれか小さいほうの管径の1/2とする。
逃し通気管	それを接続する排水横枝管の管径の1/2以上とする。
結合通気管	排水立て管と通気立て管のうち，いずれか小さいほうの管径以上とする。

③ **各個通気管**は，自己サイホン作用及び誘導サイホン作用の防止に効果的である。
④ 通気立て管は，最低位の排水横枝管より下部で排水立て管などから分岐し立ち上げる。
⑤ 器具排水管・排水管及び通気管の最小管径は，30 mm とする。
⑥ 埋設排水管の管径は 50 mm 以上が望ましい。排水槽の通気管は単独で大気に開放する。
⑦ 排水横管は流速が 0.6～1.5 m/s となる勾配とし，最小勾配は管径 65 mm 以下は 1/50，75～100 mm は 1/100，125 mm は 1/150，150 mm は 1/200 以上とする。

84　第5章　給排水衛生設備

5・6　消火設備

1
屋内消火栓設備に関する記述のうち，**適当でないもの**はどれか。
(1)　吸水管は，ポンプごとに専用とする。
(2)　水源の水位がポンプより高い位置にある場合，吸水管には逆止め弁を設ける。
(3)　加圧送水装置には，高架水槽，圧力水槽又はポンプを用いるものがある。
(4)　消火栓は，防火対象物の階ごとに，その階の各部分からホース接続口までの水平距離が規定された長さ以内となるように設ける。

《R6 前-21》

2
屋内消火栓設備に関する記述のうち，**適当でないもの**はどれか。
(1)　一人で操作することができる屋内消火栓設備の消防用ホースは，保形ホースとする。
(2)　屋内消火栓箱には，その表面に「消火栓」と表示する。
(3)　加圧送水装置は，火災等の災害による被害を受けるおそれが少ない箇所に設ける。
(4)　易操作性1号消火栓は，消火栓箱で加圧送水装置の停止操作ができる。

《R6 後-21》

3
屋内消火栓設備において，加圧送水装置の方式として，**適当でないもの**はどれか。
(1)　高架水槽による方式
(2)　水道直結による方式
(3)　圧力水槽による方式
(4)　ポンプによる方式

《R5 後-21》

4
屋内消火栓設備に関する記述のうち，**適当でないもの**はどれか。
(1)　2号消火栓（広範囲型を除く。）は，防火対象物の階ごとに，その階の各部分からホース接続口までの水平距離が20m以下となるようにする。
(2)　屋内消火栓の加圧送水装置は，直接操作によってのみ停止できるものとする。
(3)　1号消火栓は，防火対象物の階ごとに，その階の各部分からホース接続口までの水平距離が25m以下となるようにする。
(4)　屋内消火栓の開閉弁の位置は，自動式のものでない場合，床面からの高さを1.5m以下とする。

《R5 前-21》

〈p.82の解答〉　**正解**　**4**(1)，**5**(4)，**6**(4)，**7**(2)

▶ 解説

1 (2) 水源の水位がポンプより低い位置にある場合，吸水管にはフート弁（逆止弁）を設ける。したがって，適当でない。

2 (4) 屋内消火栓箱には，ポンプによる加圧送水装置の起動用押しボタンは設けるが，停止用押しボタンを設けてはならない。したがって，適当でない。

3 (2) 加圧送水装置の種類には，高架水槽方式，圧力水槽方式，ポンプ方式があり，一般にポンプ方式が多く用いられ，水道直結方式はない。スプリンクラー設備には，水道直結型はある。したがって，適当でない。

4 (1) 1号消火栓及び広範囲型消火栓は防火対象物の階ごとにその階の各部分からホース接続口までの水平距離が25 m以下となるように設けるが，広範囲型を除く2号消火栓は，15 m以下となるように設置する。したがって，適当でない。

間違いやすい選択肢 ▶ (4)屋内消火栓の開閉弁の高さは床面から1.5 m以下，または天井に設ける場合は自動式のものとする。

ワンポイントアドバイス 5・6 消火設備

① 屋内消火栓には，2人で操作する1号消火栓のほか，易操作性1号消火栓，2号消火栓，広範囲型2号消火栓がある。倉庫・工場・作業場などは1号または易操作性1号消火栓とする（設備系統，配置基準やノズルからの放水量，ポンプの起動などは下表・下図参照）。

② ポンプ吐出側に逆止弁と止水弁を設けるのに加えて，吸込み側に負圧と正圧を計測できる連成計，吐出側には圧力計を設ける。

③ ノズル先端での放水量は，1号消火栓で130 L/min，2号消火栓で60 L/min以上とする。

④ 屋内消火栓設備には，容量30分以上の非常電源を設ける。

⑤ 消防用設備等とは，消防の用に供する設備（消火・警報・避難設備など），消防用水，消火活動上必要な施設（連結送水管，連結散水設備など）をいう。

屋内消火栓の比較

	1号消火栓	易操作性1号消火栓	2号消火栓	広範囲型2号消火栓
操作	2人	1人		
警戒半径	25 m	25 m	15 m	25 m
放水圧力(Mpa)	0.17～0.7	0.17～0.7	0.25～0.7	0.17～0.7
放水量(L/min)	130以上	130以上	60以上	80以上
ポンプ吐水量(L/min)	150×n	150×n	70×n	90×n
ポンプの起動	制御盤直接起動，消火栓箱の起動ボタン	制御盤で直接起動，消火栓弁の開放，ホースの延長操作		

n：同時開口数（最大2ヶ）

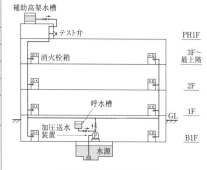

屋内消火栓設備系統図

86　第5章　給排水衛生設備

5・7　ガス設備

1

ガス設備に関する記述のうち，**適当でないもの**はどれか。

(1)　開放式ガス機器とは，燃焼用の空気を屋内から取り，燃焼排ガスを排気筒により屋外に排気する方式をいう。

(2)　内容積が20L以上の液化石油ガス（LPG）容器は，原則として，通風の良い屋外に置く。

(3)　液化石油ガス（LPG）は，常温・常圧では気体であるものに加圧等を行い液化させたものである。

(4)　マイコンガスメーターは，供給圧力が0.2kPaを下回っていることを継続して検知した場合等に供給を遮断する機能をもつ。　　　　　《R6 前-22》

2

ガス設備に関する記述のうち，**適当でないもの**はどれか。

(1)　一般家庭用のガスメーターは，原則としてマイコンメーターとする。

(2)　液化石油ガス（LPG）のガス漏れ警報器の有効期間は，7年である。

(3)　液化石油ガス（LPG）は，空気中に漏えいすると低い場所に滞留しやすい。

(4)　「ガス事業法」による特定ガス用品の基準に適合している器具には，PSマークが表示される。　　　　　《R6 後-22》

3

ガス設備に関する記述のうち，**適当でないもの**はどれか。

(1)　液化石油ガス（LPG）は，調整器で燃焼に適した圧力に減圧する。

(2)　液化天然ガス（LNG）は，液化する際に硫黄分やその他の不純物が除去されている。

(3)　ガスの比重の大小は，ガス燃焼機器ノズルからのガス噴出量に影響しない。

(4)　液化石油ガス（LPG）は，本来，無色無臭のガスである。　　　　　《R5 後-22》

4

ガス設備に関する記述のうち，**適当でないもの**はどれか。

(1)　内容積が20L以上の液化石油ガス（LPG）容器は，原則として，通風の良い屋外に置く。

(2)　開放式ガス機器とは，燃焼用の空気を屋内から取り，燃焼排ガスを排気筒により屋外に排気する方式をいう。

(3)　液化石油ガス（LPG）は，常温・常圧では気体であるものに加圧等を行い液化させたものである。

(4)　マイコンガスメーターは，供給圧力が0.2kPaを下回っていることを継続して検知した場合等に，供給を遮断する機能をもつ。　　　　　《R5 前-22》

〈p.84の解答〉　**正解**　**1**(2)，**2**(4)，**3**(2)，**4**(1)

▶解説

1 (1) 開放式ガス機器は，燃焼用の空気を屋内から取り，燃焼排ガスも屋内に排出する方式である。したがって，適当でない。

2 (2) 都市ガス，液化石油ガス（LPG）用共に，ガス漏れ警報器の有機期間は，5年を目安としている。したがって，適当でない。

3 (3) ガスの比重の大小は，ガス燃焼機器のノズルからでるガスの速度，すなわち噴出量に影響する。このガス比重の影響を補正した燃焼指標がウォッベ指数（ガスの燃焼量を比重の平方根で割った値）である。したがって，適当でない。

間違いやすい選択肢 ▶ (4) LPG ガスは，本来，無臭・無色のガスであるが，漏れたガスを感知できるように臭いをつけている。

4 (2) 開放式ガス機器は燃焼用の空気を屋内からとり，燃焼排ガスを室内に排出する方式である。したがって，適当でない。

間違いやすい選択肢 ▶ (1) 液化石油ガスの充てん容器（貯蔵能力が1000 kg未満で内容積が20 L以上のものに限る。）は屋外に設置し，常にその温度を40℃以下に保つ。

ワンポイントアドバイス　5・7　ガス設備

① ガスの発熱量は，低発熱量に蒸発熱を含めた**高発熱量**であらわされる。
② ガス器具での**供給圧力**は，都市ガスで 0.5〜2.5 kPa，液化石油ガスで 2.8 kPa 程度である。
③ 液化石油ガスは空気より重いので，換気口は天井高の1/2より低い位置に設ける。
④ **液化石油ガス**は，い号，ろ号，は号に区分され，い号はプロパンなどの含有率が最も高い。一般家庭には，個別供給方式または集団供給方式で供給される。
⑤ 液化石油ガス配管のネジ接合や気密試験は，液化石油ガス設備士でなければ従事できない。
⑥ 液化石油ガスの内容積が20 L以上の充てん容器（ボンベ）は，2 m以内にある火気をさえぎる処置を講じ，かつ屋外に設置し，容器を常に温度40℃以下に保たなければならない。
⑦ **ガス漏れ警報器**の検知部の設置位置は，都市ガスとLPGでは，設置位置が異なる（上図参照）。
⑧ 防火区画を貫通するガス機器の排気筒には，防火ダンパを設けてはならない。
⑨ 特定ガス用品の基準に適合しているガス器具には，PSマークが表示される。

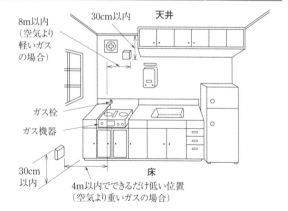

ガス漏れ警報器の検知部の設置位置

88　第5章　給排水衛生設備

5・8　浄化槽

1 FRP製浄化槽の施工に関する記述のうち，**適当でないもの**はどれか。

(1)　深く掘り過ぎて埋め戻すと，設置後不等沈下するおそれがある。

(2)　槽本体の水平確認は，水準器や内壁に示されている水準目安線等で確認する。

(3)　地下水位の高い場所に設置する場合は，浮上防止対策として，槽の周囲に山砂を入れ突き固め，水締めを行う。

(4)　試運転は，浄化槽に水を流し，各槽の水位，流れの状況，ブロア等の稼動状況を確認し調整を行う。

《R6 前-23》

2 JISに規定する「建築物の用途別による屎尿浄化槽の処理対象人員算定基準」において，処理対象人員を算定する際，延べ面積によることが**適当でないもの**はどれか。

(1)　事務所

(2)　集会場

(3)　公衆便所

(4)　共同住宅

《R6 後-23》

3 JISに規定する「建築物の用途別による屎尿浄化槽の処理対象人員算定基準」において，処理対象人員を算定する際，延べ面積によることが**適当でないもの**はどれか。

(1)　事務所

(2)　集会場

(3)　公衆便所

(4)　共同住宅

《R5 後-23》

4 FRP製浄化槽の施工に関する記述のうち，**適当でないもの**はどれか。

(1)　槽が複数に分かれている場合，基礎は一体の共通基礎とする。

(2)　槽本体のマンホールのかさ上げ高さは，最大300 mmまでとする。

(3)　槽は，満水状態にして24時間放置し，漏水のないことを確認する。

(4)　埋戻しは，槽内に水を張る前に，良質土を用い均等に突き固める。

《R5 前-23》

〈p.86の解答〉　**正解**　**1**(1)，**2**(2)，**3**(3)，**4**(2)

5 浄化槽の構造方法を定める告示に示された分離接触ばっ気方式（処理対象人員30人以下）の処理フローとして，**正しいもの**はどれか。

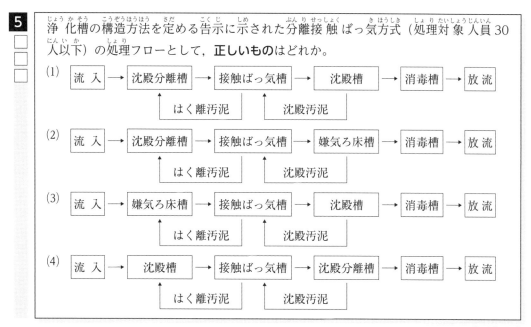

《R4 後-23》

▶解説

1 (3) 地下水位の高い場所では，浮上防止のために浮上防止金具などで底板に固定する。周囲に山砂を入れて突き固めて，水締めをしても効果はない。したがって，適当でない。

2 (3) 公衆便所の処理対象人員定は，総便器数により算定する。したがって，適当でない。

3 (3) 公衆便所における処理対象人員の算定は総便器数による。したがって，適当でない。なお，用途の異なる2棟の建物で共有する浄化槽を設置する場合は，それぞれの建築用途の算定基準を適用して加算する。

4 (4) 埋め戻しは，槽に水張りした状態で行うことで，土圧による本体及び内部設備の変形を防止する。したがって，適当でない。
　|間違いやすい選択肢|▶ (2)FRP水槽のかさ上げは30 cm以下とし，30 cmを超える場合は鉄筋コンクリートのピットを設ける。

5 (1) 分離接触ばっ気方式の浄化槽の処理方式として正しいものである。
　|間違いやすい選択肢|▶ 処理対象人員が30人以下の小型合併処理浄化槽の処理方式には，①分離接触ばっ気方式，②嫌気ろ床接触ばっ気方式，③脱窒ろ床接触ばっ気方式がある。それぞれの処理フローで，流入側第1槽の名称は処理方式名となるので覚えておくとよい（例：②の場合，第1槽の名称は"嫌気ろ床槽"となる。ワンポイントアドバイス5・8図参照。）。

ワンポイントアドバイス　5・8　浄化槽

① 浄化槽の処理方法には，**生物膜法**と**活性汚泥法**がある（下図参照）。活性汚泥法は，負荷の変動に応じてばっ気量の調整などが必要で，維持管理が面倒である。生物膜法は，生物分解速度の遅い物質除去に有利で，維持管理が比較的容易である。

浄化槽の処理方法

生物膜法と活性汚泥法との比較

項　目	生物膜法	活性汚泥法
適応性	生物分解速度の遅い物質の除去に有理。	生物分解速度の速い物質の除去に有理。
流量変動対応性	微生物が担体に付着しているので，あまり影響を受けない。	流入流量が増加すると，微生物が放流され，放流水質の低下を招く。
維持管理性	汚泥のはく離と移送が主であるので，比較的維持管理しやすい。	返送汚泥量とばっ気量の調節が必要で，比較的維持管理しにくい。

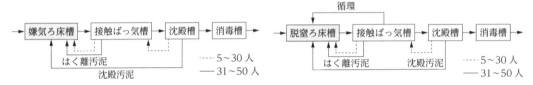

嫌気ろ床接触ばっ気方式のフローシート　　脱窒ろ床接触ばっ気方式のフローシート

② **処理対象人員**の算定は，延べ面積に建物用途ごとの定数を乗じて求める場合が多い。その他，①定員（幼稚園，小中学校，工場，老人ホームなど），②ベッド数（病院），③便器数（公衆便所，遊園地，プールなど）などにより求める（下表参照）。

主な建築用途における処理対象人員の算定法

建築用途		算定式	算定単位
公会堂・集会場・劇場・映画館・演芸場		$n=0.08A$	n：人員（人）　A：延べ面積 $[m^2]$
住宅	$A≦130$ の場合	$n=5$	n：人員（人）　A：延べ面積 $[m^2]$
	$A>130$ の場合	$n=7$	
共同住宅		$n=0.05A$	n：人員（人）　A：延べ面積 $[m^2]$
診療所・医院		$n=0.19A$	n：人員（人）　A：延べ面積 $[m^2]$
保育所・幼稚園・小学校・中学校		$n=0.20P$	n：人員（人）　P：定員 $[人]$
事務所	業務用厨房設備あり	$n=0.075A$	n：人員（人）　A：延べ面積 $[m^2]$
	業務用厨房設備なし	$n=0.06A$	

③ FRP製浄化槽の掘削深さは，本体底部までの寸法に，基礎工事に要する寸法を加える。
④ 槽の水平の確認は，水準器や本体内壁の水準目安線と水位面で確認する。
⑤ 水平の微調整はライナ等で行い，すき間が大きいときはモルタルで充てんする（山砂での調整はしてはならない）。
⑥ 流入管及び流出管と槽本体の接続は，本体を据付し水張り後に配管位置まで埋め戻してから接続する。通気管を設ける場合は，ドレン水が槽に戻るように先上り勾配とする。
⑦ 槽本体のマンホールのかさ上げ高さは，最大 300 mm までとする。
⑧ 槽は満水状態にして 24 時間放置して漏れのないことを確認する。
⑨ BOD（生物化学的酸素要求量）とは，有機物が微生物に分解される際に消費される酸素量をいう。

〈p.88～p.89の解答〉　**正解**　**1**(3)，**2**(3)，**3**(3)，**4**(4)，**5**(1)

第6章
建築設備一般

建築設備一般

6・1 ▶ 共通機材	94
6・2 ▶ 配管・ダクト	104
6・3 ▶ 設計図書	116

過 去 の 出 題 傾 向

● 建築設備一般は，必須問題が5問出題される。

● 例年，各設問はある程度限られた範囲から繰り返しの出題または同じ問題となっているので，過去問題から傾向を把握しておくこと。令和6年度も大きな出題傾向の変化はなかったので，令和7年度に出題が予想される項目について重点的に学習しておくとよい。

92　第6章　建築設備一般

●過去5回の出題内容と出題箇所●

出題内容・出題数	年度（和暦）	令和					計
		6後期	6前期	5後期	5前期	4後期	
6・1　共通機材	1. 設備機器	1	2		2	2	7
	2. 飲料用給水タンク			1			1
	3. 給湯設備機器	1					1
6・2　配管・ダクト	1. 配管及び配管付属品	1	1	1	1	1	5
	2. ダクト及びダクト付属品	1	1	1	1	1	5
	3. 保温材			1			1
6・3　設計図書	1. 設計図に記載する項目等	1	1		1	1	5
	2. 公共工事標準請負契約約款						

●出題傾向分析●

6・1　共通機材

① 設備機器では，熱源機（吸収冷温水機，吸収冷凍機，ボイラー，冷却塔），空気調和機（ユニット形空気調和機，ファンコイルユニット，パッケージ形空気調和機，ガスエンジンヒートポンプ式空気調和機，気化式加湿器，パン形加湿器，インバータ方式），送風機（斜流送風機，多翼送風機，遠心送風機，軸流送風機），ポンプ（汚物用水中モーターポンプ，水中モーターポンプ（オープン形・クローズ形），給水ポンプユニット，遠心ポンプ，渦巻ポンプ，全揚程），衛生器具の材質，フロート式水位制御スイッチ（フリクトレベルスイッチ）などについて理解しておく。

② 飲料用給水タンクでは，2槽式タンク，FRP製タンク（サンドイッチ構造），鋼板製タンク（エポキシ樹脂塗装），ステンレス鋼板製タンク（気相部の耐食），タンク底部，通気口，オーバフロー管（防虫網）などについて理解しておく。

③ 給湯設備機器では，小型貫流ボイラー，空気熱源ヒートポンプ給湯機，真空式温水発生機，密閉式ガス湯沸器などについて理解しておく。

6・2　配管・ダクト

① 配管及び配管付属品では，配管材（配管用炭素鋼鋼管，水道用硬質塩化ビニルライニング鋼管，排水用硬質塩化ビニルライニング鋼管，一般配管用ステンレス鋼鋼管，水道用硬質ポリ塩化ビニル管（VP・HIVP），排水用リサイクル硬質ポリ塩化ビニル管（REP-VU），排水・通気用耐火二層管，架橋ポリエチレン管，水道用ポリエチレン二層管，銅及び銅合金の継目無管），配管付属品（ボールタップ，スイング逆止め弁，逆止め弁，自動空気抜き弁，ストレーナー（Y形・U形・ストレート形・オイルストレーナー），定水位調整弁，仕切弁・玉形弁・バタフライ弁・ボール弁），バルブの流量調整性能などについて理解しておく。

② ダクト及びダクト付属品では，ダクト（ステンレス鋼板製ダクト・硬質塩化ビニル板製ダクト・グラスウール製ダクト，保温付きフレキシブルダクト，スパイラルダクト，スパイラルダクトの接続，フレキシブルダクト，フランジ用ガスケットの材質，長方形ダクト（コー

ナーボルト工法，共板フランジ工法，板厚・アスペクト比)），ダクト付属品（案内羽根（ガイドベーン），軸流吹出口・吸込口の有効開口面風速，シーリングディフューザー形吹出口，ノズル形吹出口，防火ダンパ（ケーシング及び可動羽根の材質・板厚，温度ヒューズ），たわみ継手，変風量ユニット），エルボの内側半径，ダクトの断面を変形させる場合などについて理解しておく。

③　保温材では，発泡プラスチック保温材（ポリスチレンフォーム保温材），人造鉱物繊維保温材（グラスウール保温材，ロックウール保温材），ホルムアルデヒド放散量などについて理解しておく。

6・3　設計図書

①　設計図に記載する項目では，設計図書間に相違がある場合における優先順位，設計図に記載する項目の機器（ボイラー，給湯用循環ポンプ，吸収冷温水機，空気熱源ヒートポンプユニット，ファンコイルユニット，パッケージ形空気調和機，空気清浄装置，換気扇，排水用水中モーターポンプ，全熱交換器，冷却塔，ガス瞬間湯沸器，遠心送風機，遠心ポンプ，ルームエアコン，瞬間湯沸器）などについて理解しておく。

②　公共工事標準請負契約約款では，現場説明書，現場説明に対する質問回答書，仕様書などについて理解しておく。

94　第6章　建築設備一般

6・1　共通機材

●6・1・1　設備機器

1　空気調和機等に関する記述のうち，**適当でないもの**はどれか。

(1)　ユニット形空気調和機の風量調節は，インバーターやスクロールダンパー等で行う。

(2)　コンパクト形空気調和機は，ユニット形空気調和機と同様の保守・点検が必要である。

(3)　ファンコイルユニットは，冷媒にフロンを使用して室内空気を冷却除湿又は加熱する機器である。

(4)　ユニット形空気調和機は，一般的に，冷水と温水を切り替えて供給し，冷水コイルと温水コイルを兼用することが多い。

《R6 後-24》

2　送風機に関する記述のうち，**適当でないもの**はどれか。

(1)　遠心送風機には，多翼送風機，後向き送風機等がある。

(2)　斜流送風機は，風量・静圧とも遠心式と軸流式の中間に位置する。

(3)　軸流送風機は，低圧力・小風量を扱うのに適している。

(4)　遠心送風機には，片吸込みと両吸込みがある。

《R6 前-24》

3　水中モーターポンプに関する記述のうち，**適当でないもの**はどれか。

(1)　汚物用水中モーターポンプは，浄化槽への流入水等，固形物も含んだ水を排出するためのポンプである。

(2)　汚水や厨房排水のような浮遊物質を含む排水槽では，電極棒による自動運転とする。

(3)　羽根車の種類は，一般的に，オープン形とクローズ形に分類される。

(4)　水中モーターポンプの乾式は，水が内部に浸入しないよう空気又はその他の気体を充満密封したものである。

《R6 前-25》

▶解説

1 (3) ファンコイルユニットは，熱交換コイルに冷水又は温水を循環させ，室内空気を冷却除湿又は加熱する機器である。一方，冷媒にフロンを使用して室内空気を冷却除湿又は加熱する機器は，空冷式ヒートポンプパッケージ形空気調和機等である。したがって，適当でない。

間違いやすい選択肢 ▶ (1)ユニット形空気調和機の風量調節は，インバーターやスクロールダンパー等で行う。

2 (3) 軸流送風機は，軸方向から吸込み軸方向に送風する構造なので，ダクトの途中の少ない空間でも設置でき，風量を多くすることが可能で，可変翼の場合，部分負荷でも効率が良い。ただし，騒音値は大きく，高圧力を必要とする場合に適していない。したがって，軸流送風機は，低圧力・大風量を扱うのに適している。したがって，適当でない。

間違いやすい選択肢 ▶ (2)斜流送風機は，羽根車の形状や風量・静圧特性が遠心式と軸流式のほぼ中間に位置している。

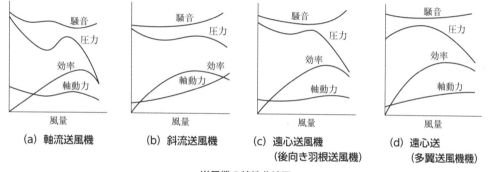

送風機の特性曲線図

3 (2) 汚水や厨房排水のような浮遊物質を含む排水槽では，フロート式水位制御スイッチ（フリクトレベルスイッチ）により自動運転する。電極棒を使用すると，浮遊物質等で短絡を起こし誤作動となるおそれがある。したがって，適当でない。

間違いやすい選択肢 ▶ (3)羽根車の種類は，一般的に，オープン形とクローズ形に分類される。

フロート式水位制御スイッチ（フリクトレベルスイッチ）

96　第6章　建築設備一般

4 設備機器に関する記述のうち，**適当でないもの**はどれか。

(1) 大便器，小便器，洗面器等の衛生器具には，陶器以外にも，ほうろう，ステンレス，プラスチック等のものがある。

(2) インバータ方式のパッケージ形空気調和機は，電源の周波数を変えることで電動機の回転数を変化させ，冷暖房能力を制御する。

(3) 温水ボイラーの容量は，定格出力〔W〕で表す。

(4) 遠心ポンプの特性曲線では，吐出し量の増加に伴い全揚程も増加する。

《R5 前-24》

5 水中モーターポンプに関する記述のうち，**適当でないもの**はどれか。

(1) 水中モーターポンプの乾式は，水が内部に浸入しないよう空気又はその他の気体を充満密封したものである。

(2) 汚水や厨房排水のような浮遊物質を含む排水槽では，電極棒により自動運転する。

(3) 羽根車の種類は，一般的に，オープン形とクローズ形に分類される。

(4) 汚物用水中モーターポンプは，浄化槽への流入水等，固形物も含んだ水を排出するためのポンプである。

《R5 前-25》

6 空気調和機に関する記述のうち，**適当でないもの**はどれか。

(1) パッケージ形空気調和機は，圧縮機，熱源側熱交換器，利用側熱交換器，膨張弁，送風機，エアフィルター等が，屋外機や屋内機に収納される。

(2) ユニット形空気調和機の風量調節には，インバーター，スクロールダンパー及びインレットベーン方式があり，省エネルギー効果が最も高いのはインバーター方式である。

(3) ガスエンジンヒートポンプ式空気調和機は，エンジンの排ガスや冷却水の排熱の有効利用により高い冷房能力が得られる。

(4) ユニット形空気調和機は，冷却，加熱の熱源装置を持たず，ほかから供給される冷温水等を用いて空気を処理し送風する機器である。

《R4 後-24》

〈p.94 の解答〉　**正解**　**1** (3)，**2** (3)，**3** (2)

7 設備機器に関する記述のうち、**適当でないもの**はどれか。
(1) 冷却塔は、冷凍機等で作る冷水を利用して冷却水の水温を下げる装置である。
(2) 遠心ポンプでは、吐出し量は羽根車の回転速度に比例して変化し、揚程は回転速度の2乗に比例して変化する。
(3) 軸流送風機は、軸方向から空気が入り、軸方向に抜けるものである。
(4) パン形加湿器は、水槽内の水を電気ヒーター等により加熱し蒸気を発生させて加湿する装置である。

《R4 後-25》

▶解説

4 (4) 遠心ポンプの特性曲線では、吐出し量の増加に伴い全揚程は減少する。一般に、ポンプの主な特性は、吐水量（揚水量、吐出し量）、全揚程（圧力）、軸動力、効率などで、図のように示される。したがって、適当でない。

間違いやすい選択肢 ▶ (2)インバータ方式のパッケージ形空気調和機は、電源の周波数を変えることで電動機回転数を変化させ、冷暖房能力を制御する。

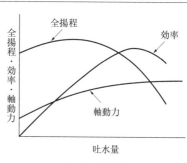

ポンプの特性曲線

5 (2) 汚水や厨房排水のような浮遊物質を含む排水槽では、フロート式水位制御スイッチ（フリクトレベルスイッチ）により自動運転する。電極棒を使用すると、浮遊物質等で短絡を起こし誤作動となるおそれがある。したがって、適当でない。

間違いやすい選択肢 ▶ (3)羽根車の種類は、一般的に、スラリーなどの摩耗成分を含んだ液のときのオープン形と清浄な液のときのクローズ形に分類される。

6 (3) ガスエンジンヒートポンプ式空気調和機は、エンジンの排熱を室外機で有効利用することで高い暖房能力が得られる。冷房時でのメリットはない。したがって、適当でない。

間違いやすい選択肢 ▶ (2)ユニット形空気調和機の風量調節には、インバーター、スクロールダンパー及びインレットベーン方式があり、省エネルギー効果が最も高いのはインバーター方式である。

7 (1) 冷却塔は、冷凍機からの冷却水（返）の一部を蒸発させ、その蒸発の潜熱により冷却水（往）の水温を下げる装置である。したがって、適当でない。

間違いやすい選択肢 ▶ (2)遠心ポンプでは、吐出し量は羽根車の回転速度に比例して変化し、揚程は回転速度の2乗に比例して変化する。

98 第6章 建築設備一般

8 設備機器に関する記述のうち，**適当でないもの**はどれか。

(1) ボイラーの容量は，最大連続負荷における毎時出力によって表され，温水ボイラーは熱出力〔W〕で表す。

(2) インバータ制御方式のパッケージ形空気調和機は，インバータを用いて電源の周波数を変化させて電動機の回転数を変化させることにより，冷暖房能力を制御する。

(3) 大便器，小便器，洗面器等の衛生器具には，陶器以外にも，ほうろう，ステンレス，プラスチック等の器具がある。

(4) 汚水用水中モーターポンプは，浄化槽への流入水等，固形物も含んだ水を排出するためのポンプである。

《基本問題》

9 空気調和機に関する記述のうち，**適当でないもの**はどれか。

(1) ユニット形空気調和機は，冷却，加熱の熱源装置を持たず，ほかから供給される冷温水等を用いて空気を処理し送風する機器である。

(2) ファンコイルユニットは，冷温水を使用して室内空気を冷却除湿又は加熱する機器である。

(3) パッケージ形空気調和機は，空気熱源のものと水熱源のものがある。

(4) 気化式加湿器は，通過する空気に水を噴霧気化させることで加湿を行う。

《基本問題》

10 送風機及びポンプに関する記述のうち，**適当でないもの**はどれか。

(1) 斜流送風機は，ケーシングが軸流式の形状のものと，遠心式の形状のものがある。

(2) 遠心送風機のうち，多翼送風機は，羽根車の出口の羽根形状が回転方向に対して前に湾曲している。

(3) 水中モーターポンプは，耐水構造の電動機を水中に潜没させて使用できるポンプである。

(4) 給水ポンプユニットの末端圧力一定方式は，ポンプ吐出側の圧力を検知し水量の増減に関係なく圧力が一定になるように制御する方式である。

《基本問題》

〈p.96~97 の解答〉 **正解** **4** (4)，**5** (2)，**6** (3)，**7** (1)

▶解説

8 (4) 汚物用水中モーターポンプは，浄化槽への流入水等，固形物も含んだ水を排出するためのポンプである。一般に，固形物を含んだ汚水を汲み上げるには，ボルテックス形（ボルテックスとは，渦巻きのこと。羽根車とケーシングのスキマが大きく，羽根車で発生する渦により異物を吸込み，そのスキマを通過させ排出する構造。閉塞やからみ付が生じない）の汚物用ポンプが適している。一方，汚水用水中ポンプは，雨水など固形物がほとんどない排水用である。したがって，適当でない。

汚物用水中汚物ポンプ　　汚水用水中ポンプ
（ボルテックス形）

間違いやすい選択肢 ▶ (1)ボイラーの容量は，最大連続負荷における毎時出力によって表され，温水ボイラーは熱出力〔W〕で表す。

9 (4) 気化式加湿器は，加湿モジュールに水を浸透させておき，そこを通過する空気に水を気化させることで加湿を行う。一方，通過する空気に水を噴霧気化させることで加湿を行うのは，水噴霧式加湿器である。したがって，適当でない。

間違いやすい選択肢 ▶ (3)パッケージ形空気調和機は，空気熱源のものと水熱源のものがある。

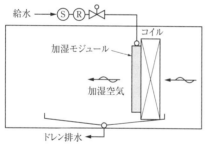
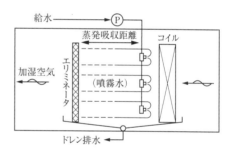

(a) 気化式加湿器　　(b) 水噴霧式加湿器

加湿器の種類

10 (4) 給水ポンプユニットの末端圧力一定方式は，末端圧力が一定となるように，使用水量に応じ，配管抵抗分の圧力損失を推定し，吐出圧力を変化させる制御方式である。一方，ポンプ吐出側の圧力を検知し水量の増減に関係なく圧力が一定になるように制御する方式は，一般的な制御で吐出圧力制御方式である。したがって，適当でない。

間違いやすい選択肢 ▶ (1)斜流送風機は，ケーシングが軸流式の形状のものと，遠心式の形状のものがある。

100　第6章　建築設備一般

●6・1・2　飲料用給水タンク

11　飲料用給水タンクに関する記述のうち，**適当でないもの**はどれか。

(1)　FRP製パネルタンクには，FRPを表面材とし合成樹脂発泡体を心材としたサンドイッチ構造のものがある。

(2)　ステンレス鋼鈑製パネルタンクは，タンク上部の気相部に塩素が滞留しやすいため耐食性に優れたステンレスを使用する。

(3)　鋼製タンク内面は，防食処理として一定の膜厚を形成したエポキシ樹脂等の樹脂系塗料を施す。

(4)　給水タンクのオーバーフロー管には，衛生上有害なものが入らないように，トラップを設る。

《R5 後-24》

12　飲料用給水タンクに関する記述のうち，**適当でないもの**はどれか。

(1)　鋼板製タンク内の防錆処理は，エポキシ樹脂等の樹脂系塗料によるコーティングを施す。

(2)　FRP製タンクは，軽量で施工性に富み，日光を遮断し紫外線にも強い等優れた特性を持つ。

(3)　ステンレス鋼板製タンクを使用する場合，タンク内上部の気相部は塩素が滞留しやすいので耐食性に優れたステンレスを使用する。

(4)　通気口は，衛生上有害なものが入らない構造とし，防虫網を設ける。

《基本問題》

〈p.98 の解答〉　**正解**　**8**(4)，**9**(4)，**10**(4)

▶解説

11 (4) 給水タンクのオーバーフロー管には，衛生上有害なものが入らないように，先端に防虫網を設ける。したがって，適当でない。

間違いやすい選択肢 ▶ (2) ステンレス鋼板製パネルタンクは，タンク上部の気相部に塩素が滞留し，加水分解して塩酸を生成するため，耐食性に優れたステンレスを使用する。具体的には，二相系ステンレス SUS329J4L などである。

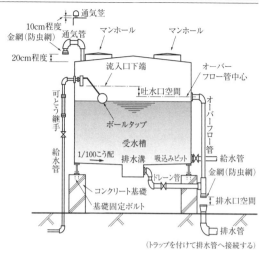

飲料用給水タンク

12 (2) FRP 製タンクは，軽量で施工性に富むが，日光を完全に遮断できず紫外線にも弱い等の特性を持つ。したがって，屋外に設置する場合，FRP は藻の発生を防止できる遮光性を有するものとする。したがって，適当でない。

間違いやすい選択肢 ▶ (1) 鋼板製タンク内の防錆処理は，エポキシ樹脂等の樹脂系塗料によるコーティングを施す。

102　第6章　建築設備一般

●6・1・3　給湯設備の機器

13　給湯機器に関する記述のうち，**適当でないもの**はどれか。

(1)　密閉式のガス給湯器は，燃焼用の空気を屋内からとり，燃焼廃ガスは屋外に排出する機器である。

(2)　貯湯式電気温水器には，元止め式と先止め式がある。

(3)　元止め式のガス瞬間湯沸器は，本体の湯栓を操作して給湯するものである。

(4)　ヒートポンプ給湯機は，大気中の熱エネルギーを給湯の加熱に利用するものである。

《R6 後-25》

14　給湯設備の機器に関する記述のうち，**適当でないもの**はどれか。

(1)　小型貫流ボイラーは，保有水量が少ないため，起動時間が短く，負荷変動への追従性がよい。

(2)　空気熱源ヒートポンプ給湯機は，大気中の熱エネルギーを給湯の加熱に利用するものである。

(3)　真空式温水発生機は，本体に封入されている熱媒水の補給が必要である。

(4)　密閉式ガス湯沸器は，燃焼空気を室内から取り入れ，燃焼ガスを直接屋外に排出するものである。

《基本問題》

〈p.100 の解答〉　**正解**　**11**(4)，**12**(2)

▶解説

13 (1) 密閉式ガス湯沸器（FF式）は，燃焼空気を<u>屋外</u>から取り入れ，燃焼ガスを直接屋外に排出する機器である。一方，燃焼用の空気を室内から取り入れ，燃焼廃ガスは屋外に排出する機器は，<u>半密閉式ガス湯沸器（FE式）</u>である。したがって，適当でない。

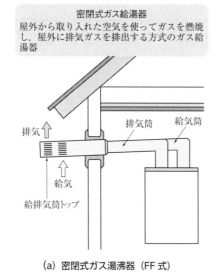 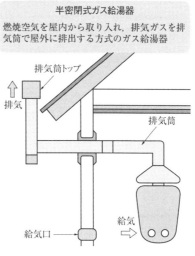

(a) 密閉式ガス湯沸器（FF式）　　　(b) 半密閉式ガス湯沸器（FE式）

換気方式によるガス湯沸器の分類

|間違いやすい選択肢| ▶ (2)貯湯式電気温水器には，元止め式と先止め式がある。

14 この問題は，正答肢が2つあった。

(3) 真空式温水発生機は，本体に封入されている熱媒水の補給が<u>不要</u>であり，補給水口のない構造である。したがって，適当でない。

(4) 密閉式ガス湯沸器（FF式）は，燃焼空気を<u>屋外</u>から取り入れ，燃焼ガスを直接屋外に排出するものである。一方，燃焼空気を室内から取り入れ，燃焼ガスを直接屋外に排出するものは，<u>半密閉式ガス湯沸器（FE式）</u>である。したがって，適当でない。

104 第6章 建築設備一般

6・2 配管・ダクト

●6・2・1 配管及び配管付属品

1 配管材料及び配管附属品に関する記述のうち，**適当でないもの**はどれか。

(1) ボール弁は，ハンドルの操作によりボール状の弁体が回転し，開閉を行うものである。

(2) 架橋ポリエチレン管は，構造により単層管と二層管がある。

(3) 水道用硬質塩化ビニルライニング鋼管のうち，SGP-VA は配管用炭素鋼鋼管の内面と外面に硬質ポリ塩化ビニルをライニングしたものである。

(4) 逆止め弁は，チャッキ弁とも呼ばれ，スイング式やリフト式がある。

《R6 後-26》

2 配管材料及び配管附属品に関する記述のうち，**適当でないもの**はどれか。

(1) 配管用炭素鋼鋼管（JIS）には黒管と白管があり，白管は，黒管に溶融亜鉛めっきを施したものである。

(2) 水道用ステンレス鋼鋼管（JWWA）は，1 MPa 以下で使用され，SUS 304 と SUS 316 の 2 種類がある。

(3) 硬質ポリ塩化ビニル管（JIS）の VU 管は，VP 管に比べて設計圧力が低い。

(4) 定水位調整弁は，汚水槽や雑排水槽の水位を一定に保つ目的で使用する。

《R6 前-26》

3 配管材料及び配管附属品に関する記述のうち，**適当でないもの**はどれか。

(1) Y 形ストレーナーは，円筒形のスクリーンを流路に対して 45 度傾けた構造で，横引きの配管では，上部にスクリーンを引き抜く。

(2) 銅管は，肉厚により K，L 及び M タイプに分類される。

(3) 弁を中間開度にして流量調整を行う場合には，玉形弁とバタフライ弁は適しているが，ボール弁と仕切弁は適していない。

(4) 水道用硬質ポリ塩化ビニル管の種類には，VP と HIVP がある。

《R5 後-26》

〈p.102 の解答〉　**正解**　**13**(1)，**14**(3)・(4)

▶解説

1 (3) 水道用硬質塩化ビニルライニング鋼管の SGP-VA は，配管用炭素鋼鋼管の<u>内面</u>に硬質ポリ塩化ビニルをライニングしたものである。一方，配管用炭素鋼鋼管の内面と外面に硬質ポリ塩化ビニルをライニングしたものは，埋設用で<u>SGP-VD</u> である。したがって，適当でない。

間違いやすい選択肢 ▶ (2)架橋ポリエチレン管は，構造により単層管と二層管がある。

2 (4) 定水位調整弁（俗称：FM バルブ）は，副弁付定水位弁ともいい，大口径の弁本体の主弁と主弁の弁体上部室に接続された小口径のフロート（副弁）が分離した構造となっている。

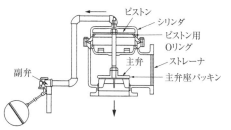

定水位調整弁の構造

フロート式水位制御スイッチ（フリクトレベルスイッチ）

フロート（副弁）の作動により主弁が作動して給水を開始または停止するもので，<u>給水タンク等清浄な水槽</u>の水位を一定に保つ目的で使用する。一方，汚水槽や雑排水槽の水位を一定に保つ目的で使用する機器は，液面の波動，浮遊物の影響を受けない形状と機構を有している<u>フロート式水位制御スイッチ（フリクトレベルスイッチ）</u>である。したがって，適当でない。

間違いやすい選択肢 ▶ (2)水道用ステンレス鋼鋼管（JWWA）は，1 MPa 以下で使用され，SUS 304 と SUS 316 の 2 種類がある。

3 (1) Y 形ストレーナーは，円筒形のスクリーンを流路に対して 45 度傾けた構造で，横引きの配管では，斜め<u>下部</u>にスクリーンを引き抜く。なお，上部にスクリーンを引き抜く配置とすると，捕集したゴミ等は配管に戻ってしまいゴミが回収できない。したがって，適当でない。

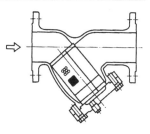

Y 形ストレーナー

間違いやすい選択肢 ▶ (3)弁を中間開度にして流量調整を行う場合には，玉形弁とバタフライ弁は適しているが，フルボア形（弁体の開口面積が弁箱の開口面積と等しい構造）のボール弁と仕切弁は適していない。

106 第6章 建築設備一般

4 配管材料及び配管附属品に関する記述のうち，**適当でないもの**はどれか。

(1) 水道用硬質塩化ビニルライニング鋼管のうち SGP-VD は，配管用炭素鋼鋼管（黒）の内面と外面に硬質ポリ塩化ビニルをライニングしたものである。

(2) ストレーナーは，配管中のゴミ等を取り除き，弁類や機器類の損傷を防ぐ目的で使用される。

(3) 一般配管用ステンレス鋼鋼管は，給水，給湯，冷温水，冷却水等に使用される。

(4) ボール弁は，逆流を防止する弁であり，流体の流れ方向を一定に保つことができる。

《R5 前-26》

5 配管材料及び配管附属品に関する記述のうち，**適当でないもの**はどれか。

(1) バタフライ弁は，仕切弁に比べ，取付けスペースが小さい。

(2) 逆止め弁は，チャッキ弁とも呼ばれ，スイング式，リフト式等がある。

(3) 硬質ポリ塩化ビニル管の接合は，接着接合，ゴム輪接合等がある。

(4) 硬質ポリ塩化ビニル管の VU 管は，VP 管に比べて設計圧力が高い。

《R4 後-26》

6 配管附属品に関する記述のうち，**適当でないもの**はどれか。

(1) Y 形ストレーナーは，円筒形のスクリーンを流路に対して 45 度傾けた構造で，横引きの配管では，上部にスクリーンを引き抜く。

(2) U 形ストレーナーは，上部のカバーを外し上方にスクリーンを引き抜く。

(3) ストレート形ストレーナーは，流体がストレートに流れる構造で Y 形及び U 形のストレーナーに比べ圧力損失が小さい。

(4) 複式バケット形のオイルストレーナーは，ストレーナーの点検が容易な構造である。

《基本問題》

7 配管材料及び配管附属品に関する記述のうち，**適当でないもの**はどれか。

(1) ボールタップは，比較的小さなタンクの水位を一定に保つために用いる。

(2) 架橋ポリエチレン管は，構造により単層管と二層管に分類される。

(3) スイング逆止め弁を垂直配管に取り付ける場合は，下向きの流れとする。

(4) 配管用炭素鋼鋼管には黒管と白管があり，白管は，黒管に溶融亜鉛めっきを施したものである。

《基本問題》

〈p.104 の解答〉 **正解** **1** (3)， **2** (4)， **3** (1)

▶解説

4 (4) ボール弁は、弁体が球状のため90°回転で全開・全閉することのできる構造であり、フルボア形（弁体の開口面積が弁箱の開口面積と等しい構造）であるので損失水頭が極めて小さい。一方、逆流を防止する弁であり、流体の流れ方向を一定に保つことができるのは、逆止弁である。したがって、適当でない。

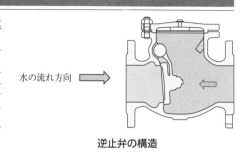

逆止弁の構造

間違いやすい選択肢▶(1)水道用硬質塩化ビニルライニング鋼管のうちSGP-VDは、配管用炭素鋼鋼管（黒）の内面と外面に硬質ポリ塩化ビニルをライニングしたもので埋設用である。鋼管外面の処理記号は、Aが一次防錆塗装（黒）、Bが亜鉛めっき処理（白）、Dが樹脂ライニングである。

5 (4) 硬質ポリ塩化ビニル管のVU管は、VP管に比べて薄肉であるので設計圧力が低い。したがって、適当でない。

間違いやすい選択肢▶(1)バタフライ弁は、仕切弁に比べ、取付けスペースが小さい。

6 (1) Y形ストレーナーは、円筒形のスクリーンを流路に対して45度傾けた構造で、横引きの配管では、下部にスクリーンを引き抜く。なお、上部にスクリーンを引き抜く配置とすると、捕集したゴミ等は配管に戻ってしまいゴミが回収できない。したがって、適当でない。

間違いやすい選択肢▶(2)U形ストレーナーは、上部のカバーを外し上方にスクリーンを引き抜く。

U形ストレーナー

7 (3) スイング逆止め弁を垂直配管に取り付ける場合は、上向きの流れとする。下向きの流れとした場合、ジスクホルダの自重で管路は常に開の状態となり逆止め弁の用をなさない。したがって、適当でない。

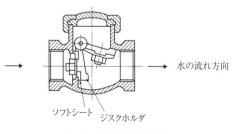

スイング逆止め弁の構造

間違いやすい選択肢▶(2)架橋ポリエチレン管は、構造により単層管と二層管に分類される。

108　第6章　建築設備一般

8 配管材料に関する記述のうち，**適当でないもの**はどれか。
(1) 排水・通気用耐火二層管は，防火区画貫通部1時間遮炎性能の規定に適合する。
(2) 水道用硬質ポリ塩化ビニル管の種類には，VPとHIVP（耐衝撃性）がある。
(3) 水道用ポリエチレン二層管の種類には，1種，2種，3種がある。
(4) 排水用リサイクル硬質ポリ塩化ビニル管（REP-VU）は，屋内排水用の塩化ビニル管である。
《基本問題》

9 配管付属品に関する記述のうち，**適当でないもの**はどれか。
(1) 逆止め弁は，チャッキ弁とも呼ばれ，スイング式やリフト式がある。
(2) 自動空気抜き弁は，配管に混入した空気を自動的に排出する目的で使用する。
(3) ストレーナーは，配管中のゴミ等を取り除き，弁類や機器類の損傷を防ぐ目的で使用する。
(4) 定水位調整弁は，汚水槽や雑排水槽の水位を一定に保つ目的で使用する。《基本問題》

▶解説

8 (4) 排水用リサイクル硬質ポリ塩化ビニル管（REP-VU）は，<u>屋外排水埋設専用の塩化ビニル管である</u>（塩化ビニル管・継手協会規格 AS 58:2008 排水用リサイクル硬質塩化ビニル管）。一方，屋内排水用の塩化ビニル管は，<u>硬質ポリ塩化ビニル管（VP，HIVP）</u>である。したがって，適当でない。

管の名称，規格，記号

管の名称	規格	記号
配管用炭素鋼鋼管	JIS G 3452	SGP（黒），（白）
水配管用亜鉛めっき鋼管	JIS G 3442	SGPW
圧力配管用炭素鋼鋼管	JIS G 3454	STPG
水道用硬質塩化ビニルライニング鋼管	JWWA K 116	SGP-VA，VB，VD
水道用ポリエチレン粉体ライニング鋼管	JWWA K 132	SGP-PA，PB，PD
排水用硬質塩化ビニルライニング鋼管	WSP 042	D-VA
一般配管用ステンレス鋼鋼管	JIS G 3448	SUS-TPD
配管用ステンレス鋼鋼管	JIS G 3459	SUS-TP
銅及び銅合金の継目無管	JIS H 3300	C1220（K，L，M））
硬質ポリ塩化ビニル管	JIS K 6741	VP，HIVP，VM，VU
水道用硬質ポリ塩化ビニル管	JIS K 6742	VP，HIVP
排水用リサイクル硬質ポリ塩化ビニル管	AS 58	REP-VU（屋外埋設専用）
水道用ポリエチレン二層管	JIS K 6762	1種，2種，3種
架橋ポリエチレン管	JIS K 6769	PEX
ポリブテン管	JIS K 6778	PB

間違いやすい選択肢 ▶ (3)水道用ポリエチレン二層管の種類には，1種，2種，3種がある。

〈p.106の解答〉　**正解**　**4**(4)，**5**(4)，**6**(1)，**7**(3)

9 (4) 定水位調整弁（俗称：FMバルブ）は，副弁付定水位弁ともいい，大口径の弁本体の主弁と主弁の弁体上部室に接続された小口径のフロート（副弁）が分離した構造となっている。フロート（副弁）の作動により主弁が作動して給水を開始又は停止するもので，給水タンク等清浄な水槽の水位を一定に保つ目的で使用する。一方，汚水槽や雑排水槽にあって水位制御のセンサーの目的で使用する機器は，液面の波動，浮遊物の影響を受けない形状と機構を有しているフロート式水位制御スイッチ（フリクトレベルスイッチ）である。したがって，適当でない。

間違いやすい選択肢 ▶ (2)自動空気抜き弁は，配管に混入した空気を自動的に排出する目的で使用する。

ワンポイントアドバイス 6・2・1 伸縮管継手

① ベローズ形伸縮管継手は，金属製の蛇腹（ベローズ）が組み込んである伸縮管継手をいい，外装ガイドがあっても伸縮量は余り大きくは取れない。
② スリーブ形伸縮管継手は，スリーブを介して二重管（外装管・挿入管）の配管構造になっていて，挿入管の長さの分だけ伸縮できる構造であるので伸縮量は大きく取れる。

(a) スリーブ形 　　　(b) ベローズ形（単式）

伸縮管継手

水道用硬質塩化ビニルライニング鋼管（JWWAK116）の規格

規格	SGP-VA	SGP-VB	SGP-VD
構造	一次防錆塗装／鋼管／硬質塩化ビニル	亜鉛めっき／鋼管／硬質塩化ビニル	硬質塩化ビニル／鋼管／硬質塩化ビニル
原管（鋼管）	配管用炭素鋼鋼管（黒）	水配管用亜鉛めっき鋼管	配管用炭素鋼鋼管（黒管）
仕様区分	屋内配管	屋内配管 屋外露出配管	地中埋設配管 屋外露出配管

110　第6章　建築設備一般

●6・2・2　ダクト及びダクト付属品

10 ダクト及びダクト附属品に関する記述のうち，**適当でないもの**はどれか。

(1) 風量調節ダンパーの多翼型には，平行翼型と対向翼型がある。

(2) シーリングディフューザー形吹出口は，誘引作用が大きく気流拡散に優れている。

(3) 長方形ダクトのアスペクト比（長辺／短辺）は，原則として4以下とする。

(4) 長方形ダクトの板厚は，ダクトの周長により決定する。

《R6 後-27》

11 ダクト及びダクト附属品に関する記述のうち，**適当でないもの**はどれか。

(1) 防火ダンパーのケーシング及び可動羽根の板厚は，風量調節ダンパーと同じである。

(2) 共板フランジ工法は，ダクト本体を成形加工してフランジにする。

(3) パンカルーバーは，球面の一部にノズル形の吹出口を設けたもので，気流を自由な方向に吹き出すことができる。

(4) スパイラルダクトの接続には，差込み継手又はフランジ継手を用いる。

《R6 前-27》

12 ダクトに関する記述のうち，**適当でないもの**はどれか。

(1) エルボの内側半径は，円形ダクトではダクトの直径の $\frac{1}{2}$ 以上とする。

(2) ダクトの断面を拡大や縮小する場合，拡大角度及び縮小角度ともに45度以内とする。

(3) 案内羽根（ガイドベーン）は，直角エルボ等に設け，圧力損失を低減する。

(4) 共板フランジ用ガスケットは，弾力性のあるものを使用する。

《R5 後-27》

13 ダクト及びダクト附属品に関する記述のうち，**適当でないもの**はどれか。

(1) シーリングディフューザーは，誘引作用が大きく，気流拡散に優れている。

(2) ユニバーサル形吹出口は，羽根が垂直のV形，水平のH形，垂直・水平のVH形等がある。

(3) ノズル形吹出口は気流の到達距離が長く，大空間の壁面吹出口や天井面吹出口として使用される。

(4) 吹出口とダクトの接続には，たわみ継手を使用する。

《R5 前-27》

▶ **解説**

10 (4) ダクトは，空気の通風抵抗，漏れ量，騒音及び振動が少なく，かつ，ダクトの内外差圧により変形を起こさない構造とするため，長方形ダクト（低圧ダクト，高圧1ダクト及び高圧2ダクト）の板厚は，ダクトの周長ではなくて条件の厳しい<u>ダクトの長辺</u>により決定する。したがって，適当でない。

〈p.108 の解答〉**正解** **8** (4)，**9** (4)

長方形ダクトの板厚（鉄板製：低圧ダクトの場合）
[単位：mm]

ダクトの長辺	板厚
～450	0.5
～1,200	0.6
～1,800	0.8
～2,200	1.0
2,200 を超える	1.0

間違いやすい選択肢 ▶ (1)風量調節ダンパーの多翼型には，平行翼型と対向翼型がある。

11 (1) 建築基準法施行令第百十二条によると，特定防火設備の構造方法は，通常の火災による火熱が加えられた場合に，加熱開始後1時間加熱面以外の面に火炎を出さない防火設備の構造とするもので，鉄製で鉄板の厚さが 1.5 mm 以上の防火戸又は防火ダンパーが規定されている。

したがって，防火ダンパーのケーシング及び可動羽根の板厚は，厚さ 1.5 mm 以上の鉄板で製作しなくてはならないとの規定であるが，風量調節ダンパーのそれは規定がないので，同じとは限らない。したがって，適当でない。

間違いやすい選択肢 ▶ (2)共板フランジ工法は，ダクト本体を成形加工してフランジにする。

12 (2) ダクトの断面を拡大や縮小する場合，上流側の拡大角度及び下流側の縮小角度は，それぞれ 15 度以下，30 度以下とする。一般に，同一角度の拡大・縮小では，拡大の方が摩擦抵抗が大きいので，許容角度が小さくなっている。したがって，適当でない。

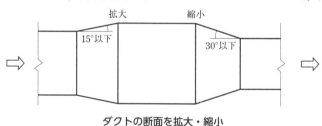

ダクトの断面を拡大・縮小

間違いやすい選択肢 ▶ (4)共板フランジダクトは，フランジ押さえ金具でクリップする構造であり，締め付け力が乏しくなるので，共板フランジ用ガスケットは，弾力性のあるものを使用し，シール性能を確保する。

13 (4) 吹出口とダクトの接続には，フレキシブルダクトを使用する。一方，たわみ継手は，キャンバス継手ともいわれ，送風機吐出口と吐出側ダクトの間に挿入し，振動絶縁の用途として用いる。したがって，適当でない。

間違いやすい選択肢 ▶ (2)ユニバーサル形吹出口は，下がり壁等に設けられる吹出し口で，羽根が垂直のV形，水平のH形，垂直・水平のVH形等がある。

フレキシブルダクト接続

112　第6章　建築設備一般

14 ダクト及びダクト附属品に関する記述のうち，**適当でないもの**はどれか。
- (1) 長方形ダクトの板厚は，ダクトの周長により決定する。
- (2) 長方形ダクトのアスペクト比（長辺／短辺）は，原則として4以下とする。
- (3) フレキシブルダクトは，一般的に，ダクトと吹出口等との接続用として用いられる。
- (4) 変風量ユニットは，室内の負荷変動に応じて風量を変化させるものである。

《R4後-27》

15 ダクト及びダクト附属品に関する記述のうち，**適当でないもの**はどれか。
- (1) スパイラルダクトの接続には，差込み継手又はフランジ継手を用いる。
- (2) エルボの内側半径は，円形ダクトではダクトの直径の$\frac{1}{2}$以上とする。
- (3) ダクトの断面を変形させる場合，上流側の拡大角度及び下流側の縮小角度は45度以内とする。
- (4) 長方形ダクトの板厚は，長辺と短辺とも同じである。

《基本問題》

16 ダクト及びダクト附属品に関する記述のうち，**適当でないもの**はどれか。
- (1) ステンレス鋼板製ダクトは，厨房等の湿度の高い室の排気ダクトには使用しない。
- (2) 硬質塩化ビニル板製ダクトは，腐食性ガス等を含む排気ダクトに用いられる。
- (3) グラスウール製ダクトは，吹出口及び吸込口のボックス等に用いられる。
- (4) フランジ用ガスケットの材質は，繊維系，ゴム系，樹脂系がある。

《基本問題》

17 ダクト及びダクト附属品に関する記述のうち，**適当でないもの**はどれか。
- (1) たわみ継手は，ダクトと当該ダクトを接続する機器との位置合わせに使用する。
- (2) 案内羽根（ガイドベーン）は，直角エルボなどに設け，圧力損失を低減する。
- (3) スパイラルダクトは，亜鉛鉄板をスパイラル状に甲はぜ掛け機械巻きしたものである。
- (4) フレキシブルダクトは，一般的に，ダクトと吹出口等との接続用として用いられる。

《基本問題》

▶ **解説**

14 (1) ダクトは，空気の通風抵抗，漏れ量，騒音及び振動が少なく，かつ，ダクトの内外差圧により変形を起こさない構造とするため，長方形ダクト（低圧ダクト，高圧1ダクト及び高圧2ダクト）の板厚は，ダクトの周長ではなくて条件の厳しい<u>ダクトの長辺</u>により決定する。したがって，適当でない。

|間違いやすい選択肢|▶ (4)変風量ユニットは，室内の負荷変動に応じて風量を変化させるものである。

〈p.110の解答〉 **正解** **10**(4)，**11**(1)，**12**(2)，**13**(4)

15 (3) ダクトの断面を変形させる場合，上流側の拡大角度及び下流側の縮小角度は，それぞれ15度以下，30度以下とする。一般に，同一角度の拡大・縮小では，拡大の方が摩擦抵抗が大きい。したがって，適当でない。

間違いやすい選択肢 ▶ (2) エルボの内側半径は，円形ダクトではダクトの直径の $\frac{1}{2}$ 以上とする。

16 (1) ステンレス鋼板製ダクトは，高湿度箇所の排気ガスの通るダクト，塩害対策の必要な地域の屋外ダクト及び厨房排気ダクト等に使用される。一方，厨房等の湿度の高い室の排気ダクトには使用できないのは，グラスウール製ダクトである。したがって，適当でない。

間違いやすい選択肢 ▶ (3) グラスウール製ダクトは，吹出口及び吸込口のボックス等に用いられる。

17 (1) たわみ継手は，ガラスクロスをピアノ線で補強したもので，ダクトと当該ダクトを接続する機器との位置合わせでなく，送風機等からの振動がダクトに伝わることを防止するためと機器のたわみ量吸収用として使用する。したがって，適当でない。

間違いやすい選択肢 ▶ (2) 案内羽根（ガイドベーン）は，直角エルボなどに設け，圧力損失を低減する。

たわみ継手

ワンポイントアドバイス　6・2・2　吹出口

① シーリングディフューザー形吹出口
　（アネモ形）　　　　　　誘引：大

② 軸流吹出口（ノズル）
　　　　　　　到達距離：遠

③ 線状吹出口

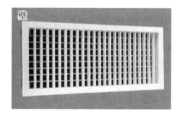

④ ユニバーサル型吹出口

114 第6章 建築設備一般

●6・2・3 保温材

18 保温材に関する記述のうち，**適当でないもの**はどれか。

(1) JIS 規格では，ホルムアルデヒド放散量に応じた等級区分が示されている。

(2) グラスウール保温材は，ポリスチレンフォーム保温材に比べて，高温域で使用できる。

(3) ロックウール保温材は，耐火性に優れ，配管等の防火区画の貫通部等に使用される。

(4) ポリスチレンフォーム保温材は，人造鉱物繊維保温材である。

《R5 後-25》

19 保温材に関する記述のうち，**適当でないもの**はどれか。

(1) グラスウール保温材は，ポリスチレンフォーム保温材に比べて吸水性や透湿性が小さい。

(2) ポリスチレンフォーム保温材は，主に保冷用として使用される。

(3) 人造鉱物繊維保温材には，保温筒，保温板，保温帯等の形状のものがある。

(4) ロックウール保温材は，耐火性に優れ，防火区画の貫通部等に使用される。

《基本問題》

20 保温材に関する記述のうち，**適当でないもの**はどれか。

(1) ロックウール保温材の最高使用温度は，グラスウール保温材より高い。

(2) グラスウール保温板は，その密度により区分されている。

(3) ポリスチレンフォーム保温材は，蒸気管には使用できない。

(4) ポリエチレンフォーム保温筒は，吸湿性が高い。

《基本問題》

〈p.112 の解答〉 **正解** **14**(1)，**15**(3)，**16**(1)，**17**(1)

▶解説

18 (4) ポリスチレンフォーム保温材は，発泡プラスチック（独立発泡系）保温材に分類される。一方，人造鉱物繊維保温材に分類されるのは，グラスウール保温材やロックウール保温材である。したがって，適当でない。

間違いやすい選択肢 ▶ (1) JIS 規格では，ホルムアルデヒド放散量に応じた等級区分が示されている。上位等級からF☆☆☆☆（フォースターと読む），F☆☆☆，F☆☆である。

グラスウール保温材

19 (1) グラスウール保温材は，繊維系断熱材なので吸水性や透湿性が非常に高い。一方，ポリスチレンフォーム保温材のような独立発泡系断熱材は，内部まで水分が浸透しにくいので吸水性や透湿性が小さい。したがって，適当でない。

間違いやすい選択肢 ▶ (3) 人造鉱物繊維保温材には，保温筒，保温板，保温帯等の形状のものがある。

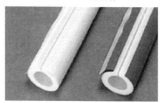
ポリスチレンフォーム保温材

20 (4) ポリエチレンフォーム保温筒は，主な原料であるポリエチレン樹脂に発泡剤を加えて発泡させた独立発泡構造の断熱材で，柔軟性が高く配管カバーにもよく使用されている。独立気泡構造であるので吸水・吸湿性がほとんどない。したがって，適当でない。

間違いやすい選択肢 ▶ (3) ポリスチレンフォーム保温材は，蒸気管には使用できない。

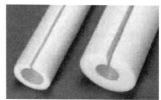
ポリエチレンフォーム保温材

ワンポイントアドバイス 6・2・3 保温材

保温材の特性

分類	保温材の種類	使用温度上限（目安）	熱伝導性 常温	熱伝導性 高温	透湿性	耐炎性
人造鉱物繊維保温材	ロックウール保温材	600℃	◎	◎	△	◎
人造鉱物繊維保温材	グラスウール保温材	350℃	◎	○	△	○
発泡プラスチック（独立発泡系）保温材	ポリスチレンフォーム保温材 ポリエチレンフォーム保温筒	70～80℃	◎	−	◎	−

備考）凡例◎：優，○：良，△：可，−：評価せず

116　第6章　建築設備一般

6・3 設計図書

● 6・3・1 設計図書に記載する項目等

1
「設備機器」と「設計図書に記載する項目」の組合せのうち，**適当でないもの**はどれか。

　　　　［設備機器］　　　　　　　［設計図書に記載する項目］

(1) 吸収冷温水機 ———————— 圧縮機容量

(2) 全熱交換器 ———————— 全熱交換効率

(3) ボイラー ———————— 最高使用圧力

(4) 遠心ポンプ ———————— 吸込口径

《R6 後-28》

2
「設備機器」と，その仕様として設計図書に「記載する項目」の組合せのうち，**適当でないもの**はどれか。

　　　　［設備機器］　　　　　　　［記載する項目］

(1) ユニット形空気調和機 ———————— 機外静圧

(2) 給湯用循環ポンプ ———————— 循環水量

(3) 排水用水中モーターポンプ ——— 口径

(4) 送風機 ———————— 初期抵抗

《R6 前-28》

3
「設備機器」と「設計図書に記載する項目」の組合せのうち，**適当でないもの**はどれか。

　　　　［設備機器］　　　　　　　［設計図書に記載する項目］

(1) 全熱交換器 ———————— 全熱交換効率

(2) 揚水ポンプ ———————— 呼び番号

(3) ユニット形空気調和機 ——— 有効加湿量

(4) 冷却塔 ———————— 騒音値

《R5 後-28》

4
「設備機器」と「設計図書に記載する項目」の組合せのうち，**適当でないもの**はどれか。

　　　　［設備機器］　　　　　　　［設計図書に記載する項目］

(1) ボイラー ———————— 最高使用圧力

(2) 吸収冷温水機 ———————— 冷却水量

(3) 空気清浄装置 ———————— 騒音値

(4) 換気扇 ———————— 羽根径

《R5 前-28》

〈p.114 の解答〉 **正解** **18**(4)，**19**(1)，**20**(4)

6・3 設計図書 117

▶解説

1 (1) 吸収冷温水機に記載する主な項目は，形式，冷房能力，暖房能力，燃料種別，燃料消費量等であり，吸収冷温水機は，蒸気圧縮冷凍機と異なり，圧縮機を有しない冷凍機であるので，圧縮機容量の記載はない。一方，圧縮機容量を記載するのは，吸収冷温水機ではなく蒸気圧縮冷凍機である遠心冷凍機（記載する項目：形式，冷房能力，冷水量，冷却水量，冷水出口温度，冷却水入口温度，電源種別，圧縮機容量（電動機出力）等）である。したがって，(1)の組合せは適当でない。

間違いやすい選択肢 ▶ (4)遠心ポンプ——吸込口径

2 (4) 送風機に記載する主な項目は，形式，呼び番号，風量，静圧，電動機出力，防振材の種類等である。一方，初期抵抗を記載する設備機器は，送風機ではなく全熱交換器（記載する項目：形式，給気量，排気量，熱交換効率，面風速，初期抵抗，電動機出力等）やフィルタである。したがって，(4)の組合せは適当でない。

間違いやすい選択肢 ▶ (1)ユニット形空気調和機——機外静圧

3 (2) 揚水ポンプの設計図書に記載する項目は，形式，口径（吸込み口径），揚水量，揚程，電動機出力等である。一方，設計図書に呼び番号を記載するのは，送風機（記載する項目：形式，呼び番号，風量，静圧，電動機出力等）である。なお，呼び番号は，羽根車の羽根外径 150 mm を 1 単位とする呼び名である（例：羽根車の羽根外径が 300 mm の場合，＃2 と記す）。したがって，(2)の組合せは適当でない。

間違いやすい選択肢 ▶ (4)冷却塔——騒音値　冷却塔は屋上等に設置され，隣地境界線上での騒音規制の対象機器であり，近隣への騒音の影響を考慮する必要があるので騒音値は必須である。

4 (3) 空気清浄装置の設計図書に記載する項目は，形式，圧力損失，効率等である。一方，騒音値を記載する設備機器は，冷却塔である。隣地境界線上での騒音規制の対象機器である。したがって(3)の組合せは適当でない。

間違いやすい選択肢 ▶ (2)吸収冷温水機——冷却水量　冷凍機に冷却水量は必須である。

建築設備一般

118 第6章 建築設備一般

5 「設備機器」と「設計図書に記載する項目」の組合せのうち，**適当でないもの**はどれか。

	（設備機器）		（設計図書に記載する項目）
(1)	空気熱源ヒートポンプユニット	———	冷温水出入口温度
(2)	送風機	———————————	初期抵抗
(3)	冷却塔	———————————	騒音値
(4)	瞬間湯沸器	———————————	号数

《R4 後-28》

6 設計図書間に相違がある場合において，一般的な適用の優先順位として，**適当でないもの**はどれか。

(1) 図面より質問回答書を優先する。

(2) 標準仕様書より図面を優先する。

(3) 現場説明書より標準仕様書を優先する。

(4) 現場説明書より質問回答書を優先する。

《基本問題》

●6・3・2　公共工事標準請負契約約款

7 次の書類のうち「公共工事標準請負契約約款」上，設計図書に**含まれないもの**はどれか。

(1) 現場説明に対する質問回答書

(2) 実施工程表

(3) 仕様書

(4) 設計図面

《基本問題》

8 次の書類のうち，「公共工事標準請負契約約款」上，設計図書に**含まれないもの**はどれか。

(1) 現場説明書

(2) 現場説明に対する質問回答書

(3) 工程表

(4) 仕様書

《基本問題》

〈p.116 の解答〉　**正解**　**1** (1)，**2** (4)，**3** (2)，**4** (3)

▶解説

5 (2) 送風機に記載する主な項目は，形式，呼び番号，風量，静圧，電動機出力，防振材の種類等である。一方，初期抵抗を記載する設備機器は，送風機ではなく全熱交換器（記載する項目：形式，給気量，排気量，熱交換効率，面風速，初期抵抗，電動機出力等）やフィルタである。したがって，(2)の組合せは適当でない。

間違いやすい選択肢 ▶ (1)空気熱源ヒートポンプユニット－冷温水出入口温度

6 (3) すべての設計図書は，相互に補完する。ただし，設計図書間に相違がある場合の適用の優先順位は，次の（ア）から（オ）までの順番の通りする。（ア）質問回答書（（イ）から（オ）までに対するもの），（イ）現場説明書，（ウ）特記仕様書，（エ）別冊の図面，（オ）標準仕様書（公共建築工事標準仕様書）。したがって，標準仕様書より現場説明書を優先する。適当でない。

間違いやすい選択肢 ▶ (2)標準仕様書より図面を優先する。

7 (2) 設計図書は，別冊の図面，仕様書，現場説明書及び現場説明に対する質問回答書をいう（公共工事標準請負契約約款第一条）。したがって，(1)，(3)，(4)は設計図書である。(2)の実施工程表は，工事受注後に施工会社が作成するものであり，設計図書には含まれない。

間違いやすい選択肢 ▶ (1)現場説明に対する質問回答書

8 (3) 設計図書は，別冊の図面，仕様書，現場説明書及び現場説明に対する質問回答書をいう（公共工事標準請負契約約款第一条）。したがって，(1)，(2)，(4)は設計図書である。(3)工程表は，工事受注後に施工会社が作成するものであり，設計図書には含まれない。

間違いやすい選択肢 ▶ (2)現場説明に対する質問回答書

120 第6章 建築設備一般

〈p.118 の解答〉 **正解** **5** (2), **6** (3), **7** (2), **8** (3)

第7章
施工管理法
（基礎的な知識）

7・1 ▶ 公共工事における施工計画等	——————	124
7・2 ▶ 工程管理	——————	128
7・3 ▶ 建設工事における品質管理	——————	134
7・4 ▶ 建設工事における安全管理	——————	138
7・5 ▶ 機器の据付	——————	142
7・6 ▶ 配管工事	——————	148
7・7 ▶ ダクト工事	——————	154
7・8 ▶ 保温，保冷，塗装工事	——————	160
7・9 ▶ 試験・検査	——————	164
7・10 ▶ 試運転調整	——————	168

過 去 の 出 題 傾 向

● 前年度同様，令和6年度の施工管理法は，「基礎的な知識」（第7章）と「応用能力」（第9章）にわけて出題されている。

● 令和6年度の「基礎的な知識」は，No.29〜No.38までの10問のうちから8問を選択する，選択問題となっている。

● 令和6年度の出題内容は，前年度までの内容と同様なので，過去5回程度の出題をくまなく解いておけば，十分に対応できる。

● 特に，「応用能力」とあわせて，学習することで内容の理解を深めることを推奨する。

● 頻出する引用文献の略記は，次による（標準仕様書，標準図は令和4年度版）。

　公共建築工事標準仕様書（機械設備工事編）：標準仕様書（機械）

　公共建築設備工事標準図（機械設備工事編）：標準図（機械）

　（公社）空気調和・衛生工学会規格：SHASE-S

122　第7章　施工管理法（基礎的な知識）

●過去5回の出題内容と出題箇所●

出題内容・出題数	年度（和暦）	令和					計
		6後期	6前期	5後期	5前期	4後期	
7・1　公共工事における施工計画等		1	1	1	1	1	5
7・2　工程管理	7・2・1　ネットワーク工程表	1	1	1	1	1	5
	7・2・2　各種工程表	※(注1)	※(注1)	※(注1)		※(注1)	
7・3　建設工事における品質管理		1	1	1	1	1	5
7・4　建設工事における安全管理		1	1	1	1	1	5
7・5　機器の据付	7・5・1　機器の基礎及び支持・固定	1	1	1	1	1	5
	7・5・2　基礎・アンカーボルト				1	※(注1)	1
7・6　配管工事	7・6・1　配管の施工	1			1	1	3
	7・6・2　配管及び附属品の施工		1	1	1	※(注1)	3
7・7　ダクト工事	7・7・1　ダクトの施工					1	1
	7・7・2　ダクト及び附属品の施工	1	1	1	1	※(注1)	4
7・8　保温・保冷・塗装工事		1	1	1	1	1	5
7・9　試験・検査		1			1	1	3
7・10　試運転調整		1	2	3	1		7
その他　JISの配管識別など				1	1	1	3

注1）「応用能力」（第9章）で出題されている。

●出題傾向分析●

7・1　公共工事における施工計画等

　公共建築工事標準仕様書，公共工事標準請負契約約款などからの出題が多く，過去に出題された内容が採用される傾向にある。

7・2　工程管理

　ネットワーク工程表では，クリティカルパスに関する問題が，毎年出題されており，クリティカルパスの計算に慣れておくこと。

　各種工程表は，令和5年度は新たな問題は出題されいないが，各種工程表（バーチャート・ガントチャート・ネットワーク）の特性・表現できる内容などを把握しておくこと。

7・3　建設工事における品質管理

　令和6年度も前期は抜取検査が適用される検査について出題され，後期では品質管理の目的が出題されている。全数検査と抜取検査の違いと目的，さらに各々の品質管理手法の目的を把握しておくこと。

7・4 建設工事における安全管理

令和6年度は，脚立などを利用した高所作業時の安全確保と熱中症対応や溶接作業の安全な環境の確保，死亡事故発生要因とその割合などが出題されている。通勤災害，安全衛生活動，酸欠防止，高所作業，電動工具使用法，感電防止，熱中症対策，クレーン設置上の注意事項などを十分に理解しておくこと。

7・5 機器の据付け

令和6年度は，機器の設置環境やレベル調整，メンテスペースと飲用給水タンクの六面点検対応に関わる問題が出題されている。排水用水中ポンプの据付け位置，耐震ストッパの設置基準，アンカーボルトの選定基準，機器の設置基準，メンテスペースの確保など幅広く出題されている。

7・6 配管の施工

令和6年度は，土中埋設配管の設置基準や絶縁工法，排水系統での通気管の接合方法，吐水口空間と排水口空間の定義や冷媒管の気密試験方法や塩ビ管の切断方法が出題されている。管材ごとの接合方法と注意点，排水用継手や排水トラップの特徴，伸縮継手・防振継手などの使い方，土中埋設時の設置基準等など幅広く出題されている。

7・7 ダクトの施工

令和6年度は，ダクトの施工方法，吊り間隔やリブの必要性，厨房排気ダクトに対する点検口の設置目的とフレキシブルダクトの採用箇所や各種吹出口器具の特性などが出題されている。各種ダクト工法の特徴や，角ダクトの接続工法別での支持間隔，ダクトの補強，シールに関して，過去の問題が繰り返して出題されている。

7・8 保温・保冷・塗装工事

令和6年度は，ポンプ周りの接手の保温や配管の支持金具，保温材の必要な厚み下塗りの内容に関わる問題か出題されている。保温・保冷・塗装工事も毎年出題されており，保温材の防湿性，保温材・保冷材の種類毎の特徴と性能，塗料の特性・調合を理解しておくことも重要である。

7・9 試験・検査

令和6年度は，令和3年度同様に，測定対象と測定機器の組み合わせに関する問題が出題されており，試験箇所と試験方法の組み合わせなどを理解しておく必要がある。

7・10 試運転調整

令和6年度も令和5年度と同様に，多翼送風機の試運転調整手順に関する問題が出題された。あわせて，各機器毎の試運転調整の手順や試運転調整時に必要な書類，飲料タンクの水質検査方法，屋外騒音の測定基準などについて出題されている。

その他 JIS の配管識別など

令和6年度は出題されていないが，物質の種類（配管の用途）と識別色の組み合わせに関して，JIS での規定であり，JIS Z 9102 の内容を理解しておくことが重要である。

124　第7章　施工管理法（基礎的な知識）

7・1　公共工事における施工計画等

1

公共工事の施工計画等に関する記述のうち，**適当でないもの**はどれか。

(1)　施工計画書は実際の施工方法，使用する機材等を具体的に文書にしたもので，設計図書と異なる施工方法等で承諾された事項も記載する。

(2)　標準仕様書と設計図面の内容に相違がある場合は，標準仕様書の内容を優先させる。

(3)　仮設とは，現場事務所や現場内で作業に必要な足場，仮設水道，照明等を設置することである。

(4)　設計図書及び工事関係図書は，監督員の承諾を受けた場合を除き，工事施工のために使用する以外の目的で第三者に使用させない。

《R6 後-29》

2

建設工事における施工計画等に関する記述のうち，**適当でないもの**はどれか。

(1)　材料及び機器は，資材一覧表を作成し，発注，納期及び製品検査の日程を計画する。

(2)　着工前の業務には，工事組織の編成，総合工程表の作成等がある。

(3)　仮設に使用する機材は，新品でなくてもよい。

(4)　工事に必要となる官公署への届出や申請は，工事完成時に提出できるように計画する。

《R6 前-29》

3

公共工事の施工計画等に関する記述のうち，**適当でないもの**はどれか。

(1)　工事に使用する資機材は，石綿を含有しないものとする。

(2)　仮設計画は，設計図書に特別の定めがない場合，原則として受注者の責任において定める。

(3)　工事写真は，後日の目視検査が容易でない箇所のほか，設計図書で定められている箇所についても撮影しなければならない。

(4)　現場説明書と質問回答書の内容に相違がある場合は，現場説明書の内容が優先される。

《R5 後-29》

7・1 公共工事における施工計画等 125

▶解説

1 (2) 標準仕様書（機械）第1章第1節1.1.1にて，設計図書間に相違がある場合の優先順位にて，標準仕様書と設計図面に相違がある場合は，標準仕様書よりも<u>図面の内容が優先</u>される。

したがって，適当でない。

間違いやすい選択肢 ▶ (1)の施工計画書には，設計図書の内容だけでなく，変更・承認された施工方法も記載することに注意が必要。

---

2 (4) 標準仕様書（機械）の1.1.3　官公署その他への届出手続等にて，<u>工事の着手，施工及び完成に当たり</u>，関係法令等に基づく官公署その他の関係機関への必要な届出手続等を遅滞なく行うとされている。

したがって，適当でない。

間違いやすい選択肢 ▶ (3)仮設に使用する機材は，新品に限らないとされており，注意が必要。

---

3 (4) 標準仕様書（機械）第1章第1節1.1.1にて，設計図書間に相違がある場合の優先順位にて，現場説明書よりも<u>質問回答書が優先</u>される。

したがって，適当でない。

間違いやすい選択肢 ▶ (2)の仮設計画に関しては，受注者または担当者が決定することはないので，注意が必要。

126 第7章 施工管理法（基礎的な知識）

4 工事着工前に確認すべき事項として，**適当でないもの**はどれか。

(1) 契約図書により，工事の内容や工事範囲，工事区分を確認する。

(2) 試験成績表により，すべての機器の能力や仕様を確認する。

(3) 工事の施工に伴って必要となる官公庁への届出や許可申請を確認する。

(4) 工事敷地周辺の道路関係，交通事情，近隣との関係等について現地の状況を確認する。

《R5 前-29》

5 公共工事の施工計画等に関する記述のうち，**適当でないもの**はどれか。

(1) 工事に使用する資機材は，石綿を含有しないものとする。

(2) 仮設計画は，設計図書に特別の定めがない場合，原則として請負者の責任において定める。

(3) 現場説明書と質問回答書の内容に相違がある場合は，現場説明書の内容が優先される。

(4) 工事写真は，後日の目視検査が容易でない箇所のほか，設計図書で定められている箇所についても撮影しなければならない。

《R4 後-29》

〈p.124 の解答〉 **正解** **1**(2), **2**(4), **3**(4)

7・1 公共工事における施工計画等 127

▶**解説**

4 (2) 標準仕様書（機械）第1章第7節完成図書等の1.7.3 保全に関する資料(ウ)にて，機器性能試験成績表が資料として規定されており，工事着工前に確認すべき事項には，あてはまらない。

したがって，適当でない。

間違いやすい選択肢 ▶ (1)の工事の内容，工事範囲，工事区分を確認するのは設計図書ではないので注意が必要。

5 (3) 公共工事標準請負契約約款 第十八条に，「現場説明書と質問回答書の内容に相違がある場合は，設計図書の訂正又は変更を行わなければならない。」とあり，現場説明書は優先されない。

したがって，適当でない。

間違いやすい選択肢 ▶ (4)の工事写真については，工事の記録として一工程の施工が完了した際にも撮影しなければならない。

施工管理法（基礎的な知識）

ワンポイントアドバイス 7・1 保全に関する資料

保全に関する資料

(1) 保全に関する資料は次により，提出部数は特記による。
(2) 特記がなければ2部とする。
　(ア) 建築物等の利用に関する説明書　(エ) 官公署届出書類
　(イ) 機器取扱い説明書　(オ) 主要機器一覧表
　(ウ) 機器性能試験成績書　(カ) 総合試運転調整報告書

7・2 工程管理

●7・2・1 ネットワーク工程表

1 下図に示すネットワーク工程表に関する記述のうち，**適当でないもの**はどれか。ただし，図中のイベント間のA～Hは作業内容，日数は作業日数を表す。

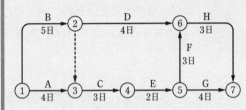

(1) 作業Cは，作業A及び作業Bが完了しないと開始できない。
(2) クリティカルパスは1本で，その所要日数は16日である。
(3) 作業Dの作業日数を3日に短縮しても，全体の所要日数は変わらない。
(4) 作業Gは，作業Fよりも3日遅く着手することができる。

《R6 後-30》

2 下図に示すネットワーク工程表に関する記述のうち，**適当でないもの**はどれか。ただし，図中のイベント間のA～Hは作業内容，日数は作業日数を表す。

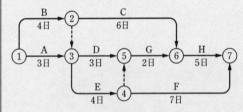

(1) クリティカルパスは3本で，所要日数は15日である。
(2) 作業Eの所要日数を1日短縮できると，全体の所要日数も1日短縮することができる。
(3) 作業D，Eは作業Gが開始される前に終了していなければならない。
(4) ②～③間や④～⑤間のような作業の相互関係だけを示す点線矢印をダミーという。

《R6 前-30》

3 下図に示すネットワーク工程表に関する記述のうち，**適当でないもの**はどれか。ただし，図中のイベント間のA～Hは作業内容，日数は作業日数を表す。

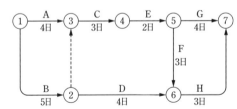

(1) 作業Hは，作業D及び作業Fが完了しないと開始できない。
(2) クリティカルパスは1本で，その所要日数は15日である。
(3) 作業Dの作業日数を2日に短縮しても，全体の所要日数は変わらない。
(4) 作業Gは，作業Fよりも2日遅く着手することができる。

《R5 後-30》

〈p.126の解答〉 **正解** **4**(2)，**5**(3)

7・2 工程管理 129

▶解説

1 (4) 作業Gは，クリティカルパスではなく，クリティカルパスは16日で，①→②→③--→④→⑤→⑦の所要日数は14日であり，3日遅く着手することはできない。したがって，適当でない。

間違いやすい選択肢 ▶ (3) ②から③へのダミーについては，相互関係を示すもので作業日数はないが，クリティカルパスを構成していることもあることを理解する必要がある。

2 (2) 作業Eを経由しない①→②→⑥→⑦のクリティカルパスの所要日数は変わらない。したがって，適当でない。

間違いやすい選択肢 ▶ (3) 先行する作業のうちで，最も時間の多いものが後続の作業の最早開始時間を決定することを理解しておくこと。

3 (2) クリティカルパスは，①→②--→③→④→⑤→⑥→⑦で，所要日数は16日である。したがって，適当でない

間違いやすい選択肢 ▶ (3) 作業Dは，クリティカルパスではなく，2日短縮しても，Hの作業はFが終わらないと開始できないので，全体の所要日数は変わらない。

■ ワンポイントアドバイス 7・2・1 ネットワーク工程表

① 出題で重要なのは，クリティカルパスを見つけることにある。その意味と計算方法に習熟する必要がある。

② クリティカルパスは必ずしも1つではなく，複数ある出題も出ている。

③ 工程表の図も，比較的単純なので難しい問題（一級の出題など）を見るのではなく，二級の過去問に絞って練習する。

④ イベント，作業，ダミーの意味は最低限理解しておく必要がある。

4 下図に示すネットワーク工程表において，クリティカルパスの所要日数として，**適当なもの**はどれか。

ただし，図中のイベント間の A～H は作業内容，日数は作業日数を表す。

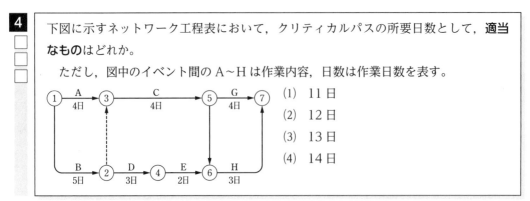

(1) 11 日
(2) 12 日
(3) 13 日
(4) 14 日

《R5 前-30》

5 下図に示すネットワーク工程表について，クリティカルパスの「本数」と「所要日数」の組合せとして，**適当なもの**はどれか。

ただし，図中のイベント間の A～H は作業内容，日数は作業日数を表す。

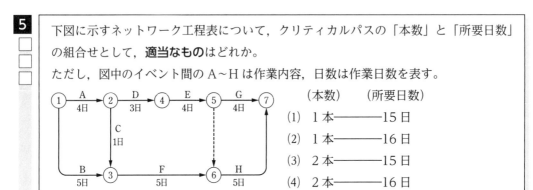

（本数）　　（所要日数）
(1) 1 本 ────── 15 日
(2) 1 本 ────── 16 日
(3) 2 本 ────── 15 日
(4) 2 本 ────── 16 日

《R4 後-30》

〈p.128 の解答〉　**正解**　**1**(4)，**2**(2)，**3**(2)

7・2 工程管理 131

▶解説

4 (4) クリティカルパスは，①→②→⑤→⑥→⑦で，所要日数は14日である。
したがって，適当である。

間違いやすい選択肢 ▶ (1) 各ルートの中で，最長の日数が必要なルートがクリティカルパスであり，最短のルートではない。

5 (2) クリティカルパスは，①→②→④→⑤→⑥→⑦で，所要日数は16日，1本のみである。
したがって，適当である。

間違いやすい選択肢 ▶ ⑤から⑥の破線はダミーで所要日数はゼロとなり，$D+E>F$ からクリティカルパスとなる。

132　第7章　施工管理法（基礎的な知識）

●7・2・2　各種工程表

6

設備工事における工程管理に関する記述のうち，**適当でないもの**はどれか。

(1)　設備工事の総合工程表は，建築工事の工程との調整を図るため，建築工事の工程表を十分に検討した上で作成する。

(2)　機器類の搬入時期は，搬入口，搬入経路等の工事の工程や機器類搬入後の関係工事の工程を考慮して決定する。

(3)　工程計画を立案する際は，工事着工前の官公署への届出や工事施工完了後の後片付けも工程に組み入れる。

(4)　試運転調整は，給排水本管接続工事や受電の前に完了できるように，開始時期を決定する。

《基本問題》

7

工程表に関する記述のうち，**適当でないもの**はどれか。

(1)　横線式工程表には，ガントチャートとバーチャートがある。

(2)　曲線式工程表は，上方許容限界曲線と下方許容限界曲線とで囲まれた形からＳ字曲線とも呼ばれる。

(3)　作業内容を矢線で表示するネットワーク工程表は，アロー型ネットワーク工程表と呼ばれる。

(4)　タクト工程表は，同一作業が繰り返される工事を効率的に行うために用いられる。

《基本問題》

8

「工程表」と「関連する用語」の組み合わせのうち，**適当なもの**はどれか。

　　　　　（工程表）　　　　　　　（関連する用語）

(1)　バーチャート工程表————ダミー

(2)　バーチャート工程表————予定進度曲線

(3)　ネットワーク工程表————フロート

(4)　ネットワーク工程表————アクティビティー

《基本問題》

▶ 解説

6　(4)　試運転調整は引き渡し前の動作確認であるため，動力や給水は，仮設ではなく，<u>本設の段階で動作確認すること</u>が最大の目的である。したがって，適当でない。

間違いやすい選択肢 ▶ (1)設備工事の工程は建築工事の進捗に左右されるものなので，建築の工程表と突き合わせる必要がある。(2)機器類の搬入計画は日々変わっていく通路，経路及び階の進捗，搬入口などに合わせる必要がある。(3)官公署への届出は工事の内容に

〈p.130 の解答〉　**正解**　**4** (4)，**5** (2)

よって届出から着工までの日数が決められている場合が多く、また完了検査・落成検査等が官公署で実施される場合も少なくないので、それらを見込んだ工程計画が必要である。

7 (2) 曲線式工程表の2つの曲線で囲まれた形状からバナナ曲線と呼ばれる（下図参照）。したがって、適当でない。

間違いやすい選択肢 ▶ (3)ネットワーク工程表にはアロー形とサークル形の2種類があるが、施工管理技士試験ではアロー形がもっぱら出題される。(4)タクト工程表は、縦軸に建物階数、横軸に工期（暦日）を記入し、各階作業をバーチャートで示す形式であり、高層建築等で各階で同じ作業が繰り返される建築に向いている。

8 (1)の"ダミー"はネットワーク工程表において作業は発生しないが、他の作業の完了が前提で次の作業が開始できる場合の表現方法で、イベント（○付数字）間の破線で表現する。したがって、適当である。

間違いやすい選択肢 ▶ (3)フロートはネットワーク工程表における余裕時間を意味する。(4)アクティビティは"作業"とも呼ばれ、矢印で表現される。

ワンポイントアドバイス 7・2・2 各種工程表

工程管理に使われる代表的な工程表を下図に、各工程表の特徴を下表にまとめた。

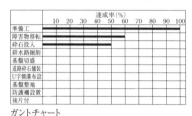
ガントチャート
（横軸：工程の達成率）

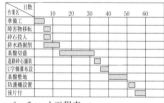
バーチャート工程表
（横軸：工期（日付））

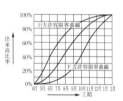
バナナ曲線
（縦軸：出来高　横軸：工期）

工程管理に使われる代表的な工程表の例

各種工程表の特徴

名称	概要	メリット	デメリット
ネットワーク工程表	大規模な工事に向いており、各作業の相互関係を図式化して表現	▶各作業の数値的把握が可能 ▶重点作業の管理ができる ▶変更による全体への影響を把握しやすい ▶フォローアップにより信頼度向上	▶作成が難しく熟練を要する ▶工程全体に精通している必要がある
バーチャート工程表	縦軸に工種・作業名・施工手順、横軸に工期を記入	▶各作業の時期・所要日数が明快 ▶単純工事の管理に最適 ▶出来高予測累計から工事予定進度曲線（S字カーブ）が描ける	▶全体進捗の把握困難 ▶重点管理作業が不明確 ▶大規模工事に不向き
ガントチャート工程表	縦軸に作業名、横軸に達成度を記入	▶作成が簡単 ▶現時点の各作業達成度が明確	▶変更に弱い ▶問題点の明確化が困難 ▶各作業の相互関係・重点管理作業が不明確 ▶工事総所要時間の明示が困難
タクト工程表	縦軸に建物階数、横軸に工期（暦日）を記入し、各階作業をバーチャートで示す	▶高層ビルなどにおいて全体工程の把握がしやすい ▶ネットワーク工程表より作成が容易 ▶バーチャートより他作業との関連が把握しやすい	▶低層建物への適用は困難 ▶作業項目ごとの工程管理ができない

134 第7章 施工管理法（基礎的な知識）

7・3 建設工事における品質管理

1 品質管理に関する記述のうち，**適当でないもの**はどれか。

(1) 品質管理の目的は，設計図書等で要求された品質を満足するように施工することである。

(2) 品質管理を行うと品質は向上するが，手直しが増加し原価が上がる。

(3) 品質管理において，4つの段階 PDCA を繰り返すことをデミングサークルという。

(4) 主要機器の試験や防火区画の貫通処理は，全数検査とする。

《R6 後-31》《R5 後-31》

2 次の確認項目のうち，抜取検査を行うものとして，**適当でないもの**はどれか。

(1) 埋設排水管の勾配

(2) 防火ダンパー用温度ヒューズの作動試験

(3) ダクトの吊り間隔

(4) コンクリートの強度試験

《R6 前-31》

3 次の確認項目のうち，抜取検査を行うものとして，**適当でないもの**はどれか。

(1) ダクトの吊り間隔

(2) 防火ダンパー用温度ヒューズの作動試験

(3) 埋設排水管の勾配

(4) コンクリートの強度試験

《R5 前-31》

4 品質を確認するための検査に関する記述のうち，**適当でないもの**はどれか。

(1) 抜取検査には，計数抜取検査と計量抜取検査がある。

(2) 品物を破壊しなければ検査の目的を達し得ない場合は，全数検査を行う。

(3) 不良品を見逃すと人身事故のおそれがある場合は，全数検査を行う。

(4) 抜取検査では，ロットとして，合格，不合格が判定される。

《R4 後-31》

〈p.132 の解答〉 **正解** **6**(4)，**7**(2)，**8**(1)

7・3 建設工事における品質管理 135

▶ **解説**

1 (2) 品質管理を行うことで，設計図書等との相違点，問題点や改善点などが早期に発見でき，迅速な対応により品質が向上するとともに費用を削減できる。

したがって，適当でない。

間違いやすい選択肢 ▶ (3) PDCA とは，Plan（計画），Do（実行），Check（確認），Action（改善）を繰り返し実施することを示している。

2 (1) 土中埋設の排水配管では，適正な勾配が確保されなければ，流れに不具合が生じることから，埋設前に全数検査が適用される。

したがって，適当でない。

間違いやすい選択肢 ▶ (2) 防火ダンパーの温度ヒューズ作動試験のように，検査を適用することで，設備機材として利用できなくなるケースでは，抜取検査を適用する。

3 (3) 土中埋設の排水配管では，適正な勾配が確保されなければ，流れに不具合が生じることから，埋設前に全数検査が適用される。

したがって，適当でない。

間違いやすい選択肢 ▶ (4) レディミクストコンクリートでは，搬入単位でワーカビリティを数値的に示すためのスランプ検査，圧縮強度検査用検体の採取を行う。

4 (2) 品物を破壊する検査には，全数検査は適用されず，抜取検査が適用される。

したがって，適当でない。

間違いやすい選択肢 ▶ (4) 抜取検査は，ロットから一部を抜き取って検査することから，ロット単位で品質を保証している。

施工管理法・基礎的な知識

ワンポイントアドバイス　7・3　全数検査と抜取検査の要件

全数検査	・不良品の混入が許されない場合：不具合があると大きな事故・損害につながるとき ・全数検査が容易にできる場合：製品の個数がそれほど多くないときなど
抜取検査	・ロットのなかに不良品の混入が許容できるとき ・ロットを代表するサンプルの抜き取りが容易にできるとき ・あらかじめ明確な基準を統計学に基づいて設定できるとき（抜取り数にも影響）

136　第 7 章　施工管理法（基礎的な知識）

---

5 品質を確認するための検査に関する記述のうち，**適当でないもの**はどれか。

(1) 防火区画の穴埋めは，全数検査で確認する。

(2) 給水配管の水圧試験は，全数検査で確認する。

(3) ボイラーの安全弁の作動は，全数検査で確認する。

(4) 防火ダンパーの温度ヒューズの作動は，全数検査で確認する。

《R4 前-31》

---

6 施工の品質を確認するための試験又は検査に関する記述のうち，**適当でないもの**はどれか。

(1) 高置タンク以降の給水配管の水圧試験において，静水頭に相当する圧力の 2 倍の圧力が 0.75 MPa 未満の場合，0.75 MPa の圧力で試験を行う。

(2) 準耐火構造の防火区画を水道用硬質塩化ビニルライニング鋼管の給水管が貫通する箇所において，貫通部の隙間が難燃材料で埋め戻されていることを確認する。

(3) 洗面器の取付けにおいて，がたつきがないこと，及び，附属の給排水金具等から漏水がないことを確認する。

(4) 排水用水中モーターポンプの試験において，レベルスイッチからの信号による発停を確認する。

《基本問題》

〈p.134 の解答〉　**正解**　**1** (2)，**2** (1)，**3** (3)，**4** (2)

▶解説

5 (4) 防火ダンパーの温度ヒューズの作動確認は，<u>抜取検査で実施</u>する。したがって，適当でない。

間違いやすい選択肢 ▶ (3) ボイラーの安全弁は，上手く作動しなければ重大な事故につながることから，全数検査とする。

6 (2) 建基法第百十二条第14項に「準耐火構造等の防火区画等を不燃材料の配管が貫通する場合は，その隙間をモルタル又はロックウール保温材を充填する。」とある。出題の水道用硬質塩化ビニルライニング鋼管は"不燃材料"であるが，穴埋めはモルタル，ロックウールなどの<u>"不燃材料"</u>を充填する必要があり，出題の"難燃材料"であってはならない。

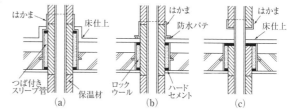

床貫通部の被覆

したがって，適当でない。

間違いやすい選択肢 ▶ (1)標準仕様書（機械）2.9.3 給水及び給湯配管に，静水頭に相当する圧力の2倍の圧力（ただし，最小 0.75 MPa）とする」とある。

138　第7章　施工管理法（基礎的な知識）

7・4　建設工事における安全管理

1 建設工事における安全管理に関する記述のうち，**適当でないもの**はどれか。

(1)　建設工事の死亡災害は，墜落・転落よりも飛来・落下による事故が多い。

(2)　労働災害の発生原因には，人的原因である不安全な行動と，物的要因である不安全な状態がある。

(3)　建設工事に伴う災害には，被害が工事関係者に限定される労働災害と，被害が工事関係者以外の第三者に及ぶ公衆災害とがある。

(4)　重大災害とは，一時に3人以上の労働者が，業務上死傷又は罹病した災害をいう。

《R6 後-32》

2 建設工事における安全管理に関する記述のうち，**適当でないもの**はどれか。

(1)　高さが2mの箇所で作業を行う場合，墜落により労働者に危険を及ぼすおそれのあるときは，作業床を設け，作業床の端，開口部等には囲い，手すり，覆い等を設ける。

(2)　事業者は，足場の組立ての作業に労働者をつかせるときは，当該業務に関する安全又は衛生のための特別の教育を行う。

(3)　熱中症予防のため屋外朝礼広場のWBGT値を確認したときは，作業場所での確認は必要ない。

(4)　通風が不十分な場所でアルゴン等を使用して行う溶接の作業に労働者を従事させるときは，作業場所の空気中の酸素濃度を18%以上に保つように換気するか空気呼吸器等を使用させる。

《R6 前-32》

3 建設工事における安全管理に関する記述のうち，**適当でないもの**はどれか。

(1)　労働者が，就業場所から他の就業場所へ移動する途中で被った災害は，通勤災害に該当しない。

(2)　地盤が軟弱な場所で移動式クレーンを用いる場合，転倒を防止するため必要な広さ及び強度を有する鉄板等を敷設した上に設置し作業を行う。

(3)　熱中症予防のための指標として，気温，湿度及び輻射熱に関する値を組合せて計算する暑さ指数（WBGT）がある。

(4)　ツールボックスミーティングとは，関係する作業者が作業開始前に集まり，作業，安全等について話合いを行うことである。

《R5 後-32》

〈p.136 の解答〉　**正解**　**5** (4)，**6** (2)

7・4　建設工事における安全管理　139

▶解説

1 (1)　建設工事における死亡事故は，墜落・落下の事故によるものが，最も多い。したがって，適当でない。

間違いやすい選択肢 ▶ (3)　労働災害と公衆災害が適用される関係者について，理解しておく必要がある。

2 (3)　夏期の炎天下では，工事現場での熱中症防止のため，高温多湿の作業場所にて，暑さ指数（WBGT 値）で管理することとされている。したがって，適当でない。

間違いやすい選択肢 ▶ (1)にて，労働安全衛生規則第五百十八条　事業者は，事業者は，作業床を設けることが困難なときは，防網を張り，労働者に要求性能墜落制止用器具を使用させる等墜落による労働者の危険を防止するための措置を講じなければならないと規定されていることも理解する。

3 (1)　通勤災害での「通勤」とは，就業に関し，住居と就業の場所との間の往復だけでなく就業の場所から他の就業の場所への移動する際も適用される。したがって，適当でない。

間違いやすい選択肢 ▶ (4)　熱中症予防のための指標である暑さ指数（WBGT）は，気温，湿度以外に輻射熱の値を組合せて計算する。

施工管理法（基礎的な知識）

140　第7章　施工管理法（基礎的な知識）

4　建設工事における安全管理に関する記述のうち，**適当でないもの**はどれか。

(1)　脚立の脚と水平面との角度は，75度以下とする。

(2)　天板高さ70cm以上の可搬式作業台には，手掛かり棒を設置することが望ましい。

(3)　建設工事の死亡災害は，全産業の約1割を占め，墜落・転落による事故が多い。

(4)　折りたたみ式の脚立は，脚と水平面との角度を確実に保つための金具等を備えたものとする。

《R5前-32》

5　建設工事における安全管理に関する記述のうち，**適当でないもの**はどれか。

(1)　熱中症予防のための指標として，気温，湿度及び輻射熱に関する値を組み合わせて計算する暑さ指数（WBGT）がある。

(2)　回転する刃物を使用する作業では，手が巻き込まれるおそれがあるので，手袋の使用を禁止する。

(3)　労働者が，就業場所から他の就業場所へ移動する途中で被った災害は，通勤災害に該当しない。

(4)　ツールボックスミーティングとは，関係する作業者が作業開始前に集まり，その日の作業，安全等について話合いを行うことである。

《R4後-32》

〈p.138の解答〉 **正解** **1**(1)，**2**(3)，**3**(1)

7・4 建設工事における安全管理 141

▶解説

4 (3) 建設業での死亡災害は，建設工事における労働災害防止に関する資料では，令和 4 年度では全労働災害の約 3 割程度占めている。したがって，適当でない。

5 (3) 通勤とは，住居と就業場所との間の往復や就業場所から他の就業場所への移動などとされており，通勤災害に該当する。

したがって，適当でない。

間違いやすい選択肢 ▶ (1)の手袋の使用禁止については，巻き込まれると大きなけがにつながることから，巻込まれる危険のあるボール盤や旋盤を使用する際には，手袋を使用しないこととされている。

ワンポイントアドバイス　7・4　建設工事における安全管理

厚生労働省が纏めた「労働災害発生状況」では，死亡者数で建設業が占める割合は，全体の 3 割程度あり，次に第三次産業，製造業が続いている。労働災害の内容としては，墜落・転落が最も多い。

142　第 7 章　施工管理法（基礎的な知識）

7・5　機器の据付

●7・5・1　機器の基礎及び支持・固定

1
機器の据付けに関する記述のうち，**適当でないもの**はどれか。
(1)　汚物排水槽に設ける排水用水中モーターポンプは，点検，引き上げに支障がないように，マンホールの真下付近に設置する。
(2)　遠心ポンプを設置する場合，床からの高さは，一般的に 300 mm 以上とする。
(3)　軸流送風機をダクトの途中に取り付ける場合は，吸込み側，吐出し側共に，たわみ継手を介して設置する。
(4)　機器の据付け後，アンカーボルトの頂部のねじ山は，ナットから出ないようにする。

《R6 後-33》

2
機器の据付けに関する記述のうち，**適当でないもの**はどれか。
(1)　空気調和機の基礎の高さは，ドレン管の排水トラップの深さが確保できるように 150 mm 程度とする。
(2)　飲料用給水タンクは，タンク底部から設置床までの距離を 300 mm 確保して据え付ける。
(3)　排水用水中モーターポンプは，ピットの壁から 200 mm 程度離して設置する。
(4)　ボイラー室内の燃料タンクに液体燃料を貯蔵する場合，当該燃料タンクからボイラーの外側までの距離は，原則として，2 m 以上とする。

《R6 前-33》

3
機器の据付けに関する記述のうち，**適当でないもの**はどれか。
(1)　防振基礎には，地震時の移動，転倒防止のための耐震ストッパを設ける。
(2)　建物内に設置する飲料用受水タンク上部と天井との距離は，600 mm 以上とする。
(3)　機器を据え付けるコンクリート基礎は，水平に仕上げる。
(4)　洗面器をコンクリート壁に取り付ける場合は，一般的に，エキスパンションボルト又は樹脂製プラグを使用する。

《R5 後-33》

〈p.140 の解答〉　**正解**　**4** (3)，**5** (3)

▶解説

1 (4) アンカーボルトによる機器の固定にて，頂部はねじ山が，2〜3山程度出るような施工するとある。

したがって適当でない。

間違いやすい選択肢 ▶ (3) 送風機の場合，ゴムフレキや変位吸収継手ではなく，たわみ継手で機器と接続する。

2 (2) 飲料用給水タンクには，六面点検にて壁・床・天井との離隔距離が規定されており，タンク底部と設置床までは 60 cm の距離とされている。

したがって，適当でない。

間違いやすい選択肢 ▶ (4) 固体燃料では，ボイラーの外側からの距離は 1.2 m とされている。

3 (2) 飲料用タンクの上面と天井との間隔は，六面点検の規定から 100 cm 以上離すとされている。

したがって，適当でない。

間違いやすい選択肢 ▶ (3) 機器を据え付けるコンクリート基礎は必ず水平に仕上げ，機器据え付け時のレベル調整を容易にさせる。

ワンポイントアドバイス　7・5・1　飲料用水槽の六面点検

飲料用水槽の六面点検では，タンク上面と躯体の距離は 100 cm 以上と規定されている。側面とは 60 cm 以上と規定されているので注意が必要です。

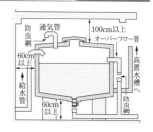

飲料用水槽の六面点検

144　第7章　施工管理法（基礎的な知識）

4 機器の据付けに関する記述のうち，**適当でないもの**はどれか。

(1) 防振装置付きの機器や地震力が大きくなる重量機器は，可能な限り高層階に設置する。

(2) 送風機は，レベルを水準器で確認し，水平が出ていない場合には基礎と共通架台の間にライナーを入れて調整する。

(3) 冷凍機を据え付ける場合は，凝縮器のチューブ引出しのための有効な空間を確保する。

(4) パッケージ形空気調和機を据え付けた場合，冷媒名又はその記号及び冷媒封入量を表示する。

《R5 前-33》

5 機器の据付けに関する記述のうち，**適当でないもの**はどれか。

(1) 飲料用受水タンクの上部には，排水設備や空気調和設備の配管等，飲料水以外の配管は通さないようにする。

(2) 送風機及びモーターのプーリーの芯出しは，プーリーの外側面に定規，水糸等を当て出入りを調整する。

(3) 汚物排水槽に設ける排水用水中モーターポンプは，点検，引上げに支障がないように，点検用マンホールの真下近くに設置する。

(4) 壁付洗面器を軽量鉄骨ボード壁に取り付ける場合は，ボードに直接バックハンガーを取り付ける。

《R4 後-33》

〈p.142 の解答〉　**正解**　**1**(4)，**2**(2)，**3**(2)

▶解説

4 (1) 防振支持された機器や重量機器は，設計用水平標準震度の小さな<u>低層階</u>に設置することが望ましい。

したがって，適当でない。

間違いやすい選択肢 ▶ (3) 蒸発器側の冷水はブラインなどがシステム内を循環しており，コイル内部の汚れの程度はが少ないが，凝縮器側は冷却水に含まれる外気の亜硫酸ガスや塵埃が濃縮することで，スケールやスライムなどの汚れを付着しやすくするので，凝縮器側のコイルは，定期的に洗浄しなければならない。

5 (4) 壁付洗面器を軽量ボードに取り付ける際には，一般的には「<u>壁掛洗面器取付け面の両端に補強用軽量鉄骨を設置し，補強用合板を貼り，木ねじにてバックハンガーを固定する</u>。」

したがって，適当でない。

間違いやすい選択肢 ▶ (1) 受水槽の設置基準には，六面点検以外に，"受水槽上部には，排水管などの汚染の原因となる配管・機器を設置しないこと"との規定もある。

146　第 7 章　施工管理法（基礎的な知識）

●7・5・2　基礎・アンカーボルト

6　機器の据付けに関する記述のうち，**適当でないもの**はどれか。

(1)　吸収冷温水機は，運転時の振動が大きいため，一般的に，防振基礎に据え付ける。

(2)　アンカーボルトは，機器の据付け後，ボルトの頂部のねじ山がナットから 3 山程度出る長さとする。

(3)　パッケージ形空気調和機は，コンクリート基礎上に防振ゴムパッドを敷いて水平に据え付ける。

(4)　アンカーボルトを選定する場合，常時荷重に対する許容引抜き荷重は，長期許容引抜き荷重とする。

《基本問題》

7　機器の据付けに使用するアンカーボルトに関する記述のうち，**適当でないもの**はどれか。

(1)　アンカーボルトを選定する場合，常時荷重に対する許容引抜き荷重は，長期許容引抜き荷重とする。

(2)　ボルト径が M 12 以下の L 型アンカーボルトの短期許容引抜き荷重は，一般的に，同径の J 型アンカーボルトの短期許容引抜き荷重より大きい。

(3)　アンカーボルトは，機器の据付け後，ボルト頂部のねじ山がナットから 3 山程度出る長さとする。

(4)　アンカーボルトの径は，アンカーボルトに加わる引抜き力，せん断力，アンカーボルトの本数等から決定する。

《基本問題》

8　機器の据付けに関する記述のうち，**適当でないもの**はどれか。

(1)　飲料用給水タンクを設置する場合，タンク底部は，設置床から 60 cm 以上離す。

(2)　飲料用給水タンクを設置する場合，タンク上部は，天井から 100 cm 以上離す。

(3)　排水用水中ポンプを設置する場合，ポンプは，吸い込みピットの壁から 20 cm 以上離す。

(4)　排水用水中ポンプを設置する場合，ポンプは，排水槽への排水流入部に近接した位置に据え付ける。

《基本問題》

〈p.144 の解答〉　**正解**　**4** (1)，**5** (4)

7・5 機器の据付　147

▶ 解説

6 (1) 吸収式冷温水機には，回転や往復動する機器は設けられておらず，運転時の振動が小さい。運転時の振動が大きいのは，ターボ式やレシプロ式の冷凍機である。
したがって，適当でない。

間違いやすい選択肢 ▶ (2),(4) アンカーボルトに関する出題は多くあり，長期引抜き荷重と短期引抜き荷重の違いや，機器据付後のねじ山の確認（ねじ山が3山ナットから出る）などは理解しておく必要がある。

7 (2) L型，J型の短期引抜荷重は下表の通り各径で ［J型］＞［L型］である。したがって，適当でない。

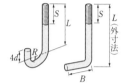
J型・L型アンカー外観

間違いやすい選択肢 ▶ (1)常時引抜き荷重は，短期荷重ではなく長期荷重を用いる。一般に短期荷重は長期荷重の1.5倍である。(3)下図の通りナットから上部に突出したねじ長さが締結強度を上げる。(4)アンカー本数決定法は，機器にかかる転倒モーメント（引抜き力）及び水平耐力（せん断方向）をアンカー1本当たりの耐力で除して，必要な本数を算出する。

単位：kN	ボルト径	ボルト埋込み長さ [mm]		
型　式	[mm]	100	150	200
J 型	M8	8.82	8.82	8.82
	M10	13.72	13.72	13.72
	M12	18.42	19.6	19.6
L 型	M8	3.14	5.19	7.15
	M10	3.92	6.47	8.92
	M12	4.70	7.74	10.68

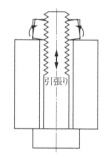
ナットが回転する向き（矢印）に変形するが，ナット上部のねじ山が，その変形を拘束するように作用する。
（出典：㈱日本プラウド）

8 (4) 排水用水中ポンプは排水流入部から"できるだけ離れた位置"が適当である。吸い込みピット内の水面が乱れ，ポンプ発停用フロートスイッチ，電極棒などへの影響を抑えることが目的である。したがって，適当でない。

間違いやすい選択肢 ▶ (1),(2)は飲料用給水タンクの六面点検に関するもので，60 cm 以上は人が容易に入れる寸法，上部のみ φ600 mm マンホールふたの開閉のため 100 cm 以上である。(3)"排水槽の底部には吸い込みピットを設け，吸い込みピットは，排水用ポンプの吸い込み管の外側及び底部から 20 cm 程度の間隔をもつ大きさとすること。"とある。

ワンポイントアドバイス　7・5・2 コンクリート・スラブ上の機械基礎構築

コンクリート上に機械基礎を構築する場合，目荒らし（削岩機などでスラブ表面を薄く削る）または穿孔してダボ筋（またはあと施工アンカー）を挿して，水平耐力（せん断力）を高める工法がある。

148　第7章　施工管理法（基礎的な知識）

7・6　配管工事

●7・6・1　配管の施工

1　配管の施工に関する記述のうち，**適当でないもの**はどれか。

(1)　ビニル管を切断する場合は，専用のカッタ又は，目の細かいのこぎりを使用する。

(2)　飲料用給水管と井水管を接続する場合は，絶縁フランジ接合とする。

(3)　排水横枝管から通気管を取り出す場合は，排水横枝管の中心線から垂直上方ないし垂直上方から45°以内の角度で取り出す。

(4)　機器や器具の構造により，吐水口空間が確保できない場合には，バキュームブレーカーを設置する。
《R6後-34》

2　配管の施工に関する記述のうち，**適当でないもの**はどれか。

(1)　冷媒配管の銅管の接合には，差込接合（ろう付け），フランジ接合，フレア接合がある。

(2)　水道用硬質塩化ビニルライニング鋼管のねじ接合においては，配管切断後，ライニング部の面取りを行う。

(3)　排水立て管は，下層階に行くに従い，途中で合流する排水量に応じて管径を大きくする。

(4)　給水管の埋設深さは，私道内の車両通路（重車両通路部は除く。）では600 mm以上とする。
《基本問題》

3　配管の施工に関する記述のうち，**適当でないもの**はどれか。

(1)　汚水槽の通気管は，その他の排水系統の通気立て管を介して大気に開放する。

(2)　給水管の分岐は，チーズによる枝分かれ分岐とし，クロス形の継手は使用しない。

(3)　飲料用の受水タンクのオーバーフロー管は，排水口空間を設け，間接排水とする。

(4)　給水横走り管から上方へ給水する場合は，配管の上部から枝管を取り出す。
《基本問題》

4　配管及び管配附属品の施工に関する記述のうち，**適当でないもの**はどれか。

(1)　給水立て管から各階への分岐管には，分岐点に近接した部分に止水弁を設ける。

(2)　雑排水用に配管用炭素鋼鋼管を使用する場合は，ねじ込み式鋼管製管継手で接続する。

(3)　パイプカッターは，管径が小さい銅管やステンレス鋼管の切断に使用される。

(4)　地中で給水管と排水管を交差させる場合は，給水管を排水管より上方に埋設する。
《基本問題》

〈p.146の解答〉　**正解**　**6**(1)，**7**(2)，**8**(4)

▶解説

1 (2) 飲料用給水管と井水管との接続は，クロスコネクションという水汚染の原因となるため禁止されているので，接続してはならない。したがって適当でない。

間違いやすい選択肢 ▶ (4) 負圧発生を防止するためのバキュームブレーカ（逆流防止装置）には，大気圧式と圧力式の2種類があることに，注意が必要となる。

2 (3) 排水立て管は，どの階においても，最下階の最も大きい排水負荷を負担する部分の管径と，同一とするとされている。したがって，適当でない。

間違いやすい選択肢 ▶ (4) 道路法施行令の規定に準じて，重量物の通過以外に，他の外圧による折損事故による漏水を防止する観点から，私道を含む道路では，600 mm以上とされている。

3 (1) 汚水槽の通気管は，排水流入時の正圧の緩和，ポンプ排水時の負圧の緩和が役割であり，重力式排水システムに設ける通気管とは機能が異なる。したがって，両者を結合すると重力式排水が阻害される恐れがある。したがって，適当でない。

間違いやすい選択肢 ▶ (2)クロス型継手はスプリンクラー配管等に使用されるが，給水管には使われることはない。(3)飲料用水槽の汚染防止措置の1つとして，タンクからの排水は間接排水とする。

4 (2) ねじ込み式鋼管製管継手（JIS B 2301）は空調配管など圧力がかかる配管で使用する。雑排水管では，排水用ねじ込み式鋳鉄製管継手（JIS B 2303）を使用する。管をねじ込んだときに継手と管の段差ができないので，排水中の固形物等が滞留しにくい形状になっている（右図参照）。したがって，適当でない。

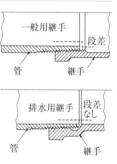

鋼管のねじ込継手

間違いやすい選択肢 ▶ (1)階ごとの系統分けは，水圧試験時，建物運用時の管理に用いる。(3)パイプカッターは刃を少しずつ喰い込ませて切断する工具で，小口径かつ管厚の薄い管に使用できる。(4)排水管が漏水した場合に，給水管周囲の土砂が汚染されるおそれがある。

150　第7章　施工管理法（基礎的な知識）

5 配管及び配管付属品の施工に関する記述のうち，**適当でないもの**はどれか。
(1)　FRP製受水タンクに給水管を接続する場合，変位吸収管継手を用いて接続する。
(2)　ねじ込み式鋼管製管継手（白）は，水道用硬質塩化ビニルライニング鋼管の接合に使用される。
(3)　単式伸縮管継手を取り付ける場合，伸縮管継手の本体は固定しない。
(4)　冷媒用フレア及びろう付け管継手は，冷媒用の銅管の接合に使用される。

《基本問題》

●7・6・2　配管及び付属品の施工

6 配管及び配管附属品の施工に関する記述のうち，**適当でないもの**はどれか。
(1)　私道内の車両通路では，給水管の埋設深さを600 mm以上とする。
(2)　冷媒管は，配管完了後，冷媒の充填を行う前に気密試験及び真空脱気を行う。
(3)　通気管は，排水横枝管の上部から，垂直ないし45°以内の角度で取り出す。
(4)　飲料用給水タンクに設ける間接排水管の排水口空間は，最小100 mmとする。

《R6前-34》

7 配管及び配管附属品の施工に関する記述のうち，**適当でないもの**はどれか。
(1)　配管用炭素鋼鋼管を雑排水系統に使用する場合，配管用鋼製突合せ溶接式管継手で接続する。
(2)　給水用の塩ビライニング鋼管に用いる仕切弁には，管端防食ねじ込み形弁がある。
(3)　鋼管の突合せ溶接による接合は，開先加工等を行い，ルート間隔を保持して行う。
(4)　排水・通気用耐火二層管の接合には，接着接合，ゴム輪接合（伸縮継手用）がある。

《R5後-34》

8 配管及び配管附属品の施工に関する記述のうち，**適当でないもの**はどれか。
(1)　地中埋設配管で給水管と排水管が交差する場合には，給水管を排水管より上方に埋設する。
(2)　絶縁フランジ接合は，鋼管とステンレス鋼管を接続する場合等に用いられる。
(3)　給水管を地中埋設配管にて建物内へ引き込む部分には，防護継手を設ける。
(4)　排水管の満水試験の保持時間は，最小30分とする。

《R5前-34》

〈p.148の解答〉　**正解**　**1**(2)，**2**(3)，**3**(1)，**4**(2)

▶解説

5 (2) 水道用硬質塩化ビニルライニング鋼管の接合に使用する継手は、ねじ込み式可鍛鋳鉄製管継手（白）（JIS B 2301）ではなく、<u>水道用ライニング鋼管用ねじ込み式管端防食管継手（JWWA K 150）を用いる</u>。標準仕様書（機械）表 2.2.7 給水、給湯及び消火管の継手を参照のこと。したがって、適当でない。

間違いやすい選択肢 ▶ (3)伸縮継手（単式・複式）の支持方法は下図の通りである（単式には固定用金具がない）。いずれにしても伸縮継手本体の堅固な支持が基本である。(4)"冷媒用フレア及びろう付け管継手"は JIS B 8607 の規格名称で、両者はこの規格に定義されている（最下図参照）。

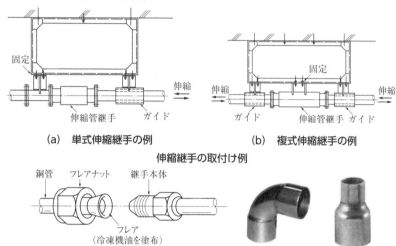

(a) 単式伸縮継手の例　　(b) 複式伸縮継手の例
伸縮継手の取付け例

（左）フレアナットの例　　（右）ろう付け継手の例
JIS B 8607 に規定する冷媒用フレア及びろう付け管継手

6 (4) 標準仕様書（機械）第2章 2.4.8 排水及び通気配管の(3)「間接排水管は、飲料用の貯水槽の場合は<u>最小 150 mm 以上</u>）を保持して開口しなければならない。」とされている。したがって、適当でない。

間違いやすい選択肢 ▶ (2) 冷媒管のろう付け及び溶接作業は、酸化防止のため配管内に不活性ガスを通しながら行う等の対策が必要なので理解しておくこと。

7 (1) 標準仕様書（機械）第2章 2・5・2 鋼管 2・5・2・1 の(イ)にて「排水及び通気の場合は、<u>ねじ接合又は排水鋼管用可とう接手（MD ジョイント）</u>とする」とされている。したがって、適当でない。

間違いやすい選択肢 ▶ (2) 塩ビライニング鋼管でのねじ接合では、材質の異なる弁を接続する際には、管端部（ねじ先端部）での腐食を防止するために、管端防食ねじ込み形弁を採用する。

8 (3) 土中埋設された給水管を建物内へ引き込む際には、地盤沈下などに対応するため、防振継手でなくフレキシブルジョイントなど<u>変位吸収継手</u>を設ける。(標準図(機械)施工 4)
したがって、適当でない。

間違いやすい選択肢 ▶ (4) 各階の排水立て管では、満水試験継手を設け、各階横枝管の排水設備口を閉塞し、0.3 MPa の水圧をかけて試験を行う。

152 第7章 施工管理法（基礎的な知識）

9 配管及び配管附属品の施工に関する記述のうち，**適当でないもの**はどれか。

(1) 呼び径 100 の屋内横走り排水管の最小勾配は，$\frac{1}{200}$ とする。

(2) 排水トラップの封水深は，50 mm 以上 100 mm 以下とする。

(3) 便所の床下排水管は，一般的に，勾配を考慮して排水管を給水管より先に施工する。

(4) 3 階以上にわたる排水立て管には，各階ごとに満水試験継手を取り付ける。

《R4 後-34》

10 配管及び配管付属品の施工に関する記述のうち，**適当でないもの**はどれか。

(1) 水道用硬質塩化ビニルライニング鋼管のねじ接合において，ライニング部の面取りを行う。

(2) 硬質ポリ塩化ビニル管を横走り配管とする場合，管径の大きい鋼管から吊りボルトで吊ることができる。

(3) 給水栓には，クロスコネクションが起きないように吐水口空間を設ける。

(4) 給水用の仕切弁には，管端防食ねじ込み形弁等がある。

《基本問題》

〈p.150 の解答〉 **正解** **5**(2)，**6**(4)，**7**(1)，**8**(3)

▶解説

9 (1) 排水横枝管，排水横主管の最小勾配は，管径別に定められており，呼び径100の最小勾配は1/100とされている。したがって，適当でない。

間違いやすい選択肢 ▶ (4) 標準仕様書(機械)の「2.2.8 排水及び通気配管」にて，「(f) 3階以上にわたる汚水排水立て管には，各階ごとに満水試験継手を取り付ける」と規定されている。

排水横枝管，排水横主管の最小勾配 (SHASE-S 206)

管径 [mm]	最小勾配
65以下	1/50
75, 100	1/100
125	1/150
150〜300	1/200

10 (2) 硬質塩化ビニルライニング鋼管に関わらず，配管を支点に配管を吊る"共吊り"は，吊元となる配管に応力がかかりねじ部などで漏水しやすくなるのでやってはならない。したがって，適当でない。

間違いやすい選択肢 ▶ (1)ライニング部の面取りは左図のようにライニング厚さの1/2程度である。(3)吐水口空間は吐水口と給水器具等のあふれ縁の距離で汚染防止の基本である。吐水口の口径，近接壁の数と距離で規定されている。(4)給水系統に用いるねじ込み式弁類は，管端防食コア付のもの（右下図）を用いる。

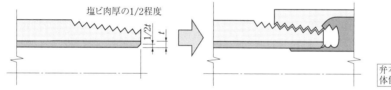

ライニング鋼管の適正な面取り（左：管の面取り部分 右：締結後の様子）
（積水化学工業 web サイトより）

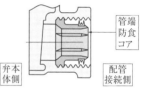

管端防食コア入り弁端部
（Kitz' web サイトより）

154　第7章　施工管理法（基礎的な知識）

7・7 ダクト工事

●7・7・1　ダクトの施工

1

ダクト及びダクト附属品の施工に関する記述のうち，**適当でないもの**はどれか。

(1)　送風機とダクトを接続するたわみ継手の両端のフランジ間隔は，150 mm 以上とする。

(2)　共板フランジ工法ダクトとアングルフランジ工法ダクトでは，横走りダクトの許容最大吊り間隔は同じである。

(3)　風量調整ダンパーは，原則として，気流の整流されたところに取り付ける。

(4)　長方形ダクトのかどの継目（はぜ）は，ダクトの強度を保つため，原則として，2箇所以上とする。

《基本問題》

2

ダクト及びダクト附属品に関する記述のうち，**適当でないもの**はどれか。

(1)　保温するダクトが防火区画を貫通する場合は貫通部の保温材はロックウール保温材とする。

(2)　送風機の接続ダクトに取り付ける風量測定口は，送風機の吐出し口の直近に取り付ける。

(3)　フレキシブルダクトは，吹出口ボックス及び吸込口ボックスの接続用に使用してもよい。

(4)　共板フランジ工法ダクトの施工において，クリップ等のフランジ抑え金具は再使用しない。

《基本問題》

3

ダクトの施工に関する記述のうち，**適当でないもの**はどれか。

(1)　ダクトの吊りボルトが長い場合には，振れ止めを設ける。

(2)　浴室等の多湿箇所からの排気ダクトには，継手及び継目（はぜ）の外側からシールを施す。

(3)　保温を施すダクトには，ダクトの寸法にかかわらず，形鋼による補強は不要である。

(4)　アングルフランジ工法ダクトのガスケットには，フランジ幅と同一幅のものを用いる。

《基本問題》

〈p.152 の解答〉 **正解** **9** (1)， **10** (2)

▶ 解説

1 (2) 標準仕様書（機械）には下表のように記載されており，接続工法によって横走りダクトの支持間隔は異なる。したがって，適当でない。

間違いやすい選択肢 ▶ (1)フランジ間隔が狭すぎるとダクト相互の心ずれを吸収，防振する機能を果たせない。(3)風量調整ダンパー（VD）はファン近傍など乱流や脈動部への取付は避ける。

標準仕様書（機械）による横走りダクト接続工法ごとの吊り間隔

ダクトの接続工法		横走りダクト支持間隔	標準仕様書（機械）の掲載項
アングルフランジ工法		3,640 mm 以下	2.2.2 アングルフランジ工法ダクト 2.2.2.5 ダクトの吊り及び支持
コーナーボルト工法	スライドオンフランジ工法	3,000 mm 以下	2.2.3 コーナーボルト工法ダクト 2.2.3.6 ダクトの吊り及び支持
	共板フランジ工法	2,000 mm 以下	

2 (2) 風量測定口は送風機直近の乱流部を避け，層流に近くなる直管部が適している。したがって，適当でない。

間違いやすい選択肢 ▶ (1)右図のように区画貫通部の隙間を不燃材料で穴埋めする際は，ロックウールが使われる。(3)材料が不燃であればダクトと吹出口ボックス間の接続は防火区画貫通部を除き金属製である必要はない。

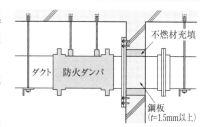

ダクトの防火区画貫通部処理例

3 (3) 標準仕様書（機械） 2.2.2.4 ダクトの補強などには，保温を施さないダクトの補強方法の特記があるが，保温のあるダクトに関する記述はない。緩和規定はないので補強が必要である。したがって，適当でない。

間違いやすい選択肢 ▶ (1)標準仕様書（機械） 2.2.4.2 ダクトの吊り及び支持(ウ)には"横走り主ダクトは，12 m 以下ごとに，標準図（中略）に準じた振れ止め支持を行う"とあり，吊りボルト長には無関係に振れ止め支持は必要とある。(2)同 2.2.1 一般事項(6)に"厨房，浴室等の多湿箇所の排気ダクトは，標準図の通りダクト外側から施工する（下図参照）。

156 第7章 施工管理法（基礎的な知識）

●7・7・2 ダクト及びダクト付属品の施工

4 ダクト及びダクト附属品の施工に関する記述のうち，**適当でないもの**はどれか。

(1) フレキシブルダクトは，一般的に，ダクトと制気口ボックスの接続等に用いられる。

(2) シーリングディフューザー形吹出口は，内コーンを上下させることにより，冷房時や暖房時に適した気流に変更できる。

(3) ユニバーサル形吹出口は，シャッターを開閉させて風向調整を行う。

(4) 風量測定口は，送風機の吐出し部，ダンパー等のすぐ下流部には取り付けない。

《R6 後-35》

5 ダクト及びダクト附属品の施工に関する記述のうち，**適当でないもの**はどれか。

(1) ダクトに設けるリブ補強は，ダクトの変形や騒音及び振動の発生を防止するために設ける。

(2) 外壁を貫通するダクトとスリーブとの隙間は，バックアップ材等を充填し，シーリング材にて水密を確保する。

(3) 共板フランジ工法ダクトとアングルフランジ工法ダクトでは，横走りダクトの許容最大吊り間隔は同じである。

(4) 厨房の排気ダクトには，ダクト内の点検ができるように点検口等を設ける。

《R6 前-35》

6 ダクト及びダクト附属品の施工に関する記述のうち，**適当でないもの**はどれか。

(1) 長辺が 300 mm 以下の防火ダンパーの支持は，2 点吊りとする。

(2) スパイラルダクトの差込み接合では，継手をビスで固定しダクト用テープで 1 重巻きを行う。

(3) 厨房の排気フードの吊りは，4 隅のほか 1,500 mm 以下の間隔で行う。

(4) 浴室の排気ダクトは，排気ガラリに向けて下がり勾配とするか，水抜きを設ける。

《R5 後-35》

7 ダクト及びダクト附属品の施工に関する記述のうち，**適当でないもの**はどれか。

(1) 変風量 (VAV) ユニットを天井内に設ける場合は，制御部を点検できるようにする。

(2) フレキシブルダクトを使用する場合は，有効断面を損なわないよう施工する必要がある。

(3) 厨房の排気は，油等が含まれるため，ダクトの継目及び継手にシールを施す。

(4) コーナーボルト工法は，フランジ押え金具で接合するので，ボルト・ナットを必要としない。

《R5 前-35》

〈p.154 の解答〉 **正解** **1**(2)，**2**(2)，**3**(3)

▶解説

4 (3) 標準仕様書（機械）1.15.3.2 ユニバーサル形にて，ユニバーサル吹出口のシャッターは，風向ではなく風量を調整するために設置する。
したがって，適当でない。

間違いやすい選択肢 ▶ (1) フレキシブルダクトは，ダクトと制気口ボックスとの変位の吸収や，若干の消音効果を期待して採用される。

5 (3) 共板フランジ工法ダクトの横走りダクトの支持間隔は 2,000 mm 以下で，アングルフランジダクトでは 3,640 mm 以下とされており，横走りダクトの支持間隔は異なる。
したがって，適当でない。

間違いやすい選択肢 ▶ (1) ダクトの補強には，リブ補強と型鋼補強の 2 種類がある。

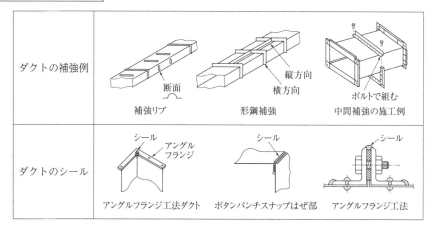

6 (2) スパイラルダクトの差込み接合では，継手をビスで固定しダクト用テープで 2 重巻きとされている。（標準図（機械）施工 43）
したがって，適当でない。

間違いやすい選択肢 ▶ (1) 基本としては長方形，円形とも防火ダンパは 4 本吊りとし，長辺 300 mm 以下，内径が 300 mm 以下の場合は 2 本吊りとする。（標準図（機械）施工 42）

7 (4) コーナーボルト工法は，ダクト本体を成形加工してフランジにし，4 隅のボルト・ナットと専用のフランジ押さえ金具（クリップ等）で接続する。（標準図（機械）施工 44）
したがって，適当でない。

間違いやすい選択肢 ▶ (1) 機械設備工事監理指針の第 3 編第 3 節 2.3.4 にて，ユニットの制御部（電気配線側）を容易に点検できる位置に天井点検口を設けるとされている。

158 第7章 施工管理法（基礎的な知識）

8 ダクト及びダクト附属品の施工に関する記述のうち，**適当でないもの**はどれか。

(1) 給排気ガラリの面風速は，騒音の発生等を考慮して決定する。

(2) ダクトの断面を変形させるときの縮小部の傾斜角度は，30度以下とする。

(3) 送風機の接続ダクトに風量測定口を設ける場合は，送風機の吐出し口の直後に取り付ける。

(4) 浴室等の多湿箇所の排気ダクトは，一般的に，その継目及び継手にシールを施す。

《R4 後-35》

〈p.156 の解答〉 **正解** **4**(3)，**5**(3)，**6**(2)，**7**(4)

7・7 ダクト工事　159

▶ **解説**

8 (3)　ダクトに取り付ける風量測定口は，直管部分で気流が<u>整流されている所</u>とされており，送風機の吐出し口直後のような，気流が乱れている箇所は設けない。

　　　したがって，適当でない。

間違いやすい選択肢 ▶ (2)ダクトを拡大する場合は，15度以下の拡大角度で，縮小する場合は30度以下の縮小角度とされている。

施工管理法（基礎的な知識）

160 第7章 施工管理法（基礎的な知識）

7・8 保温，保冷，塗装工事

1 保温及び塗装に関する記述のうち，**適当でないもの**はどれか。

(1) 保温の厚さは，保温材のみの厚さとし，補助材及び外装材の厚さは含まない。

(2) 塗装場所の相対湿度が 85% 以上の場合，原則として塗装を行わない。

(3) 冷水配管を吊りバンドで支持する場合は，合成樹脂製支持受けを使用する。

(4) 給水ポンプ回りの防振継手は，原則として保温を行う。

《R6 後-36》《R5 後-36》

2 保温及び塗装に関する記述のうち，**適当でないもの**はどれか。

(1) グラスウール保温材は，ポリスチレンフォーム保温材に比べて，防湿性が優れている。

(2) シートタイプの合成樹脂製カバーの固定は，専用のピンを使用する。

(3) 配管用炭素鋼鋼管（白）の下塗り塗料は，変性エポキシ樹脂プライマーを使用する。

(4) 露出配管の上塗り塗料は，合成樹脂調合ペイント等を使用する。

《R6 前-36》

3 保温及び塗装に関する記述のうち，**適当でないもの**はどれか。

(1) 露出配管の上塗り塗料は，一般的に，合成樹脂調合ペイント等を使用する。

(2) シートタイプの合成樹脂製カバーの固定は，専用のピンを使用する。

(3) 配管用炭素鋼鋼管（白）は，下塗り塗料として変性エポキシ樹脂プライマーを使用する。

(4) グラスウール保温材は，ポリスチレンフォーム保温材に比べて，防湿性が優れている。

《R5 前-36》

4 塗装に関する記述のうち，**適当でないもの**はどれか。

(1) 塗料の調合は，原則として，工事現場で行う。

(2) 塗装の工程間隔時間は，材料の種類，気象条件等に応じて定める。

(3) 塗装場所の気温が 5℃ 以下の場合，原則として，塗装は行わない。

(4) 下塗り塗料としては，一般的に，さび止めペイントが使用される。

《R4 後-36》

〈p.158 の解答〉 **正解** **8** (3)

7・8 保温, 保冷, 塗装工事　161

▶解説

1 (4) 標準仕様書（機械）「第3章　第2編　3.1.5 給排水衛生設備工事の保温　注5の(イ)」にて，給水管では，ポンプ周りの防振接手に保温を行わないとされている。
したがって，適当でない。

間違いやすい選択肢 ▶ (3) 冷水配管は，結露による外面からの腐食を防止するために，合成樹脂製支持受けを採用する。

2 (1) 機械設備工事監理指針の「第3章　保温，塗装及び防錆工事　3.1.1」にて，ポリスチレンフォーム保温材の防湿性はグラスウール保温材よりも優れている。
したがって，適当でない。

間違いやすい選択肢 ▶ (1) 標準仕様書（機械）「第3章　保温，塗装及び防錆工事　3.2.1.4塗装　表2.3.10 各塗装箇所の塗料の種別及び塗り回数」より。露出配管（蒸気管は除く）では合成樹脂調合ペイントとされている。

3 (4) 機械設備工事監理指針の「第3章　保温，塗装及び防錆工事　3.1.1」にて，ポリスチレンフォーム保温材の防湿性はグラスウール保温材よりも優れている。
したがって，適当でない。

間違いやすい選択肢 ▶ (1) 標準仕様書（機械）「第3章　保温，塗装及び防錆工事　第2節　表2.3.10給　各塗装箇所の塗料の種別及び塗り回数」より，隠ぺい部では，さび止めペイントとされている。

4 (1) 標準仕様書（機械）の第3章　保温塗装及び防錆工事　3.2.1.1にて，"塗料は，原則として，調合された塗料をそのまま使用する"と定められており，工事現場での調合は行わない。したがって，適当でない。

間違いやすい選択肢 ▶ (3)同標準仕様書（機械）にて，"(i)塗装作業環境として，気温が5℃以下，湿度が85％以上，換気が十分でなく，結露する等，塗料の乾燥に不適当な場合は，原則として塗装を行ってはならない"とあり，これらの条件は覚えておく必要がある。

ワンポイントアドバイス　7・8 保温，保冷，塗装工事

① 冷温水管の保温は，水圧試験を実施し漏れがないことを確認してから行い，配管の吊りバンドは，結露による外面からの腐食を防ぐために，合成樹脂製の支持受け付き支持金物を用いる。（右図参照）

② ポリエチレンフォームやフポリエチレンフォームは，内部に独立した気泡を有した樹脂系保温材で，グラスウールなどの繊維質保温材に比べて，透湿性や吸水率が小さい。

合成樹脂の支持受け付支持金物の例

162 第7章 施工管理法（基礎的な知識）

5 保温，保冷，塗装等に関する記述のうち，**適当でないもの**はどれか。

(1) 冷温水配管の吊りバンドの支持部には，合成樹脂製の支持受けを使用する。

(2) 天井内に隠ぺいされる冷温水配管の保温は，水圧試験後に行う。

(3) アルミニウムペイントは，蒸気管や放熱器の塗装には使用しない。

(4) 塗装場所の相対湿度が 85% 以上の場合，原則として，塗装を行わない。

《R4 前-36》

6 保温・防錆・塗装に関する記述のうち，**適当でないもの**はどれか。

(1) ロックウール保温材は，グラスウール保温材に比べて，使用できる最高温度が低い。

(2) 塗装は塗料の乾燥に適した環境で行い，溶剤による中毒を起こさないように換気を行う。

(3) 鋼管のねじ接合における余ねじ部及びパイプレンチ跡には，防錆塗料を塗布する。

(4) 防火区画を貫通する不燃材料の配管に保温が必要な場合，当該貫通部の保温にはロックウール保温材を使用する。

《基本問題》

〈p.160 の解答〉 **正解** **1**(4)， **2**(1)， **3**(4)， **4**(1)

7・8 保温，保冷，塗装工事 163

▶解説

5 (3) 標準仕様書（機械）の第3章　保温塗装及び防錆工事　3.2.1.4 にて，"蒸気管及び同用継手（黒管）の塗料の種別がアルミニウムペイント"と定められている。
　　したがって，適当でない。

6 (1) ロックウール保温材の最高使用温度は約 600℃ で，グラスウール保温材は 200℃ であり，ロックウールが最高温度が高い。
　　したがって，適当でない。

　間違いやすい選択肢 ▶ (3) 鋼管の余ねじ部やパイプレンチ跡の防錆塗装は，2 回塗りとするので注意が必要である。

164　第7章　施工管理法（基礎的な知識）

7・9　試験・検査

1　「測定対象」と「測定機器」の組合せのうち，**適当でないもの**はどれか。

　　　［測定対象］　　　　　　　［測定機器］
(1)　室内気流 ———————— 熱線風速計
(2)　温湿度 ———————— アスマン通風乾湿計
(3)　浮遊粉じん ———————— デジタル粉じん計
(4)　騒音 ———————— 検知管

《R6 後-38》

2　JIS で規定されている配管系の識別表示について，管内の「物質の種類」とその「識別色」の組合せのうち，**適当でないもの**はどれか。

　　　［物質の種類］　　　　　［識別色］
(1)　蒸気 ———————— 青
(2)　ガス ———————— うすい黄
(3)　油 ———————— 茶色
(4)　電気 ———————— うすい黄赤

《R5 前-38》

3　空気調和設備の試運転調整における測定対象と測定機器の組合せのうち，**適当でないもの**はどれか。

　　　（測定対象）　　　　　　（測定機器）
(1)　ダクト内圧力 ———— 直読式検知管
(2)　ダクト内風量 ———— 熱線風速計
(3)　室内温湿度 ———— アスマン通風乾湿計
(4)　室内気流 ———————— カタ計

《R4 後-38》

〈p.162 の解答〉 **正解** **5** (3)，**6** (1)

▶解説

1 (4) 騒音測定には，サウンドレベルメータを用いる。したがって，適当でない。

間違いやすい選択肢 ▶ 検知管方式による室内環境の計測では，「建築物における衛生的環境の確保に関する法律施行規則」により一酸化炭素の含有率と二酸化炭素の含有率の2種類である。

2 (1) JIS Z 9102「配管系の識別表示」によると，蒸気配管は暗い赤であり青ではない。
したがって，適当でない。

物質の種類とその識別色
（JIS Z 9102）

物質の種類	識別色
水	青
蒸気	暗い赤
空気	白
ガス	うすい黄
酸又はアルカリ	灰紫
油	茶色
電気	うすい黄赤

3 (1) 直読式検知管は，検知管式ガス測定器に使用されるもので，ダクト内圧力の測定には，ピトー管が使用される。したがって，適当でない。

間違いやすい選択肢 ▶ (4)カタ計は，屋内で10 cm/s程度の微風速の気流の検出に適した構造特性を持つことから，主に微風速計として利用されている。

ワンポイントアドバイス 7・9 試験・検査

出題された測定機器は次のようなものである。

直読式検知管　　熱線風速計　　アスマン通風湿度計　　カタ計（カタ温度計）

166　第 7 章　施工管理法（基礎的な知識）

---

4 機器又は配管とその試験方法の組合せのうち，**適当でないもの**でないものはどれか。

　　　（機器又は配管）　　　　　（試験方法）

(1)　建物内排水管 ——————— 通水試験

(2)　敷地排水管 ——————— 通水試験

(3)　浄化槽 ——————— 満水試験

(4)　排水ポンプ吐出し管 ——— 満水試験

《基本問題》

---

5 自然流下の排水設備の試験として，**適当でないもの**はどれか。

(1)　満水試験

(2)　通水試験

(3)　煙試験

(4)　水圧試験

《基本問題》

〈p.164 の解答〉　**正解**　**1** (4)，**2** (1)，**3** (1)

7・9 試験・検査　167

▶ 解説

4 (4)　排水ポンプ吐出し管は，水圧と振動がかかるので，満水試験ではなく<u>水圧試験が必要</u>である。したがって，適当でない。

間違いやすい選択肢 ▶ (3)浄化槽は満水試験 24 時間で水位が下がらないことを確認する。現場施工形，ユニット形（FRP）いずれも浮き上がり防止のため，施工中から常時水を入れる。

5 (4)　<u>自然流下の排水設備では(4)の水圧試験は実施しない。</u>したがって，適当でない。

間違いやすい選択肢 ▶ (1)　標準仕様書（機械）第 2 節　施工の 2.2.2 の(2)配管の試験（イ）には"<u>汚水管及び汚泥管は，満水試験として，保持時間は最小 30 分といる</u>"と記載がある。各階立て管に満水試験継手を設け，各階横枝管の排水設備口を閉塞し，0.3 MPa の水圧をかけるが，水圧試験とは呼んでいない。

施工管理法 基礎的な知識

168　第7章　施工管理法（基礎的な知識）

7・10　試運転調整

1 試運転調整に関する記述のうち，**適当でないもの**はどれか。

(1) 多翼送風機は，軸受の温度を確認する。

(2) 渦巻ポンプは，吐出し側の弁を全開から徐々に閉じて流量調整を行う。

(3) ボイラーは，地震感知装置による燃料停止の作動を確認する。

(4) 冷凍機は，関連機器とのインターロックを確認してから起動する。

《R6 後-37》

2 多翼送風機の試運転調整に関する記述のうち，**適当でないもの**はどれか。

(1) 瞬時運転し，回転方向を確認する。

(2) 風量調整は，風量調整ダンパーが全開となっていることを確認してから開始する。

(3) 風量は，過電流に注意しながら規定風量に調整する。

(4) Ｖベルトは，指で押したときベルトの厚さ程度たわむことを確認する。

《R6 前-37》

3 試運転調整に関する記述のうち，**適当でないもの**はどれか。

(1) 渦巻ポンプは，機器及び配管系統のエア抜きをした後に行う。

(2) 高置タンク方式の給水設備では，高置タンクに最も近い水栓で残留塩素の測定を行う。

(3) 揚水ポンプは，水位による発停や警報の発報を確認する。

(4) 屋外騒音の測定は，冷却塔等の騒音の発生源となる機器を運転して，敷地境界線上で行う。

《R6 前-38》

4 風量調整等に関する記述のうち，**適当でないもの**はどれか。

(1) 吹出口や吸込口の風量測定を行う場合は，補助ダクトを用いて行う。

(2) ダクト内の風量は，ダクト内の風速を測定して求める。

(3) 風量調整は，給排気口のシャッターや分岐部の風量調整ダンパーを全閉にした後に行う。

(4) 風量調整は，機器の試験成績表，ダクト図，風量計算書等を用いて行う。

《R5 後-38》

〈p.166 の解答〉　**正解**　**4** (4)，**5** (4)

7・10 試運転調整 169

5 渦巻ポンプの試運転調整に関する記述のうち，**適当でないもの**はどれか。

(1) ポンプを手で回して回転むらがないか確認する。

(2) 瞬時運転を行い，ポンプの回転方向を確認する。

(3) メカニカルシール部からの水滴の滴下が一定量継続してあることを確認する。

(4) 軸受温度が周囲空気温度より過度に高くなっていないことを確認する。

《R5 後-37》

▶ **解説**

1 (2) 渦巻ポンプの水量調整は，吐出し側の弁を全閉から徐々に開いて調整する。

したがって，適当でない。

間違いやすい選択肢 ▶ (4) 冷凍機の試運転調整では，停止サーモスタットの設定値が冷水温度以下であることを確認することも重要である。

2 (2) 送風機の風量調整は，風量調整ダンパーを全閉から徐々に開いて調整する。

したがって，適当でない。

間違いやすい選択肢 ▶ (4) 送風機のVベルト調整では，Vベルトが下張り状態であることを確認し，上部のVベルトを押したときに規定のたわみが量が確保されていることを確認する。

3 (2) 給水系統での残留塩素濃度の測定は，系統別のに末端給水栓において実施する。

したがって，適当でない。

間違いやすい選択肢 ▶ (3) 揚水ポンプ系統での高置水槽の水位調整は，満水に至ったことを感知する電極からの信号を受けてもポンプが停止しないときには，満水警報用の電極からの信号で警報が発報する。

4 (3) 風量調整は，風量調整ダンパーを全閉にした後に行う。

したがって，適当でない。

間違いやすい選択肢 ▶ (4) 試運転調整時での機器の風量は，運転時の電流値と試験成績表から確認しなければならないので，注意が必要。

5 (3) メカニカルシールは，僅かな水滴が蒸発することで，軸封部を冷却する。水滴の滴下はあってはならない。なお，グランドパッキンでは，一定量の水滴の滴下により，軸封部を冷却する。

したがって，適当でない。

間違いやすい選択肢 ▶ (1) ポンプ設置後に，芯ずれや面開き（面間誤差）が生じていないことを確認するために，手回しで回転させる。

ワンポイントアドバイス 7・10 試運転調整

飲料用タンク，ポンプ及び送風機の試運転調整は過去にも頻出しているので，よく覚えておくとよい。

170　第 7 章　施工管理法（基礎的な知識）

6 渦巻ポンプの試運転調整に関する記述のうち，**適当でないもの**はどれか。
(1) 軸受け部の温度と周囲の空気との温度差が，基準値以内であることを確認する。
(2) インバータ制御の場合は，回転数を徐々に上げながら規定風量となるように調整する。
(3) Ｖベルトがたわみなく強く張られた状態であることを確認する。
(4) 送風機を手で回し，異常のないことを確認する。

《R5 前-37》

7 吐出しダンパーにより風量を調整する多翼送風機の試運転調整における一般的な実施順序として**適当なもの**はどれか。

A：手元スイッチで瞬時運転し，回転方向を確認する。
B：吐出しダンパーを全開にする。
C：吐出しダンパーを全閉にする。
D：送風機を運転する。
E：軸受温度を点検する。
F：吐出しダンパーを徐々に開いて規定風量に調節する。
G：吐出しダンパーを徐々に閉じて規定風量に調節する。

(1) A→B→D→G→E
(2) A→B→D→E→G
(3) B→A→D→G→E
(4) C→A→D→F→E

《基本問題》

▶ 解説

6 (3) 多翼送風機のＶベルトの張り具合は，停止時にＶベルトを指で押したときに，<u>10 mm 程度たわむ状態</u>であることを確認する。
したがって，適当でない。

間違いやすい選択肢 ▶ (4) 三相交流モータでは，R 相，S 相，T 相が正しく配線されていないと，逆回転するため，手回しで回転方向に異常がないことを確認する。

7 (4) 送風機の試運転は，先ず吐出ダンパーを全閉にし，起動スイッチを入れてすぐに切り，回転方向を確認する。次に，送風機を連続運転し，吐出ダンパーを徐々に開いて規定風量になるよう調整する。最後に，軸受け温度や異音の有無を確認する。したがって，(4) の順が適当である。

〈p.168～p.169 の解答〉　**正解**　**1** (2)，**2** (2)，**3** (2)，**4** (3)，**5** (3)
〈p.170 の解答〉　**正解**　**6** (3)，**7** (4)

第8章
設備関連法規

8・1 ▶ 労働安全衛生法	——————	174
8・2 ▶ 労働基準法	——————	182
8・3 ▶ 建築基準法	——————	190
8・4 ▶ 建設業法	——————	198
8・5 ▶ 消防法	——————	206
8・6 ▶ 廃棄物の処理及び清掃に関する法律	——	212
8・7 ▶ その他の法令	——————	218

設備関連法規

過 去 の 出 題 傾 向

- 設備関連法規は，選択問題で10問のうちから8問を選択する。8問以上解答すると，減点の対象となるので注意したい。
- 内訳は，建築基準法・建設業法は毎年2問，労働安全衛生法・労働基準法・消防法・廃棄物の処理及び清掃に関する法律は毎年1問，騒音規制法は，毎年0～1問出題される。
- 例年，各設問はある程度限られた範囲から繰り返しの出題となっているので，過去問題から傾向を把握しておくこと。令和6年度も大きな出題傾向の変化はなかったので，令和7年度に出題が予想される項目について重点的に学習しておくとよい。

172 第8章 設備関連法規

●過去5回の出題内容と出題箇所●

出題内容・出題数	年度（和暦）	令和					計
		6後期	6前期	5後期	5前期	4後期	
8・1　労働安全衛生法	1. 労働安全衛生管理	1		1	1	1	4
	2. 作業主任者，就業制限		1				1
8・2　労働基準法	1. 労働条件	1	1	1	1	1	5
	2. 未成年者						
8・3　建築基準法	1. 建築の用語	1	1	1	1	1	5
	2. 建築設備（配管設備他）	1	1	1	1	1	5
8・4　建設業法	1. 建設業の許可及び請負契約	1	1	1	2	1	6
	2. 主任技術者と監理技術者，建設業	1	1	1			4
8・5　消防法	1. 危険物の区分及び指定数量		1		1		2
	2. 消火設備，屋内消火栓設備	1		1		1	3
8・6　廃棄物の処理及び清掃に関する法律		1	1	1	1	1	5
8・7　その他の法令		2	2	2	2	2	10

設備関連法規

●出題傾向分析●

8・1　労働安全衛生法

① 労働安全衛生管理では，安全衛生推進者の選任，安全又は衛生のための教育，移動はしごの使用，労働災害の防止（高所作業車での作業，石綿をその重量の0.1%を超えて含有する保温材の撤去作業，ボール盤作業，面取り盤等を使用する作業，明り掘削の作業），安全衛生推進者が行う業務（労働者の危険又は健康障害を防止するための措置に関すること，労働者の安全又は衛生のための教育の実施に関すること，労働災害の原因の調査及び再発防止対策に関すること），ガス等の容器の温度，酸素欠乏危険作業，移動はしご，中高齢者等の配置などについて理解しておく。

② 作業主任者の選任が必要な作業では，既設汚水ピット内での配管の作業，型枠支保工の組立ての作業，第一種圧力容器の取扱いの作業，掘削面の高さが2m以上となる地山の掘削，高さが5m以上の構造の足場の組立て，ボイラーの取扱い，5トン未満の貨物自動車に荷を積む作業，フォークリフト作業，高所作業車を用いて作業，5トン未満の移動式クレーンなどについて理解しておく。

8・2　労働基準法

① 労働条件では，就業の場所及び従事すべき業務，所定労働時間を超える労働，賃金の決定及び支払の時期，休業補償，総労働時間，労働契約の解除，賃金，休憩時間，休日，有給休暇，業務上負傷などについて理解しておく。

② 未成年者の労働協約（名簿，労働契約を解除，賃金の受け取り，有害な業務，戸籍証明書）などについて理解しておく。

8・3　建築基準法

① 建築の用語では，特殊建築物，主要構造部，構造耐力上主要な部分，居室，不燃材料，階数，地階，建築物の高さ，建築物，ひさし，延べ面積，建築設備（避雷針・昇降機），大規模の修繕，耐水材料などについて理解しておく。

② 建築設備（配管設備他）では，飲料水の配管設備とその他の配管設備の直接連結禁止，排気フードは不燃材料，防火区画の貫通処理，腐食防止のための措置，雨水排水立て管兼用禁止，給水管の分岐，マンホール60 cm，排水管，排水トラップの封水深，給水管及び排水管は昇降路内に設けない，飲料用水栓の逆流防止のための措置，間接排水，排水槽の通気管，給水タンク等の上部の衛生上必要な措置，室内環境基準，雑用水表示などについて理解しておく。

8・4　建設業法

① 建設業の許可及び請負契約では，請負契約書，見積りに必要な期間，書面に記載し相互に交付，完成検査，下請代金の支払い，標識の記載事項，附帯工事，専任で置く技術者，建設業の許可（国土交通大臣の許可，都道府県知事の許可），建設業の許可の更新，軽微な建設工事などについて理解しておく。

② 主任技術者と監理技術者，建設業では，主任技術者の要件，下請負人の意見，見積書の交付，主任技術者又は監理技術者が行う指導，一括して他人に請負禁止，主任技術者（施工の技術上の管理，専任の者，監理技術者，技術上の指導監督），建設業，下請契約，発注者，元請負人，現場代人などについて理解しておく。

8・5　消防法

① 危険物の区分及び指定数量では，危険物貯蔵所，危険物（ガソリン，灯油，軽油，重油）について理解しておく。

② 消火設備，屋内消火栓設備では，防火対象物，立上がり管50 mm，消防用ホースの水平距離，非常電源附置，消火設備の種類などについて理解しておく。

8・6　廃棄物の処理及び清掃に関する法律

① 廃棄物の処理及び清掃に関する法律では，一般廃棄物，産業廃棄物，特別管理一般廃棄物，特別管理産業廃棄物，石綿含有産業廃棄物，産業廃棄物の処理，産業廃棄物管理票（マニフェスト），委託契約書の5年間保管，地山の掘削により生じる土砂，不法投棄の責任などについて理解しておく。

8・7　その他の法令

建設工事に係る資材の再資源化等に関する法律，フロン類の使用の合理化及び管理の適正化に関する法律，建築物のエネルギー消費性能の向上に関する法律，騒音規制法，浄化槽法，測定項目と法律の組合わせなどについて理解しておく。

174　第 8 章　設備関連法規

8・1　労働安全衛生法

●8・1・1　労働安全衛生管理

1

建設工事における安全衛生管理に関する記述のうち,「労働安全衛生法」上,**誤っている**ものはどれか。

(1)　事業者は,高所作業車を用いて作業を行うときは,当該作業の指揮者を定め,その者に作業計画に基づき作業の指揮を行わせなければならない。

(2)　事業者は,労働者を雇い入れたときは,当該労働者に対し,その従事する業務に関する安全又は衛生のための教育を行わなければならないが,作業内容を変更した場合は行う必要はない。

(3)　事業者は,明り掘削の作業を行う場合において,運搬機械等が,労働者の作業箇所に後進して接近するときは,誘導者を配置し,その者にこれらの機械を誘導させなければならない。

(4)　事業者は,中高年齢者その他労働災害の防止上その就業に当たって特に配慮を必要とする者については,これらの者の心身の条件に応じて適正な配置を行うように努めなければならない。

《R6 後-39》

2

建設工事の作業所における安全衛生管理に関する記述のうち,「労働安全衛生法」上,**誤っているもの**はどれか。

(1)　事業者は,労働者の作業内容を変更したときは,当該労働者に対し,その従事する業務に関する安全又は衛生のための教育を行わなければならない。

(2)　事業者は,移動はしごを使用する場合,はしごの幅は 30 cm 以上のものでなければ使用してはならない。

(3)　事業者は,酸素欠乏危険作業に労働者を従事させる場合は,当該作業を行う場所の空気中の酸素の濃度を 15 % 以上に保つように換気しなければならない。

(4)　事業者は,可燃性ガス及び酸素を用いて行う金属の溶接,溶断又は加熱の業務に使用するガス等の容器の温度を 40 度以下に保たなければならない。

《R5 後-39》

8・1 労働安全衛生法　175

3
☐
☐
☐
建設業における安全衛生管理に関する記述のうち，「労働安全衛生法」上，**誤っている**
ものはどれか。

(1)　事業者は，常時 10 人以上 50 人未満の労働者を使用する事業場ごとに，安全衛生
推進者を選任しなければならない。

(2)　事業者は，作業主任者が必要な場合，都道府県労働局長の免許を受けた者又は都
道府県労働局長の登録を受けた者が行う技能講習を修了した者のうちから選任しな
ければならない。

(3)　事業者は，高所作業車を用いて作業を行うときは，当該作業の指揮者を定め，そ
の者に作業計画に基づき作業の指揮を行わせなければならない。

(4)　事業者は，移動はしごを使用する場合，はしごの幅は 20 cm 以上のものでなけれ
ば使用してはならない。

《R5 前-39》

▶ **解説**

1　(2)　事業者は，労働者を雇い入れ，又は<u>労働者の作業内容を変更した</u>ときは，当該労働者
に対し，遅滞なく，次の事項のうち当該労働者が従事する業務に関する安全又は衛生の
ため必要な事項について，教育を行なわなければならない（規則第三十五条）。したがっ
て，誤っている。

| 間違いやすい選択肢 | ▶ (4)事業者は，中高年齢者その他労働災害の防止上その就業に当
たって特に配慮を必要とする者については，これらの者の心身の条件に応じて適正な配
置を行うように努めなければならない。

2　(3)　事業者は，酸素欠乏危険作業に労働者を従事させる場合は，当該作業を行場所の空気
中の酸素の濃度を <u>18% 以上</u>に保つように換気しなければならない（酸素欠乏症等防止
規則第二条（定義））。したがって，誤っている。

| 間違いやすい選択肢 | ▶ (4)事業者は，可燃性ガス及び酸素を用いて行う金属の溶接，溶断
又は加熱の業務に使用するガス等の容器の温度を 40 度以下に保たなければならない。

3　(4)　事業者は，移動はしごについて，次に定めるところに適合したものでなければ使用し
てはならない（規則第五百二十七条（移動はしご））。したがって，誤っている。

一　丈夫な構造とすること。

二　材料は，著しい損傷，腐食等がないものとすること。

三　<u>幅は，30 cm 以上とすること。</u>

四　すべり止め装置の取付けその他転位を防止するために必要な措置を講ずること。

| 間違いやすい選択肢 | ▶ (1)事業者は，常時 10 人以上 50 人未満の労働者を使用する事業場
ごとに，安全衛生推進者（①労働者の危険又は健康障害を防止するための措置に関する
こと。②労働者の安全又は衛生のための教育の実施に関すること。③健康診断の実施そ
の他の健康の保持増進のための措置に関すること。④労働災害の原因の調査及び再発防
止対策に関すること。等が職務）を選任しなければならない。

設備関連法規

4 建設工事の作業所における安全衛生管理に関する記述のうち,「労働安全衛生法」上,**誤っているもの**はどれか。

(1) 事業者は,労働者の作業内容を変更したときは,当該労働者に対し,その従事する業務に関する安全又は衛生のための教育を行わなければならない。

(2) 事業者は,移動はしごを使用する場合,はしごの幅は30cm以上のものでなければ使用してはならない。

(3) 事業者は,可燃性ガス及び酸素を用いて行う金属の溶接,溶断又は加熱の業務に使用するガス等の容器の温度を40度以下に保たなければならない。

(4) 事業者は,酸素欠乏危険作業に労働者を従事させる場合は,当該作業を行う場所の空気中の酸素の濃度を15%以上に保つように換気しなければならない。

《R4後-39》

5 建設業における安全衛生管理に関する記述のうち,「労働安全衛生法」上,**誤っているもの**はどれか。

(1) 事業者は,常時5人以上60人未満の労働者を使用する事業場ごとに,安全衛生推進者を選任しなければならない。

(2) 事業者は,労働者を雇い入れたときは,当該労働者に対し,その従事する業務に関する安全又は衛生のための教育を行わなければならない。

(3) 事業者は,移動はしごを使用する場合,はしごの幅は30cm以上のものでなければ使用してはならない。

(4) 事業者は,移動はしごを使用する場合,すべり止め装置の取付けその他転位を防止するために必要な措置を講じたものでなければ使用してはならない。

《基本問題》

6 建設業の事業場における労働災害の防止等に関する記述のうち,「労働安全衛生法」上,**誤っているもの**はどれか。

(1) 石綿をその重量の0.1%を超えて含有する保温材の撤去作業において,作業主任者を選任して労働者の指揮をさせる。

(2) ボール盤,面取り盤等を使用する作業において,手の滑りを防止するため,滑り止めを施した手袋を労働者に着用させる。

(3) 明り掘削の作業において,運搬機械が転落するおそれがある場合,誘導者を配置して機械を誘導させる。

(4) 明り掘削の作業において,物体の飛来又は落下による危険を防止するため,保護帽を労働者に着用させる。

《基本問題》

〈p.174〜175の解答〉 **正解** **1**(2),**2**(3),**3**(4)

8・1 労働安全衛生法　177

▶解説

4 (4)　事業者は，酸素欠乏危険作業に労働者を従事させる場合は，当該作業を行場所の空気中の酸素の濃度を<u>18% 以上</u>に保つように換気しなければならない（酸素欠乏症等防止規則第二条（定義））。したがって，誤っている。

間違いやすい選択肢 ▶ (3)事業者は，可燃性ガス及び酸素を用いて行う金属の溶接，溶断又は加熱の業務に使用するガス等の容器の温度を 40 度以下に保たなければならない。

---

5 (1)　労働者の数が常時<u>10 人以上 50 人未満</u>の事業場においては，安全衛生推進者を選任しなければならない（法第十二条の二）。したがって，誤っている。

その他の単一事業所の安全管理体制は次の通り。

単一事業所の安全管理体制

規模	10 人以上 50 人未満	50 人以上	100 人以上
選任種別	安全衛生推進者	安全管理者，衛生管理者，産業医，安全衛生委員会	統括安全衛生管理者

間違いやすい選択肢 ▶ (3)事業者は，移動はしごを使用する場合，はしごの幅は 30 cm 以上のものでなければ使用してはならない。

---

6 (2)　事業者は，ボール盤，面取り盤等の回転する刃物に作業中の労働者の手が巻き込まれるおそれのあるときは，当該労働者に手袋を<u>使用させてはならない</u>（規則第百十一条）。したがって，誤っている。

間違いやすい選択肢 ▶ (1)石綿をその重量の 0.1% を超えて含有する保温材の撤去作業において，作業主任者を選任して労働者の指揮をさせる。

設備関連法規

ワンポイントアドバイス　8・1・1　安全衛生推進者の業務（法第十条）

一　<u>労働者の危険又は健康障害を防止するための措置に関すること。</u>

二　<u>労働者の安全又は衛生のための教育の実施に関すること。</u>

三　健康診断の実施その他健康の保持増進のための措置に関すること。

四　<u>労働災害の原因の調査及び再発防止対策に関すること。</u>

五　前各号に掲げるもののほか，労働災害を防止するため必要な業務で，厚生労働省令で定めるもの。

● 8・1・2 作業主任者，就業制限

7 建設工事現場における作業のうち，「労働安全衛生法」上，作業主任者を選任すべき作業に**該当しないもの**はどれか。
(1) つり上げ荷重が 1 トン未満の移動式クレーンの玉掛けの作業
(2) アセチレン溶接装置又はガス集合溶接装置を用いて行う金属の溶接，溶断又は加熱の作業
(3) ボイラー（小型ボイラーを除く。）の取扱いの作業
(4) 掘削面の高さが 2 m 以上となる地山の掘削（ずい道及びたて坑以外の坑の掘削を除く。）の作業
《R6 前-39》

8 労働安全衛生管理に関する記述のうち，「労働安全衛生法」上，**誤っているもの**はどれか。
(1) 事業者は，最大積載量が 5 トン未満の貨物自動車に荷を積む作業を行うときは，床面と荷台上の荷の上面との間を安全に昇降するための設備を設けなくてもよい。
(2) 事業者は，労働者に危険を及ぼすおそれのないときを除き，フォークリフトを荷のつり上げの用途に使用してはならない。
(3) 事業者は，高所作業車を用いて作業（道路上の走行の作業を除く。）を行うときは，あらかじめ，作業の方法を示した作業計画を定めなければならない。
(4) つり上げ荷重が 5 トン未満の移動式クレーンには，クレーン等安全規則は適用されない。
《基本問題》

9 建設工事現場における作業のうち，「労働安全衛生法」上，作業主任者を選任すべき作業に**該当しないもの**はどれか。
(1) 既設汚水ピット内での配管の作業
(2) 型枠支保工の組立ての作業
(3) つり上げ荷重が 1 トン未満の移動式クレーンの玉掛けの作業
(4) 第一種圧力容器（小型圧力容器等を除く。）の取扱いの作業
《基本問題》

〈p.176 の解答〉　**正解**　**4** (4)，**5** (1)，**6** (2)

8・1 労働安全衛生法　179

▶解説

7 (1) 事業者は，高圧室内作業その他の労働災害を防止するための管理を必要とする作業で，免許を受けた者又は技能講習を修了した者のうちから，作業主任者を選任しなければならない（法第十四条）。

法第十四条の政令で定める作業は，次のとおりとする（令第六条）。

二　アセチレン溶接装置又はガス集合溶接装置を用いて行う金属の溶接，溶断又は加熱の作業

四　ボイラー（小型ボイラーを除く。）の取扱いの作業

九　掘削面の高さが 2 m 以上となる地山の掘削（ずい道及びたて坑以外の坑の掘削を除く。）の作業

十　土止め支保工の切りばり又は腹起こしの取付け又は取り外しの作業

十四　型枠支保工（支柱，はり，つなぎ，筋かい等の部材により構成され，建設物におけるスラブ，桁等のコンクリートの打設に用いる型枠を支持する仮設の設備をいう。以下同じ。）の組立て又は解体の作業

十七　第一種圧力容器（小型圧力容器及び次に掲げる容器を除く。）の取扱いの作業

二十一　別表第六に掲げる酸素欠乏危険場所における作業

二十三　石綿若しくは石綿をその重量の 0.1 % を超えて含有する製剤その他の物を取り扱う作業（試験研究のため取り扱う作業を除く。）

したがって，(1)つり上げ荷重が 1 トン未満の移動式クレーンの玉掛けの作業は該当しない。なお，当該業務に関する安全又は衛生のための特別の教育を行わなければならない。

間違いやすい選択肢 ▶ (2)アセチレン溶接装置又はガス集合溶接装置を用いて行う金属の溶接，溶断又は加熱の作業

---

8 (4) つり上げ荷重が 0.5 トン未満の移動式クレーンには，クレーン等安全規則は適用されない。すなわち，適用の除外の規定として，この省令は，次の各号に掲げるクレーン，移動式クレーン，デリック，エレベーター，建設用リフト又は簡易リフトについては，適用しない（クレーン等安全規則第二条第一号）。誤っている。

一　クレーン，移動式クレーン又はデリックで，つり上げ荷重が 0.5 トン未満のもの。

間違いやすい選択肢 ▶ (2)事業者は，労働者に危険を及ぼすおそれのないときを除き，フォークリフトを荷のつり上げの用途に使用してはならない。

---

9 (3) 事業者は，高圧室内作業その他の労働災害を防止するための管理を必要とする作業で，免許を受けた者又は技能講習を修了した者のうちから，作業主任者を選任しなければならない（法第十四条）。

したがって，(3)つり上げ荷重が 1 トン未満の移動式クレーンの玉掛けの作業は該当しない。

間違いやすい選択肢 ▶ (2)型枠支保工の組立ての作業

設備関連法規

180 第8章 設備関連法規

10 　移動式クレーンの運転業務に関する文中，□□□内に当てはまる，「労働安全衛生法」上に定められている数値として，**正しいもの**はどれか。

　事業者は，つり上げ荷重が1トン以上の移動式クレーンの運転（道路交通法に規定する道路上を走行させる運転を除く。）の業務については，移動式クレーン運転士免許を受けた者でなければ，当該業務に就かせてはならない。ただし，つり上げ荷重が1トン以上，□□□トン未満の移動式クレーンの運転の業務については，小型移動式クレーン運転技能講習を修了した者を当該業務に就かせることができる。

(1)　3　　　　(2)　4　　　　(3)　5　　　　(4)　6　　　　　　　　　《基本問題》

▶ **解説**

10　(3)　つり上げ荷重が1トン以上5トン未満の移動式クレーンの運転の業務については，小型移動式クレーン運転技能講習を修了した者を当該業務に就かせることができる（法第六十一条（就業制限））。正しい。

　その他の就業制限は，次の通り。

　① 　制限荷重が5トン以上の揚貨装置の運転業務
　② 　ボイラー（小型ボイラーを除く）の取扱いの作業の業務
　③ 　ボイラー（小型ボイラーを除く）又は第1種圧力容器の溶接の業務
　④ 　つり上げ荷重が5トン以上のクレーンの運転の業務
　⑤ 　つり上げ荷重が1トン以上の移動式クレーンの運転の業務
　⑥ 　可燃性ガス及び酸素を用いて行う金属の溶接，溶断又は加熱の業務
　⑦ 　作業床の高さが10 m以上の高所作業車の運転の業務
　⑧ 　制限荷重が1トン以上の揚貨装置等のクレーンの玉掛けの業務

必要な資格

つり上げ荷重	移動式クレーン			クレーン		
	特別教育	技能講習	運転免許	特別教育	技能講習	運転免許
1トン未満	◎	○	○	◎	◎	○
1トン以上5トン未満	×	◎	◎	◎	◎	○
5トン以上	×	×	◎	×	×	◎
凡例　◎：運転に必要な資格，○：運転はできる，×：運転できない						

間違いやすい選択肢 ▶ (1)3トン未満と勘違いしやすい。

〈p.178の解答〉　**正解**　**7**(1)，**8**(4)，**9**(3)

8・1 労働安全衛生法　181

ワンポイントアドバイス　8・1・2　労働安全衛生法

(1) **安全衛生教育**　事業者は，労働者を雇い入れたときは，当該労働者に対し，その従事する業務に関する安全又は衛生のための教育を行なわなければならない。

- 一　機械等，原材料等の危険性又は有害性及びこれらの取扱い方法。
- 二　安全装置，有害物抑制装置又は保護具の性能及びこれらの取扱い方法。
- 三　作業手順に関すること。
- 四　作業開始時の点検に関すること。
- 五　当該業務に関して発生するおそれのある疾病の原因及び予防に関すること。
- 六　整理，整頓及び清潔の保持に関すること。
- 七　事故時等における応急措置及び退避に関すること。

(2) **第一種酸素欠乏危険作業**

① **特別の教育**

第一種酸素欠乏危険作業に係る業務に労働者を就かせるときには，当該労働者に対し，次の科目について特別の教育を行わなければならない。

- 一　酸素欠乏の発生の原因，二　酸素欠乏症の症状，三　空気呼吸器の使用の方法，
- 四　事故の場合の退避及び救急そ生の方法，五　前各号に掲げるもののほか，酸素欠乏症の防止に関し必要な事項

② **人員の点検**

酸素欠乏危険作業に労働者を従事させるときは，労働者を当該作業を行う場所に入場させ，及び退場させるときに，人員を点検しなければならない。

③ **作業環境の測定**

作業環境測定等の測定を行ったときは，測定日時，測定方法，測定箇所，測定条件，測定結果，測定を実施した者の氏名，測定結果に基づいて酸素欠乏症等の防止措置を講じたときは，当該措置の概要を記録して，これを3年間保存しなければならない。

(3) **労働安全衛生法**

労働者の作業内容を変更したときは，業務に関する安全又は衛生のための教育を行わなければならない。事業者は，労働者の数が常時50人以上の事業場においては，安全管理者を選任し，その者に法に定める業務のうち安全に係る技術的事項を管理させなければならない。また，労働者の数が常時10人以上50人未満の事業場においては，安全衛生推進者を選任しなければならない。

設備関連法規

182　第8章　設備関連法規

8・2　労働基準法

●8・2・1　労働条件

1 災害補償に関する記述のうち,「労働基準法」上,**誤っているもの**はどれか。

(1)　労働者が重大な過失によって業務上負傷し,又は疾病にかかり,且つ使用者がその過失について行政官庁の認定を受けた場合においては,休業補償又は障害補償を行わなくてもよい。

(2)　労働者が業務上負傷し,又は疾病にかかった場合においては,使用者は,その費用で必要な療養を行い,又は必要な療養の費用を負担しなければならない。

(3)　労働者が業務上負傷し,又は疾病にかかり,治った場合において,その身体に障害が存するときは,使用者は,その障害の程度に応じて,金銭的障害補償を行わなければならない。

(4)　労働者が業務上負傷し,又は疾病にかかった場合に,療養のため,労働することができないために賃金を受けない場合においては,使用者は,労働者の療養中平均賃金の全額の休業補償を行わなければならない。　　　　　　　　　《R6 後-40》

2 労働条件に関する記述のうち,「労働基準法」上,**誤っているもの**はどれか。ただし,労働組合等との協定等による別の定めがある場合を除く。

(1)　使用者から明示された労働条件が事実と相違する場合においては,労働者は,即時に労働契約を解除することができる。

(2)　使用者は,労働者に,休憩時間を自由に利用させなければならない。

(3)　使用者は,労働者に,休憩時間を一斉に与えなければならない。

(4)　使用者は,労働者に,休憩時間を除き1日について6時間を超えて,労働させてはならない。　　　　　　　　　《R6 前-40》

3 労働者に支払う賃金に関する記述のうち,「労働基準法」上,**誤っているもの**はどれか。

(1)　出来高払制その他の請負制で使用する労働者については,使用者は,労働時間に応じ一定額の賃金の保障をしなければならない。

(2)　賃金とは,賃金,給料,手当等,労働の対償として使用者が労働者に支払うものをいい,賞与はこれに含まれない。

(3)　未成年者の親権者又は後見人は,未成年者の賃金を代わって受け取ってはならない。

(4)　使用者は,労働者が疾病の費用に充てるために請求する場合においては,支払期日前であっても,既往の労働に対する賃金を支払わなければならない。　　《R5 後-40》

〈p.180 の解答〉　**正解**　**10**(3)

8・2 労働基準法 183

▶ 解説

1 (4) 労働者が業務上負傷し，労働することができないために賃金を受けない場合において，使用者は，労働者の療養中平均賃金の 60/100 の休業補償を行わなければならない（法第七十六条）。したがって，誤っている。

間違いやすい選択肢 ▶ (1)労働者が重大な過失によって業務上負傷し，又は疾病にかかり，且つ使用者がその過失について行政官庁の認定を受けた場合においては，休業補償又は障害補償を行わなくてもよい。

2 (4) 使用者は，1週間の各日については，労働者に，休憩時間を除き1日について 8 時間を超えて，労働させてはならない（法第三十二条第2項　労働時間）。したがって，誤っている。

間違いやすい選択肢 ▶ (3)使用者は，労働者に，休憩時間を一斉に与えなければならない。

法第三十四条（休憩）によると，使用者は，労働時間が6時間を超える場合においては少くとも45分，8時間を超える場合においては少くとも1時間の休憩時間を労働時間の途中に与えなければならない。

2　前項の休憩時間は，一斉に与えなければならない。

3　使用者は，第1項の休憩時間を自由に利用させなければならない。

3 (2) 労働基準法で，賃金とは，賃金，給料，手当，賞与その他名称の如何を問わず，労働の対償として使用者が労働者に支払うすべてのものをいう（法第十一条）。したがって，誤っている。

間違いやすい選択肢 ▶ (3)未成年者の親権者又は後見人は，未成年者の賃金を代って受け取ってはならない。ただし，未成年者の同意を得れば，未成年者の賃金を代って受け取ることができる。

設備関連法規

4 労働時間に関する記述のうち,「労働基準法」上,**誤っているもの**はどれか。ただし,労働組合等との協定等による別の定めがある場合を除く。

(1) 使用者は,その雇入れの日から起算して6箇月間継続勤務し全労働日の8割以上出勤した労働者に対して,10労働日の有給休暇を与えなければならない。

(2) 使用者は,労働者に,休憩時間を除き1週間について38時間を超えて,労働させてはならない。

(3) 使用者は,労働者に対して,毎週少なくとも1回の休日,又は4週間を通じ4日以上の休日を与えなければならない。

(4) 使用者は,労働時間が8時間を超える場合においては少なくとも1時間の休憩時間を労働時間の途中に与えなければならない。

《R5 前-40》

5 災害補償に関する記述のうち,「労働基準法」上,**誤っているもの**はどれか。

(1) 労働者が業務上負傷し,又は疾病にかかった場合においては,使用者は,その費用で必要な療養を行い,又は必要な療養の費用を負担しなければならない。

(2) 労働者が業務上負傷し,労働することができないために賃金を受けない場合においては,使用者は,平均賃金の $\frac{60}{100}$ の休業補償を行わなければならない。

(3) 労働者が業務上負傷し,又は疾病にかかり,治った場合において,その身体に障害が存するときは,使用者は,その障害の程度に応じて,金銭的障害補償を行わなければならない。

(4) 労働者が重大な過失によって業務上負傷したときに,使用者がその過失について行政官庁の認定を受けた場合においても,休業補償又は障害補償を行わなければならない。

《R4 後-40》

6 労働者に支払う賃金に関する記述のうち,「労働基準法」上,**誤っているもの**はどれか。ただし,法令若しくは労働協約に別段の定めがある場合等,及び,労働組合等との書面による協定がある場合を除く。

(1) 賃金とは,賃金,給料,手当等,労働の対償として使用者が労働者に支払うものをいい,賞与はこれに含まれない。

(2) 賃金は,通貨で,直接労働者に,その全額を支払わなければならない。

(3) 賃金は,原則として,毎月1回以上一定の期日を定めて支払わなければならない。

(4) 使用者は,労働者が疾病の費用に充てるために請求する場合においては,支払期日前であっても,既往の労働に対する賃金を支払わなければならない。

《基本問題》

〈p.182の解答〉 **正解** **1**(4),**2**(4),**3**(2)

8・2　労働基準法　185

▶解説

4 (2)　使用者は，労働者に，休憩時間を除き1週間について<u>40時間を超えて</u>，労働させてはならない（法第三十二条（労働時間）第1項）。誤っている。

　　なお，第2項では，使用者は，1週間の各日については，労働者に，休憩時間を除き1日について8時間を超えて，労働させてはならないと規定されている。

　間違いやすい選択肢 ▶ (3)使用者は，労働者に対して，毎週少なくとも1回の休日，又は4週間を通じ4日以上の休日を与えなければならない。

5 (4)　労働者が重大な過失によって業務上負傷し，又は疾病にかかり，且つ使用者がその過失について行政官庁の認定を受けた場合においては，<u>休業補償又は障害補償を行わなくてもよい</u>（法第七十八条（休業補償及び障害補償の例外））。誤っている。

　間違いやすい選択肢 ▶ (1)労働者が業務上負傷し，又は疾病にかかった場合においては，使用者は，その費用で必要な療養を行い，又は必要な療養の費用を負担しなければならない。

6 (1)　この法律で賃金とは，賃金，給料，手当，<u>賞与</u>その他名称の如何を問わず，労働の対償として使用者が労働者に支払うすべてのものをいう（法第十一条）。誤っている。

　間違いやすい選択肢 ▶ (4)使用者は，労働者が疾病の費用に充てるために請求する場合においては，支払期日前であっても，既往の労働に対する賃金を支払わなければならない。

設備関連法規

186　第8章　設備関連法規

7

労働契約の締結に際し，「労働基準法」上，使用者が労働者に対して明示しなければならない労働条件として，**定められていないもの**はどれか。

(1)　就業の場所及び従事すべき業務に関する事項

(2)　所定労働時間を超える労働の有無に関する事項

(3)　賃金の決定及び支払の時期に関する事項

(4)　福利厚生施設の利用に関する事項

《基本問題》

8

労働条件に関する記述のうち，「労働基準法」上，**誤っているもの**はどれか。ただし，労働組合との協定等又は法令若しくは労働協約に別の定めがある場合等を除く。

(1)　労働者が業務上負傷し，労働することができないために賃金を受けない場合において，使用者は，平均賃金の 30/100 の休業補償を行わなければならない。

(2)　使用者は，労働者に，休憩時間を除き，1 日について 8 時間を超えて労働させてはならない。

(3)　使用者から明示された労働条件が事実と相違する場合，労働者は，即時に労働契約を解除することができる。

(4)　賃金は，通貨で，直接労働者に，その全額を支払わなければならない。

《基本問題》

〈p.184 の解答〉　**正解**　**4**(2)，**5**(4)，**6**(1)

8・2 労働基準法　187

▶解説

7 (4) 使用者が労働者に対して明示しなければならない労働条件は次の通り（法第十五条，規則五条）。

　　一　労働契約の期間に関する事項

　　一の二　期間の定めのある労働契約を更新する場合の基準に関する事項

　　一の三　就業の場所及び従事すべき業務に関する事項

　　二　始業及び終業の時刻，所定労働時間を超える労働の有無，休憩時間，休日，休暇並びに労働者を二組以上に分けて就業させる場合における就業時転換に関する事項

　　三　賃金の決定，計算及び支払の方法，賃金の締切り及び支払の時期並びに昇給に関する事項

　　四　退職に関する事項（解雇の事由を含む。）

　したがって，(4)福利厚生施設の利用に関する事項は規定されていない。

間違いやすい選択肢 ▶ (1)就業の場所及び従事すべき業務に関する事項

8 (1) 労働者が業務上負傷し，労働することができないために賃金を受けない場合において，使用者は，平均賃金の60/100の休業補償を行わなければならない（法第七十六条）。誤っている。

間違いやすい選択肢 ▶ (2)使用者は，労働者に，休憩時間を除き，1日について8時間を超えて労働させてはならない。

設備関連法規

188　第 8 章　設備関連法規

●8・2・2　未成年者

9
労働条件に関する記述のうち，「労働基準法」上，**誤っているもの**はどれか。

(1) 使用者は，常時使用する労働者について，定められた様式によって労働者名簿を作成しなければならない。

(2) 親権者若しくは後見人又は行政官庁は，労働契約が未成年者に不利であると認める場合においては，将来に向かって労働契約を解除することができる。

(3) 使用者は，満 18 才に満たない者を危険な業務，衛生上又は福祉の面から有害な業務に従事させてはならない。

(4) 使用者が，その年齢を証明する戸籍証明書を事業場に備え付けなければならないのは，満 16 才に満たない者を雇入れる場合である。

《基本問題》

10
未成年者の労働契約に関する記述のうち，「労働基準法」上，**誤っているもの**はどれか。

(1) 親権者又は後見人は，未成年者に代って労働契約を締結してはならない。

(2) 未成年者は，独立して賃金を請求することができる。

(3) 親権者又は後見人は，未成年者の同意を得れば，未成年者の賃金を代って受け取ることができる。

(4) 使用者は，原則として，満 18 才に満たない者を午後 10 時から午前 5 時までの間において使用してはならない。

《基本問題》

11
未成年者の労働に関する記述のうち，「労働基準法」上，**誤っているもの**はどれか。

(1) 親権者又は後見人は，未成年者に代って労働契約を締結することができる。

(2) 親権者若しくは後見人又は行政官庁は，労働契約が未成年者に不利であると認める場合においては，将来に向ってこれを解除することができる。

(3) 未成年者は，独立して賃金を請求することができる。

(4) 親権者又は後見人は，未成年者の賃金を代って受け取ってはならない。

《基本問題》

▶ 解説

9 (4) 使用者が，その年齢を証明する戸籍証明書を事業場に備え付けなければならないのは，<u>満 18 才に満たない者を雇入れる</u>場合である。すなわち，使用者は，満 18 才に満たない者について，その年齢を証明する戸籍証明書を事業場に備え付けなければならない（労働基準法第五十七条（年少者の証明書））。したがって，誤っている。

〈p.186 の解答〉 **正解** **7** (4)，**8** (1)

8・2　労働基準法　189

間違いやすい選択肢 ▶ (1)使用者は，常時使用する労働者について，定められた様式によって労働者名簿を作成しなければならない。

10 (3)　親権者又は後見人は，<u>未成年者の賃金を代って受け取ってはならない</u>（法第五十九条）。したがって，誤っている。

間違いやすい選択肢 ▶ (4)使用者は，原則として，満18才に満たない者を午後10時から午前5時までの間において使用してはならない。

11 (1)　親権者又は後見人は，未成年者に代って労働契約を<u>締結してはならない</u>（法第五十八条）。したがって，誤っている。

その他の未成年者の労働に関する規定は次の通り。
①　最低年齢（法第五十六条）
②　年少者の証明書（法第五十七条）
③　未成年者の労働契約（法第五十八・五十九条）
④　労働時間及び休日（法第六十条）
⑤　深夜業（法第六十一条）
⑥　危険有害業務の就業制限（法第六十二条）
⑦　坑内労働の禁止（法第六十三条）

間違いやすい選択肢 ▶ (2)親権者若しくは後見人又は行政官庁は，労働契約が未成年者に不利であると認める場合においては，将来に向ってこれを解除することができる。

設備関連法規

ワンポイントアドバイス　8・2　労働基準法

❶　**労働条件の原則**

労働条件の基準については，この法律で定める労働条件の基準は最低のものであるから，労働関係の当事者は，この基準を理由として労働条件を低下させてはならないことはもとより，その向上を図るように努めなければならない。

労働条件の決定については，労働条件は，労働者と使用者が，対等の立場において決定すべきものである。

❷　**労働基準法**

①　使用者は，事業場ごとに，日々雇い入れる者を除き，労働者名簿を作成しなければならない。
②　使用者は，事業場ごとに，賃金計算の基礎となる事項等を記入した賃金台帳を作成しなければならない。
③　労働者名簿には，労働者の性別，住所等を記入しなければならない。
④　賃金台帳には，労働者の氏名，性別，労働日数等を記入しなければならない。
⑤　使用者は，労働者に対して，毎週少なくとも1回の休日を与えなければならない。ただし，4週間を通じ4日以上の休日を与える使用者については，この限りではない。
⑥　使用者は，雇入れの日から起算して6か月間継続勤務し，全労働日の8割以上出勤した労働者に対して，継続し，又は分割した5労働日の有給休暇を与えなければならない。
⑦　使用者は，労働時間が6時間を超える場合においては少なくとも45分，8時間を超える場合においては少なくとも1時間の休憩時間を労働時間の途中に与えなければならない。

190　第 8 章　設備関連法規

8・3　建築基準法

● 8・3・1　建築の用語

1　建築物の面積，高さ及び階に関する記述のうち，「建築基準法」上，**誤っているもの**はどれか。

(1)　建築物の外壁又はこれに代わる柱の中心線から水平距離 1 m 突き出たひさしの水平投影面積は，当該建築物の建築面積に算入しない。

(2)　建築物のエレベーター機械室，装飾塔その他これらに類する屋上部分は，その部分の面積にかかわらず建築物の階数に算入しない。

(3)　地階とは，床が地盤面下にある階で，床面から地盤面までの高さがその階の天井の高さの 1/3 以上のものをいう。

(4)　建築物の階段室，エレベーター機械室その他これらに類する屋上部分は，その部分の面積の合計が所定の条件を満たせば，建築物の高さに算入しない場合がある。

《R6 後-41》

2　建築物の用語に関する記述のうち，「建築基準法」上，**誤っているもの**はどれか。

(1)　工場は，特殊建築物である。

(2)　階段は，構造耐力上主要な部分である。

(3)　建築物に設ける昇降機は，建築設備である。

(4)　屋根は，主要構造部である。

《R6 前-41》

3　建築物の用語に関する記述のうち，「建築基準法」上，**誤っているもの**はどれか。

(1)　娯楽のために継続的に使用する室は，居室ではない。

(2)　事務所ビルの屋上に設ける避雷針は，建築設備である。

(3)　金属板とガラスは，いずれも不燃材料である。

(4)　主要構造部が耐火構造である建築物は，耐火建築物である。

《R5 後-41》

4　建築物の用語に関する記述のうち，「建築基準法」上，**誤っているもの**はどれか。

(1)　工場は，特殊建築物である。

(2)　屋根は，主要構造部である。

(3)　建築物に設ける昇降機は，建築設備である。

(4)　階段は，構造耐力上主要な部分である。

《R5 前-41》

〈p.188 の解答〉　**正解**　**9** (4)，**10** (3)，**11** (1)

8・3 建築基準法 191

▶解説

1 (2) 建築物のエレベーター機械室，装飾塔，その他これらに類する建築物の屋上部分（塔屋や部分）又は地階の倉庫，機械室その他これらに類する建築物の部分で，水平投影面積の合計がそれぞれ当該建築物の建築面積の 1/8 以下のものは，当該建築物の階数に算入しない（令第二条）。したがって，誤っている。

間違いやすい選択肢 ▶ (3)地階とは，床が地盤面下にある階で，床面から地盤面までの高さがその階の天井の高さの 1/3 以上のものをいう。

2 (2) 構造耐力上主要な部分とは，基礎，基礎ぐい，壁，柱，小屋組，土台，斜材，床版，屋根版又は横架材で，建築物の自重若しくは積載荷重，積雪荷重，風圧，土圧若しくは水圧又は地震その他の震動若しくは衝撃を支えるものをいう（令第一条第三号（用語の定義））。構造耐力上主要な部分に階段は含まれていない。一方，主要構造部とは，火災時の類焼防止や，避難等する上で配慮しなければならない部分のことであり，壁，柱，床，はり，屋根又は階段をいい，建築物の構造上重要でない間仕切壁，間柱，付け柱，揚げ床，最下階の床，回り舞台の床，小ばり，ひさし，局部的な小階段，屋外階段その他これらに類する建築物の部分を除くものとする（法第二条第五号）。構造耐力上主要な部分と主要構造部は必ずしも一致しないので留意する必要がある。したがって，誤っている。

間違いやすい選択肢 ▶ (1)工場は，特殊建築物である。

3 (1) 居室とは，居住，執務，作業，集会，娯楽その他これらに類する目的のために継続的に使用する室をいう（法第二条（用語の定義））。したがって，誤っている。

間違いやすい選択肢 ▶ 金属板とガラスは，いずれも不燃材料である。不燃材料は，次の17品目が規定されている。

①コンクリート，②れんが，③瓦，④陶磁器質タイル，⑤繊維強化セメント板，⑥厚さが 3 mm 以上のガラス繊維混入セメント板，⑦厚さが 5 mm 以上の繊維混入ケイ酸カルシウム板，⑧鉄鋼，⑨アルミニウム，⑩金属板，⑪ガラス，⑫モルタル，⑬しっくい，⑭石，⑮厚さが 12 mm 以上のせっこうボード，⑯ロックウール，⑰グラスウール板

4 (4) 構造耐力上主要な部分は，基礎，基礎ぐい，壁，柱，小屋組，土台，斜材（筋かい，方づえ，火打材その他これらに類するものをいう。），床版，屋根版又は横架材（はり，けたその他これらに類するものをいう。）で，建築物の自重若しくは積載荷重，積雪荷重，風圧，土圧若しくは水圧又は地震その他の震動若しくは衝撃を支えるものをいう（令第一条（用語の定義）第三号）。したがって，階段は，構造耐力上主要な部分でない。したがって，誤っている。

間違いやすい選択肢 ▶ (2)屋根は，主要構造部（火災時の類焼防止や避難等する上で配慮しなければならない部分のことであり，壁，柱，床，はり，屋根又は階段をいう）である。

設備関連法規

192　第8章　設備関連法規

5 建築物の面積，高さ及び階数の算定方法に関する記述のうち，「建築基準法」上，**誤っ
ているもの**はどれか。

(1)　建築物の外壁又はこれに代わる柱の中心線から水平距離 1 m 突き出たひさしの水
平投影面積は，当該建築物の建築面積に算入しない。

(2)　建築物の塔屋部分は，その用途と面積にかかわらず建築物の階数に算入しない。

(3)　延べ面積は，建築物の各階の床面積の合計である。

(4)　屋根の棟飾りは，建築物の高さに算入しない。

《R4 後-41》

6 建築物に関する記述のうち，「建築基準法上」，**誤っているもの**はどれか。

(1)　建築基準法は，建築物の敷地，構造，設備及び用途に関する最低の基準を定めて
いる。

(2)　建築物に設ける避雷針は，建築設備である。

(3)　熱源機器の過半を更新する工事は，大規模の修繕である。

(4)　コンクリートとガラスは，いずれも耐水材料である。

《基本問題》

7 建築物の用語に関する記述のうち，「建築基準法」上，**誤っているもの**はどれか。

(1)　病院は，特殊建築物である。

(2)　基礎ぐいは，主要構造部である。

(3)　集会のために継続的に使用する室は，居室である。

(4)　金属板とガラスは，いずれも不燃材料である。

《基本問題》

8 建築物の確認申請書の提出に関する記述のうち，「建築基準法」上，**誤っているもの**はど
れか。ただし，次の用途に供する部分の床面積の合計は，100 m² を超えるものとする。

(1)　ホテルから旅館への用途変更は，確認申請書を提出しなければならない。

(2)　病院の大規模の模様替えは，確認申請書を提出しなければならない。

(3)　共同住宅の大規模の模様替えは，確認申請書を提出しなければならない。

(4)　中学校の大規模の修繕は，確認申請書を提出しなければならない。

《基本問題》

〈p.190 の解答〉　**正解**　**1** (2)，**2** (2)，**3** (1)，**4** (4)

▶解説

5 (2) 昇降機塔，装飾塔，物見塔その他これらに類する建築物の屋上部分（塔屋や部分）又は地階の倉庫，機械室その他これらに類する建築物の部分で，<u>水平投影面積の合計がそれぞれ当該建築物の建築面積の 1/8 以下のものは，当該建築物の階数に算入しない</u>（令第二条）。したがって，誤っている。

間違いやすい選択肢 ▶ (4)屋根の棟飾りは，建築物の高さに算入しない。

6 (3) 熱源機器の過半を更新する工事は，<u>大規模の修繕ではない</u>。なぜなら，大規模の修繕とは，建築物の主要構造部（火災時の類焼防止や避難等する上で配慮しなければならない部分のことであり，壁，柱，床，はり，屋根又は階段）の一種以上について行う過半の修繕をいう（建築基準法第二条第十四）。したがって，誤っている。

間違いやすい選択肢 ▶ (1)建築基準法は，建築物の敷地，構造，設備及び用途に関する最低の基準を定めている。

7 (2) 主要構造部とは，火災時の類焼防止や避難等をする上で配慮しなければならない部分のことであり，壁，柱，床，はり，屋根又は階段をいい，構造耐力上主要な部分とは必ずしも一致しない（法第二条第五号）。

したがって，基礎ぐいは，<u>主要構造部でない</u>。誤っている。

間違いやすい選択肢 ▶ (3)集会のために継続的に使用する室は，居室である。

8 (1) ホテルから旅館への用途変更は，同一類似用途への変更であるので，<u>建築物の確認申請は不要である</u>。なお，その他の同一類似用途は次の通りである（令百三十七条の十二）。

　　一　劇場，映画館，演芸場，公会堂，集会場

　　二　病院，診療所（患者の収容施設があるものに限る。），児童福祉施設等

　　三　ホテル，旅館，下宿，共同住宅，寄宿舎

　　四　博物館，美術館，図書館

建築物の建築等に関する確認申請及が必要なものは次の通りである（法第六条）。

　建築物を建築（建築物を新築し，増築し，改築し，又は移転することをいう。）しようとする場合の他，これらの建築物の大規模の修繕若しくは大規模の模様替えをしようとする場合。なお，大規模の修繕の対象は，火災時の避難，類焼防止等の用途の部分が対象であり，熱源機器の更新は対象ではないので，熱源機器の過半を更新する工事は，大規模の修繕に該当しない。したがって，誤っている。

間違いやすい選択肢 ▶ (4)中学校の大規模の修繕は，確認申請書を提出しなければならない。

● 8・3・2 建築設備（配管設備他）

9 建築物に設ける排水設備に関する記述のうち，「建築基準法」上，**誤っているもの**はどれか。
(1) 雨水排水管（雨水排水立て管を除く。）を汚水排水のための配管設備に連結する場合においては，当該雨水排水管に排水トラップを設けなければならない。
(2) 排水トラップの深さは，阻集器を兼ねない場合，5 cm 以上 10 cm 以下としなければならない。
(3) 排水管は，給水ポンプ，空気調和機その他これらに類する機器の排水管に直接連結してはならない。
(4) 排水槽に設けるマンホールは，直径 50 cm 以上の円が内接することができるものとしなければならない。
《R6 後-42》

10 次の項目のうち，「建築基準法」上，建築物の居室に設ける中央管理方式の空気調和設備の性能として，**定められていないもの**はどれか。
(1) 温度
(2) 浮遊粉じんの量
(3) 炭酸ガスの含有率
(4) 酸素の含有率
《R6 前-42》

11 建築物に設ける配管設備に関する記述のうち，「建築基準法」上，**誤っているもの**はどれか。
(1) 給水立て主管から各階への分岐管等主要な分岐管には，止水弁を設ける。
(2) 雨水排水立て管は，汚水排水管若しくは通気管と兼用してもよい。
(3) 飲料水の配管設備の水栓の開口部は，流し台のあふれ面との垂直距離を適当に保つ等有効な水の逆流防止のための措置を講じる。
(4) 排水のための配管設備の汚水に接する部分は，不浸透質の耐水材料で造る。
《R5 後-42》

12 建築設備に関する記述のうち，「建築基準法」上，**誤っているもの**はどれか。
(1) 排水槽の通気管は，通気立て管又は伸頂通気管に接続しなければならない。
(2) 給水管，配電管その他の管が，防火区画を貫通する場合，貫通する部分及び当該貫通する部分からそれぞれ両側に 1 m 以内の距離にある部分を不燃材料で造らなければならない。
(3) 排水再利用配管設備の水栓には，排水再利用水であることを示す表示をしなければならない。
(4) 排水トラップは，二重トラップとならないように設けなければならない。
《R5 前-42》

〈p.192 の解答〉 **正解** **5** (2)， **6** (3)， **7** (2)， **8** (1)

8・3　建築基準法　195

▶解説

9 (4)　排水槽には，内部の保守点検を容易かつ安全に行うことができる位置にマンホール（直径60 cm以上の円が内接することができるものに限る。）を設けること（建築物に設ける飲料水の配管設備及び排水のための配管設備の構造方法を定める件）。したがって，誤っている。

間違いやすい選択肢 ▶ (3)排水管は，給水ポンプ，空気調和機その他これらに類する機器の排水管に直接連結してはならない。

10 (4)　建築物に設ける中央管理方式の空気調和設備の構造は，居室における次の表の中欄に掲げる事項がそれぞれおおむね同表の下欄に掲げる基準に適合するように空気を浄化し，その温度，湿度又は流量を調節して供給をすることができる性能を有し，かつ，安全上，防火上及び衛生上支障がないものとして国土交通大臣が定めた構造方法を用いるものとしなければならない（令第百二十九条の二の五　第3項）。したがって，室内環境基準に，酸素の含有率は定められていない。誤っている。

室内環境基準

No	項目	基準
(1)	浮遊粉じんの量	空気1 m³につき0.15 mg以下
(2)	一酸化炭素の含有率	6/1,000,000以下
(3)	炭酸ガス（CO_2）の含有率	1,000/1,000,000以下
(4)	温度	一　18℃以上28℃以下 二　居室における温度を外気の温度より低くする場合は，その差を著しくしないこと
(5)	相対湿度	40%以上70%以下
(6)	気流	1秒間につき0.5 m以下

間違いやすい選択肢 ▶ (2)浮遊粉じんの量

11 (2)　雨水排水立て管は，汚水排水管若しくは通気管と兼用し，又はこれらの管に連結しないこと（建築物に設ける飲料水の配管設備及び排水のための配管設備の構造方法を定める件）。したがって，誤っている。

間違いやすい選択肢 ▶ (4)排水のための配管設備の汚水に接する部分は，不浸透質の耐水材料で造らなければならない。

12 (1)　排水槽には通気のための装置を設け，かつ，当該装置は，直接外気に衛生上有効に開放すること（建築物に設ける飲料水の配管設備及び排水のための配管設備の構造方法を定める件　第二　ホ）。すなわち，排水槽の通気管は，通気立て管又は伸頂通気管に接続してはならず，直接外気に衛生上有効に開放しなければならない。したがって，誤っている。

間違いやすい選択肢 ▶ (3)排水再利用配管設備の水栓には，誤飲するおそれがあるので，排水再利用水（雑用水）であることを示す表示をして注意喚起が必要である。

設備関連法規

13 建築物に設ける中央管理方式の空気調和設備によって，居室の空気が適合しなければならない基準として，「建築基準法」上，**誤っているもの**はどれか。
(1) 浮遊粉じんの量は，おおむね空気 $1\,m^3$ につき $0.15\,mg$ 以下とする。
(2) 一酸化炭素の含有率は，おおむね 100 万分の 100 以下とする。
(3) 炭酸ガスの含有率は，おおむね 100 万分の 1,000 以下とする。
(4) 相対湿度は，おおむね 40% 以上 70% 以下とする。
《R4 後-42》

14 建築物に設ける飲料用給水タンクに関する記述のうち，「建築基準法」上，**誤っているもの**はどれか。
(1) 有効容量が $2\,m^3$ 以上の給水タンクには，圧力タンク等を除き，ほこりその他衛生上有害なものが入らない構造の通気のための装置を有効に設けなければならない。
(2) 給水タンクには，外部から保守点検できる小規模な給水タンクを除き，保守点検を容易かつ安全に行うことができる位置に，直径 45 cm 以上の円が内接できるマンホールを設けなければならない。
(3) 給水タンク等の上部にポンプ，ボイラー，空気調和機等の機器を設ける場合においては，飲料水を汚染することのないように，衛生上必要な措置を講じなければならない。
(4) 金属製の給水タンクには，衛生上支障のない有効なさび止めのための措置を講じなければならない。
《基本問題》

15 建築設備に関する記述のうち，「建築基準法」上，**誤っているもの**はどれか。
(1) 飲料水の配管設備とその他の配管設備とは，直接連結させてはならない。
(2) 合併処理浄化槽は，放流水に含まれる大腸菌群数が，3,000〔個/cm^3〕以下とする性能を有するものでなければならない。
(3) 調理室で，火を使用する器具の近くに排気フードを有する排気筒を設ける場合，排気フードは，不燃材料で造らなければならない。
(4) 排水再利用配管設備，塩素消毒その他これに類する措置を講ずれば，手洗器に連結させてもよい。
《基本問題》

〈p.194 の解答〉　**正解**　**9**(4)，**10**(4)，**11**(2)，**12**(1)

8・3 建築基準法 197

▶解説

13 (2) 一酸化炭素の含有率は，おおむね 100 万分の 6 以下とする（令第百二十九条の二の五）。したがって，誤っている。

間違いやすい選択肢 ▶ (1) 浮遊粉じんの量は，おおむね空気 1 m³ につき 0.15 mg 以下とする。

14 (2) 給水タンクには，外部から保守点検できる小規模な給水タンクを除き，保守点検を容易，かつ安全に行うことができる位置に，直径 60 cm 以上の円が内接できるマンホールを設けなければならない（建築物に設ける飲料水の配管設備及び排水のための配管設備を安全上及び衛生上支障のない構造とするための基準）。したがって，誤っている。

間違いやすい選択肢 ▶ (1) 有効容量が 2 m³ 以上の給水タンクには，圧力タンク等を除き，ほこりその他衛生上有害なものが入らない構造の通気のための装置を有効に設けなければならない。

15 (4) 排水のための配管設備の構造は，次に定めるところによらなければならない（建築物に設ける飲料水の配管設備及び排水のための配管設備の構造方法を定める件）。

　　6．排水再利用配管設備

　　　　イ．他の配管設備（排水再利用設備その他これに類する配管設備を除く。）と兼用しないこと。

　　　　ロ．排水再利用水の配管設備であることを示す表示を見やすい方法で水栓及び配管にするか，又は他の配管設備を容易に判別できる色とすること。

　　　　ハ．洗面器，手洗器その他誤飲，誤用のおそれのある衛生器具に連結しないこと。

　　　　ニ．水栓に排水再利用水であることを示す表示をすること。

　　　　ホ．塩素消毒その他これに類する措置を講ずること。

したがって，排水再利用配管設備は，手洗器に連結してはならない。誤っている。

間違いやすい選択肢 ▶ (2) 合併処理浄化槽は，放流水に含まれる大腸菌群数が，3,000 〔個 /cm³〕以下とする性能を有するものでなければならない。

設備関連法規

198　第8章　設備関連法規

8・4 建設業法

● 8・4・1 建設業の許可及び請負契約

1

管工事を施工する現場における下図に示す施工体系の下請負人のうち，「建設業法」上，管工事業の許可を受けた者でなければならない社の組合せとして**正しいもの**はどれか。

```
              ┌─────────┐
              │  元請   │
              └────┬────┘
        ┌──────────┼──────────┐
  ┌───────────┐ ┌───────────┐ ┌───────────┐
  │一次下請 A社│ │一次下請 B社│ │一次下請 C社│
  │請負金額    │ │請負金額    │ │請負金額    │
  │ 2500万円   │ │ 1600万円   │ │ 400万円    │
  └───────────┘ └───────────┘ └───────────┘
```

(1)　A社，B社，C社ともに許可を受けていなくてもよい

(2)　A社

(3)　A社，B社

(4)　A社，B社，C社

《R6後-43》

2

請負契約書に記載しなければならない事項に関する記述のうち，「建設業法」上，**定められていないもの**はどれか。

(1)　請負代金の額

(2)　工事着手の時期及び工事完成の時期

(3)　工事の施工により第三者が損害を受けた場合における賠償金の負担に関する定め

(4)　下請契約を行うときは，下請負人の名称

《R6前-44》

3

建設業の許可を受けた建設業者が，発注者から直接請け負った建設工事の現場に掲げる標識の記載事項として，「建設業法」上，**定められていないもの**はどれか。

(1)　一般建設業又は特定建設業の別

(2)　商号又は名称

(3)　現場代理人の氏名

(4)　代表者の氏名

《R5後-44》

〈p.196の解答〉　**正解**　**13**(2)，**14**(2)，**15**(4)

8・4　建設業法　199

▶解説

1 (3)　管工事を下請負人としてのみ施工する者であっても，法第三条第1項ただし書の政令で定める軽微な建設工事（工事一件の請負代金の額が 500 万円に満たない工事）以外の建設工事を請け負う場合には，管工事業の許可を受けなければならない（令第一条の二（法第三条第1項ただし書の軽微な建設工事））。したがって，管工事業の許可を受けた者でなければならない社は，A 社と B 社で，(3)の組合せは正しい。

間違いやすい選択肢 ▶ (4) A 社，B 社，C 社

2 (4)　建設工事の請負契約の当事者は，契約の締結に際して次に掲げる事項を書面に記載し，署名又は記名押印をして相互に交付しなければならない（法第十九条）。

　　一　工事内容　　二　請負代金の額　　三　工事着手の時期及び工事完成の時期

　　八　価格等の変動若しくは変更に基づく請負代金の額又は工事内容の変更

　　九　工事の施工により第三者が損害を受けた場合における賠償金の負担に関する定め

　　十一　注文者が工事の全部又は一部の完成を確認するための検査の時期及び方法並びに引渡しの時期

　　十二　工事完成後における請負代金の支払の時期及び方法

したがって，(4)下請契約を行うときは，下請負人の名称は，定められていない。

間違いやすい選択肢 ▶ (3)工事の施工により第三者が損害を受けた場合における賠償金の負担に関する定め

3 (3)　建設業者が掲げる標識の記載事項は，建設工事の現場にあっては第一号から第五号までに掲げる事項とする（規則第二十五条　標識の記載事項及び様式）。

　　一　一般建設業又は特定建設業の別

　　二　許可年月日，許可番号及び許可を受けた建設業

　　三　商号又は名称

　　四　代表者の氏名

　　五　主任技術者又は監理技術者の氏名

　建設業の標識は，許可を受けた会社の情報を掲示するものであり，現場代理人は法定のものではないので掲示の必要はない。したがって，(3)現場代理人の氏名は定められていない。

建　設　業　の　許　可　票	
商　号　又　は　名　称	
代　表　者　の　氏　名	
主任技術者の氏名　　専任の有無	
資格名　資格者証交付番号	
一般建設業又は特定建設業の別	
許可を受けた建設業	
許　可　番　号	国土交通大臣　許可(　)第　　号　　知事
許　可　年　月　日	

25cm以上・35cm以上

建設工事の現場に掲げる標識の例

間違いやすい選択肢 ▶ (4)代表者の氏名　建設業の許可票であるので，代表者の氏名は必須である。

設備関連法規

4 建設業の許可に関する記述のうち,「建設業法」上,**誤っているもの**はどれか。
(1) 国土交通大臣の許可と都道府県知事の許可では,どちらも工事可能な区域に制限はない。
(2) 国土交通大臣の許可と都道府県知事の許可では,どちらも営業所の設置可能な区域に制限はない。
(3) 国土交通大臣の許可と都道府県知事の許可では,どちらも受注可能な請負金額は変わらない。
(4) 国土交通大臣の許可と都道府県知事の許可では,どちらも許可の有効期間は5年間で変わらない。
《R5前-43》

5 管工事業に関する記述のうち,「建設業法」上,**誤っているもの**はどれか。
(1) 管工事業の許可を受けた者は,工事1件の請負代金の額が500万円未満の工事を施工する場合でも,主任技術者を置く必要がある。
(2) 管工事を下請負人としてのみ施工する者は,請負代金の額に関わらず管工事業の許可を受けなくてもよい。
(3) 2級管工事施工管理技士は,管工事業に係る一般建設業の許可を受ける際,営業所ごとに専任で置く技術者の要件を満たしている。
(4) 管工事業の許可を受けた者が管工事を請け負う場合,当該工事に附帯する電気工事を請け負うことができる。
《R5前-44》

6 建設業に関する記述のうち,「建設業法」上,**誤っているもの**はどれか。
(1) 建設業者は,建設工事の注文者から請求があったときは,請負契約の成立後,速やかに建設工事の見積書を交付しなければならない。
(2) 建設業者は,共同住宅を新築する建設工事を請け負った場合,いかなる方法をもってするかを問わず,一括して他人に請け負わせてはならない。
(3) 請負人は,現場代理人を置く場合においては,当該現場代理人の権限に関する事項等を,書面により注文者に通知しなければならない。
(4) 建設工事の請負契約の当事者は,契約の締結に際して,工事内容,請負代金の額,工事着手の時期及び工事完成の時期等を書面に記載し,相互に交付しなければならない。
《R4後-44》

〈p.198の解答〉 正解 **1**(3),**2**(4),**3**(3)

8・4　建設業法　201

7
建設業を営もうとする者のうち，「建設業法」上，必要となる建設業の許可が国土交通大臣の許可に**限られるもの**はどれか。ただし，政令で定める軽微な建設工事のみを請負ことを営業とする者は除く。

(1)　許可を受けた建設業の建設工事を請け負い，それに附帯する他の建設業の建設工事も請け負おうとする者

(2)　二以上の都道府県の区域内に営業所を設けて営業しようとする者

(3)　建設工事を発注者から直接請け負い，施工しようとする者

(4)　5000万円以上の下請契約を締結して管工事を施工しようとする者　　《基本問題》

※令和7年1月に請負代金に関する法令改正があり，選択肢の一部を修正した。

▶ **解説**

4　(2)　「国土交通大臣の許可」では，営業所の設置可能な区域に制限はない。一方，「都道府県知事の許可」では，当該の都道府県のみに営業所が設置でき，営業所の設置可能な区域に制限があることになる（法第三条（建設業の許可））。誤っている。

　間違いやすい選択肢 ▶ (1)「国土交通大臣の許可」と「都道府県知事の許可」では，どちらも工事可能な区域に制限はない。都道府県知事の許可の場合でも，全国で営業ができ，工事の施工も区域に制限はない。

5　(2)　管工事を下請負人としてのみ施工する者であっても，法第三条第1項ただし書の政令で定める軽微な建設工事（工事一件の請負代金の額が500万円に満たない工事）以外の建設工事を請け負う場合には，管工事業の許可を受けなければならない（令第一条の二（法第三条第一項ただし書の軽微な建設工事））。したがって，管工事を下請負人としてのみ施工する者であっても，請負代金の額が500万円以上の工事の場合，管工事業の許可を受けなくてはならない。誤っている。

　間違いやすい選択肢 ▶ (1)管工事業の許可を受けた者は，工事1件の請負代金の額が500万円未満の工事を施工する場合でも，主任技術者を置く必要がある。

6　(1)　建設業者は，建設工事の注文者から請求があったときは，請負契約が成立するまでの間に，建設工事の見積書を交付しなければならない（法第二十条　建設工事の見積り等）。誤っている。

　間違いやすい選択肢 ▶ (2)建設業者は，共同住宅を新築する建設工事を請け負った場合，いかなる方法をもってするかを問わず，一括して他人に請け負わせてはならない。

7　(2)　建設業許可は全国共通であり，都道府県知事許可と国土交通大臣許可の違いは，営業所が複数の都道府県に存在しているかどうかの違いだけである。すなわち，二以上の都道府県の区域内に営業所を設けて営業しようとする者は，必要となる建設業の許可が国土交通大臣の許可に限られる（法第三条）。

　間違いやすい選択肢 ▶ (3)建設工事を発注者から直接請け負い，施工しようとする者

設備関連法規

202　第8章　設備関連法規

●8・4・2　主任技術者と監理技術者，建設業

8

建設業の許可を受けた建設業者が，現場に置く主任技術者等に関する記述のうち，「建設業法」上，**誤っているもの**はどれか。

(1)　請負人が請負契約の履行に関し工事現場に置く主任技術者は，現場代理人を兼ねることができる。

(2)　一定金額以上で請け負った共同住宅の建設工事に置く主任技術者は，工事現場ごとに，専任の者でなければならない。

(3)　発注者から直接建設工事を請け負った特定建設業者は，その工事の下請契約の請負代金の総額が一定金額以上の場合，主任技術者の代わりに監理技術者を置かなければならない。

(4)　主任技術者は，請負契約の履行を確保するため，請負人に代わって工事の施工に関する一切の事項を処理しなければならない。

《R6後-44》

9

「建設業法」の用語に関する記述のうち，**誤っているもの**はどれか。

(1)　「建設業」とは，建設工事の完成を請け負う営業をいい，元請，下請その他いかなる名義をもってするかは問わない。

(2)　「発注者」とは，建設工事の注文者のうち，他の者から請け負った建設工事の注文者を除いた者をいう。

(3)　「元請負人」とは，下請契約における注文者をいい，建設業者であるものに限らない。

(4)　水道施設工事は，「建設工事」に含まれる。

《R6前-43》

10

建設業者が請け負った管工事について，「建設業法」上，当該工事現場に置かなければならない主任技術者の要件に，**該当しないもの**はどれか。

(1)　検定種目を管工事施工管理とする2級技術検定の第二次検定に合格した者

(2)　一級建築士免許の交付を受けた者

(3)　管工事に関し10年以上の実務経験を有する者

(4)　建築設備士となった後，管工事に関し1年以上の実務経験を有する者

《R5後-43》

〈p.200～201の解答〉　**正解**　**4**(2)，**5**(2)，**6**(1)，**7**(2)

8・4　建設業法　203

▶解説

8 (4)　主任技術者及び監理技術者は，工事現場における建設工事を適正に実施するため，当該建設工事の施工計画の作成，工程管理，品質管理その他の技術上の管理及び当該建設工事の施工に従事する者の技術上の指導監督の職務を誠実に行わなければならない（法第二十六条の四（主任技術者及び監理技術者の職務等））。請負人に代わって工事の施工に関する一切の事項を処理しなければならないとの<u>規定はない</u>。したがって，誤っている。

間違いやすい選択肢 ▶ (2)一定金額以上で請け負った共同住宅の建設工事に置く主任技術者は，工事現場ごとに，専任の者でなければならない。

9 (3)　この法律において「発注者」とは，建設工事（他の者から請け負ったものを除く。）の注文者をいい，「元請負人」とは，下請契約における注文者で<u>建設業者であるものをいい</u>，「下請負人」とは，下請契約における請負人をいう（法第二条第5項（定義））。したがって，誤っている。

間違いやすい選択肢 ▶ (2)発注者とは，建設工事の注文者のうち，他の者から請け負った建設工事の注文者を除いた者をいう。

10 (2)　主任技術者の資格に関する規定は，次による（規則第七条の三）。
1)　実務経験者
①高等学校指定学科卒業後5年以上
②高等専門学校指定学科卒業後3年以上
③大学指定学科卒業後3年以上
<u>④上記以外の学歴で10年以上の実務経験を有する者</u>
2)　国家資格者等
<u>①技術検定（管工事施工管理技士（1級・2級））</u>
②技術士（機械部門，上下水道部門，衛生工学部門，総合技術監理部門）
③技能検定（建築板金，冷凍空気調和機器施工，配管（いずれも2級は合格後3年以上の実務経験が必要）
④給水装置工事主任技術者（有資格後1年以上の実務経験必要）
⑤建設工事に従事する者の技術・技能審査等事業（1級計装士（合格後1年以上の実務経験が必要））
<u>⑥建築設備に関する知識及び技能の審査（建築設備士（有資格後1年以上の実務経験が必要））</u>
3)　1）又は2）と同等以上と認められる者
したがって，一級建築士免許の交付を受けた者は<u>該当しない</u>。

間違いやすい選択肢 ▶ (4)建築設備士になった後，管工事に関し1年以上の実務経験を有する者。

設備関連法規

11 建設業の許可を受けた建設業者が，現場に置く主任技術者等に関する記述のうち，「建設業法」上，**誤っているもの**はどれか。
(1) 主任技術者は，当該建設工事の施工計画の作成，工程管理，品質管理その他の技術上の管理及び当該建設工事の施工に従事する者の技術上の指導監督の職務を誠実に行わなければならない。
(2) 工事現場における建設工事の施工に従事する者は，主任技術者又は監理技術者がその職務として行う指導に従わなければならない。
(3) 発注者から直接建設工事を請け負った特定建設業者は，その工事の下請契約の請負代金の総額が一定額以上の場合，主任技術者の代わりに監理技術者を置かなければならない。
(4) 主任技術者は，請負契約の履行を確保するため，請負人に代わって工事の施工に関する一切の事項を処理しなければならない。
《R4 後-43》

12 建設業に関する記述のうち，「建設業法」上，**誤っているもの**はどれか。
(1) 建設業とは，建設工事の完成を請け負う営業をいい，下請契約によるものを含まない。
(2) 下請契約とは，建設工事を他の者から請け負った建設業を営む者と他の建設業を営む者との間で当該建設工事の全部又は一部について締結される請負契約をいう。
(3) 発注者とは，建設工事の注文者のうち，他の者から請け負った建設工事の注文者を除いた者をいう。
(4) 元請負人とは，下請契約における注文者で建設業者である者をいい，下請負人とは，下請契約における請負人をいう。
《基本問題》

13 建設業者が請け負った管工事について，「建設業法」上，当該工事の工事現場に置かなければならない主任技術者の要件に，**該当しないもの**はどれか。
(1) 検定種目を管工事施工管理とする2級の技術検定に合格した者
(2) 二級建築士免許の交付を受けた者
(3) 建築設備士となった後，管工事に関し1年以上の実務の経験を有する者
(4) 管工事に関し10年以上の実務の経験を有する者
《基本問題》

14 建設業に関する記述のうち，「建設業法」上，**誤っているもの**はどれか。
(1) 元請負人は，その請け負った建設工事を施工するために必要な工程の細目，作業方法を定めようとするときは，あらかじめ，下請負人の意見をきかなければならない。
(2) 建設業者は，建設工事の注文者から請求があったときは，請負契約の成立後，速やかに建設工事の見積書を交付しなければならない。
(3) 工事現場における建設工事の施工に従事する者は，主任技術者又は監理技術者がその職務として行う指導に従わなければならない。
(4) 建設業者は，共同住宅を新築する建設工事を請け負った場合，いかなる方法をもってするかを問わず，一括して他人に請け負わせてはならない。
《基本問題》

〈p.202 の解答〉　**正解**　8 (4)，9 (3)，10 (2)

8・4　建設業法　205

▶解説

11 (4)　**現場代理人**は，この契約の履行に関し，工事現場に常駐し，その運営，取締りを行うほか，請負代金額の変更，請負代金の請求及び受領，第十二条第1項の請求の受理，同条第3項の決定及び通知並びにこの契約の解除に係る権限を除き，この契約に基づく請負人の一切の権限を行使することができる（公共工事標準請負契約約款第十条）。主任技術者ではない。誤っている。

間違いやすい選択肢 ▶ (3) 発注者から直接建設工事を請け負った特定建設業者は，その工事の下請契約の請負代金の総額が一定額以上の場合，主任技術者を置かなければならない。

12 (1)　建設業とは，建設工事の完成を請け負う営業をいい，下請契約によるものも含む。なぜなら，建設業法において建設業とは，元請，下請その他いかなる名義をもつてするかを問わず，建設工事の完成を請け負う営業をいう（建設業法第二条　定義）。誤っている。

間違いやすい選択肢 ▶ (3)発注者とは，建設工事の注文者のうち，他の者から請け負った建設工事の注文者を除いた者をいう。

13 (2)　主任技術者の資格に関する規定は，次による（規則第七条の三）。
1)　実務経験者
① 高等学校指定学科卒業後5年以上　　② 高等専門学校指定学科卒業後3年以上
③ 大学指定学科卒業後3年以上
④ 上記以外の学歴で10年以上の実務経験を有する者
2)　国家資格者等
① 技術検定（管工事施工管理技士）（1級・2級）
② 技術士（機械部門，上下水道部門，衛生工学部門，総合技術監理部門）
③ 技能検定（建築板金，冷凍空気調和機器施工，配管（いずれも2級は合格後3年以上の実務経験が必要）
④ 給水装置工事主任技術者（有資格後1年以上の実務経験必要）
⑤ 建設工事に従事する者の技術・技能審査等事業（1級計装士（合格後1年以上の実務経験が必要））
⑥ 建築設備に関する知識及び技能の審査（建築設備士（有資格後1年以上の実務経験が必要））
3)　1）又は2）と同等以上と認められる者
したがって，二級建築士免許の交付を受けた者は該当しない。

間違いやすい選択肢 ▶ (4)管工事に関し10年以上の実務の経験を有する者

14 (2)　建設業者は，建設工事の注文者から請求があったときは，請負契約が成立するまでの間に，建設工事の見積書を交付しなければならない（法第二十条建設工事の見積り等）。誤っている。

間違いやすい選択肢 ▶ (3)工事現場における建設工事の施工に従事する者は，主任技術者又は監理技術者がその職務として行う指導に従わなければならない。

設備関連法規

206　第 8 章　設備関連法規

8・5　消防法

● 8・5・1　危険物の区分及び指定数量

1
危険物に関する記述のうち，「消防法」上，**誤っているもの**はどれか。
(1)　屋内タンク貯蔵所には，見やすい箇所に屋内タンク貯蔵所である旨を表示した標識を設ける。
(2)　危険物を貯蔵し，又は取り扱う屋内タンクは，平家建の建築物に設けられたタンク専用室に設置する。
(3)　指定数量以上の危険物は，原則として，貯蔵所以外の場所でこれを貯蔵してはならない。
(4)　品名又は指定数量を異にする二以上の危険物を同一の場所で貯蔵する場合，それぞれの危険物が指定数量未満であれば指定数量以上の貯蔵所とはならない。

《R6 前-45》

2
危険物に関する記述のうち，「消防法」上，**誤っているもの**はどれか。
(1)　ガソリンの指定数量は，400 リットルである。
(2)　軽油の指定数量は，1,000 リットルである。
(3)　灯油の指定数量は，1,000 リットルである。
(4)　重油の指定数量は，2,000 リットルである。　《R5 前-45》

3
同一の場所で複数の危険物を取り扱う場合において，指定数量未満となる組合せとして，「消防法」上，**誤っているもの**はどれか。
(1)　灯油 100 L，重油 200 L　　　(2)　ガソリン 100 L，灯油 200 L
(3)　軽油 500 L，重油 1,000 L　　(4)　灯油 200 L，軽油 500 L　　《基本問題》

4
危険物の区分及び指定数量に関する記述のうち，「消防法」上，**誤っているもの**はどれか。
(1)　重油は，第三石油類である。　　(2)　重油の指定数量は，2,000 L である。
(3)　灯油は，第二石油類である。　　(4)　灯油の指定数量は，500 L である。《基本問題》

▶ 解説

1　(4)　別表第一に掲げる品名又は指定数量を異にする二以上の危険物を同一の場所で貯蔵し，又は取り扱う場合において，当該貯蔵又は取扱いに係るそれぞれの危険物の数量を当該危険物の指定数量で除し，その商の和が 1 以上となるときは，当該場所は，指定数量以上の危険物を貯蔵し，又は取り扱っているものとみなす（法第十条）。したがって，それぞれの危険物が指定数量未満であっても，<u>危険物の数量を当該危険物の指定数量で除し，その商の和が 1 以上となるときは貯蔵所となる</u>。したがって，誤っている。

〈p.204 の解答〉　**正解**　**11**(4)，**12**(1)，**13**(2)，**14**(2)

8・5 消防法　207

間違いやすい選択肢 ▶ (2)危険物を貯蔵し，又は取り扱う屋内タンクは，平家建ての建築物に設けられたタンク専用室に設置する。

2 (1)　ガソリンの指定数量は，200 リットルである。したがって，誤っている。

第四類の主な危険物の指定数量（危険物の規制に関する政令別表第三）

品名	物品の例	指定数量〔L〕
第一石油類	ガソリン，ベンゼン	200
	アセトン	400
第二石油類	灯油，軽油	1,000
	さく酸	2,000
第三石油類	重油，クレオソート油	2,000
第四石油類	ギヤー油，シリンダー油	6,000

間違いやすい選択肢 ▶ (2)軽油の指定数量は，1,000 リットルである。

3 (3)　別表第一に掲げる品名又は指定数量を異にする二以上の危険物を同一の場所で貯蔵し，又は取り扱う場合において，当該貯蔵又は取扱いに係るそれぞれの危険物の数量を当該危険物の指定数量で除し，その商の和が 1 以上となるときは，当該場所は，指定数量以上の危険物を貯蔵し，又は取り扱っているものとみなす（法第十条）。

指定数量は，ガソリン：200 L，灯油・軽油：1,000 L，重油：2,000 L であるので，設問の組合せにおける「商の和」は次の通り。

(1)　灯油 100 L，重油 200 L…商の和＝100/1,000＋200/2,000＝0.2<1
指定数量未満

(2)　ガソリン 100 L，灯油 200 L…商の和＝100/200＋200/1,000＝0.7<1
指定数量未満

(3)　軽油 500 L，重油 1,000 L…商の和＝500/1,000＋1,000/2,000＝1≧1
指定数量以上

(4)　灯油 200 L，軽油 500 L…商の和＝200/1,000＋500/1,000＝0.7<1
指定数量未満

したがって，(3)の組合せは誤っている。

間違いやすい選択肢 ▶ (4)灯油 200 L，軽油 500 L

4 (4)　灯油の指定数量は，第二石油類であるので，1,000 L である（危険物令第一条十一）。したがって，誤っている。

間違いやすい選択肢 ▶ (3)灯油は，第二石油類である。

ワンポイントアドバイス　8・5・2　屋内消火栓設備

①　**ポンプの吐出量**　ポンプの吐出量は，屋内消火栓の設置個数が最も多い階における当該設置個数（設置個数が 2 を超えるときは，2 とする）に 2 号消火栓の場合では，70 L/ 分を乗じて得た量以上の量とする。

②　**非常電源**　屋内消火栓設備には，非常電源を附置する。

③　**放水圧力と放水量**

	放水圧力 [MPa]	放水量 [L/min]
1 号消火栓	0.17～0.7	130 以上
2 号消火栓	0.25～0.7	60 以上

設備関連法規

208　第8章　設備関連法規

●8・5・2　消火設備，屋内消火栓設備

5　消防用設備のうち，「消防法」上，非常電源を附置する**必要のないもの**はどれか。

(1)　連結散水設備

(2)　屋内消火栓設備

(3)　スプリンクラー設備

(4)　ハロゲン化物消火設備　　　　　　　　　　　　　　　　　　　《R6 後-45》

6　屋内消火栓設備に関する記述のうち，「消防法」上，**誤っているもの**はどれか。

(1)　屋内消火栓箱の上部には，設置の標示のために赤色の灯火を設ける。

(2)　加圧送水装置の始動を明示する表示灯は，屋内消火栓箱の内部又はその直近の箇所に設ける。

(3)　1 号消火栓の主配管のうち，立上り管は，管の呼びで 50 mm 以上のものとする。

(4)　1 号消火栓以外の場合は，非常電源の附置は不要である。　　　　《R5 後-45》

7　消防の用に供する設備のうち，「消防法」上，消火設備に**該当しないもの**はどれか。

(1)　消火器

(2)　屋内消火栓設備

(3)　防火水槽

(4)　スプリンクラー設備　　　　　　　　　　　　　　　　　　　　《R4 後-45》

8　「消防法」に基づく届出書等とその届出者の組合せのうち，「消防法」上，**誤っているもの**はどれか。（届出書等）（届出者）

(1)　消防計画作成届出書　――――――――――――――　施工者

(2)　工事整備対象設備等着工届出書　――――――――――　消防設備士

(3)　危険物製造所・貯蔵所・取扱所設置許可申請書　―――　設置者

(4)　消防用設備等設置届出書　―――――――――――――　防火対象物の関係者　　　　　　　　　　　　　　　　　　　　　　　　　　　　　　《基本問題》

〈p.206 の解答〉　**正解**　**1**(4)，**2**(1)，**3**(3)，**4**(4)

8・5 消防法 209

▶解説

5 (1) 連結散水設備は，消火設備とは異なり，「消火活動上必要な施設」の一つで，火災が発生した場合，煙や熱が充満することによって消防活動が難しくなることが予想される地下街や地下階に設置される設備で，散水ヘッド，配管・弁類及び送水口等から構成されており，火災の際には消防ポンプ自動車から送水口を通じて送水し，散水ヘッドから放水することによって消火活動を支援できるようにした設備である。したがって，非常電源を附置する必要のないものである。

間違いやすい選択肢 ▶ (4)ハロゲン化物消火設備

6 (4) 屋内消火栓設備の非常電源は，非常電源専用受電設備，自家発電設備，蓄電池設備又は燃料電池設備（法第十七条の二の五第2項第四号に規定する特定防火対象物（特定防火対象物）で，延べ面積が 1,000 m² 以上のもの（第十三条第1項第二号に規定する小規模特定用途複合防火対象物を除く。）にあっては，自家発電設備，蓄電池設備又は燃料電池設備）によるものとし，次のイからホまでに定めるところによること（規則第十二条（屋内消火栓設備に関する基準の細目）第四号）。<u>1号消火栓に限る規定ではない</u>。したがって，誤っている。

間違いやすい選択肢 ▶ (1)1号消火栓の主配管の内，立ち上がり管は，管の呼びで 50 mm 以上のものとする。

7 (3) 法第十七条第1項の政令で定める消防の用に供する設備は，消火設備，警報設備及び避難設備とする（令第七条）。なお，消火設備は，水その他消火剤を使用して消火を行う機械器具又は設備であって，次に掲げるものとする。

　　　一　<u>消火器</u>及び次に掲げる簡易消火用具（水バケツ，水槽，乾燥砂，膨張ひる石又は膨張真珠岩）　　二　<u>屋内消火栓設備</u>　　三　<u>スプリンクラー設備</u>
　　　四　水噴霧消火設備　　五　泡消火設備　　六　不活性ガス消火設備
　　　七　ハロゲン化物消火設備　　八　粉末消火設備　　九　屋外消火栓設備
　　　十　動力消防ポンプ設備　　したがって，該当しない。

間違いやすい選択肢 ▶ (1)消火器

8 (1) 学校，病院，工場，事業場，興行場，百貨店，複合用途防火対象物その他多数の者が出入し，勤務し，又は居住する防火対象物で政令で定めるものの管理について権原を有する者は，政令で定める資格を有する者のうちから防火管理者を定め，政令で定めるところにより，当該防火対象物について消防計画の作成，当該消防計画に基づく消火，通報及び避難の訓練の実施，消防の用に供する設備，消防用水又は消火活動上必要な施設の点検及び整備，火気の使用又は取扱いに関する監督，避難又は防火上必要な構造及び設備の維持管理並びに収容人員の管理その他防火管理上必要な業務を行わせなければならない（消防法第八条）。権限を有する者とは，<u>法人の場合は，名称及び代表者</u>であり，施工者ではない。消防関係で施工者が届出るものはない。したがって，誤っている。

間違いやすい選択肢 ▶ (4)消防用設備等設置届出書－防火対象物の関係者の組合せは正しい。

設備関連法規

9

屋内消火栓設備を設置しなければならない防火対象物に,「消防法」上,**該当するもの**はどれか。ただし,主要構造部は耐火構造とし,かつ,壁及び天井の室内に面する部分の仕上げは難燃材料でした防火対象物とする。また,地階,無窓階及び指定可燃物の貯蔵,取扱いはないものとする。

(1)　事務所 ─────── 地上 3 階,延べ面積 2,000 m²

(2)　共同住宅 ─────── 地上 3 階,延べ面積 2,000 m²

(3)　集会場 ─────── 地上 2 階,延べ面積 2,000 m²

(4)　学校 ─────── 地上 2 階,延べ面積 2,000 m²

《基本問題》

〈p.208 の解答〉 **正解** **5** (1), **6** (4), **7** (3), **8** (1)

▶解説

9 (3) 地階，無窓階又は4階以上の階がない場合の屋内消火栓設備に関する基準によると，屋内消火栓設備は，次に掲げる防火対象物又はその部分に設置するものとある（令第十一条）。

一　別表第一（一）項に掲げる防火対象物で，延べ面積が500 m²以上のもの

二　別表第一（二）項から（十）項まで，（十二）項及び（十四）項に掲げる防火対象物で，延べ面積が700 m²以上のもの

三　別表第一（十一）項及び（十五）項に掲げる防火対象物で，延べ面積が1,000 m²以上のもの

四　別表第一（十六の二）項に掲げる防火対象物で，延べ面積が150 m²以上のもの

なお，耐火建築物＋内装制限であれば3倍読みできるので，設問の屋内消火栓設備を設置しなければならない防火対象物は，次の延べ面積以上となる。

(1) 事務所は，別表第一（十五）項に該当し，3,000 m²以上なので該当しない。

(2) 共同住宅は，別表第一（五）項に該当し，2,100 m²以上なので該当しない。

(3) 集会場は，別表第一（一）項に該当し，<u>1,500 m²以上なので該当する</u>。

(4) 学校は，別表第一（七）項に該当し，2,100 m²以上なので該当しない。

別表第一　防火対象物（抜粋）

（一）	イ　劇場，映画館，演芸場又は観覧場 ロ　公会堂又は集会場
（五）	イ　旅館，ホテル，宿泊所その他これらに類するもの ロ　寄宿舎，下宿又は共同住宅
（七）	小学校，中学校，義務教育学校，高等学校，中等教育学校，高等専門学校，大学，専修学校，各種学校その他これらに類するもの
（十五）	前各項に該当しない事業場

間違いやすい選択肢 ▶ (4)学校 ─── 地上2階，延べ面積2,000 m²

212　第8章　設備関連法規

8・6　廃棄物の処理及び清掃に関する法律

1 廃棄物の処理に関する記述のうち，「廃棄物の処理及び清掃に関する法律」上，**誤って
いるもの**はどれか。

(1) 廃棄物とは，ごみ，粗大ごみ，燃え殻，汚泥，ふん尿，廃油，廃酸，廃アルカリ，
動物の死体その他の汚物又は不要物であって，固形状又は液状のもの（放射性物質
及びこれによって汚染された物を除く。）をいう。

(2) 事業活動に伴って生じた廃棄物のうち，木くず（建設業に係るもの（工作物の新
築，改築又は除去に伴って生じたものに限る。））は，一般廃棄物である。

(3) 廃エアコンディショナー（国内における日常生活に伴って生じたものに限る。）に
含まれるポリ塩化ビフェニルを使用する部品は，特別管理一般廃棄物である。

(4) 建築物の改築に伴って生じた産業廃棄物であって，石綿をその重量の 0.1% を超
えて含有する場合（廃石綿等を除く。），石綿含有産業廃棄物として処理する。

《R6 後-48》

2 廃棄物の処理に関する記述のうち，「廃棄物の処理及び清掃に関する法律」上，**誤って
いるもの**はどれか。

(1) 事業者は，その事業活動に伴って生じた廃棄物を自らの責任において適正に処理
しなければならない。

(2) 事業者は，その産業廃棄物（特別管理産業廃棄物を除く。）が運搬されるまでの間，
産業廃棄物保管基準に従い，生活環境の保全上支障のないようにこれを保管しなけ
ればならない。

(3) 建設工事の元請業者が，当該工事において発生させた産業廃棄物を自ら処理施設
へ運搬する場合は，産業廃棄物収集運搬業の許可を受けなければならない。

(4) 産業廃棄物管理票交付者は，管理票の写しの送付を受けたときは，当該運搬又は
処分が終了したことを当該管理票の写しにより確認しなければならない。

《R6 前-48》

3 産業廃棄物の処理に関する記述のうち，「廃棄物の処理及び清掃に関する法律」上，
誤っているものはどれか。

(1) 事業者は，産業廃棄物管理票を，産業廃棄物の種類にかかわらず，一括して交付
することができる。

(2) 廃エアコンディショナー（国内における日常生活に伴って生じたものに限る。）に
含まれるポリ塩化ビフェニルを使用する部品は，特別管理一般廃棄物である。

(3) 事業者は，その事業活動に伴い生じた産業廃棄物の運搬を委託する場合，運搬先
が 1 以上である場合にあっては，運搬先ごとに産業廃棄物管理票を交付しなければ
ならない。

(4) 建築物の改築に伴い生じた衛生陶器の破片は，産業廃棄物として処理する。

《R5 後-48》

〈p.210 の解答〉　**正解**　**9** (3)

8・6　廃棄物の処理及び清掃に関する法律　213

▶解説

1 (2)　事業活動に伴って生じた廃棄物のうち，木くず（建設業に係るもの（工作物の新築，改築又は除去に伴って生じたものに限る。））は，安定型処分場で処分できない産業廃棄物である（令第二条）。したがって，誤っている。

間違いやすい選択肢 ▶ (1) 廃棄物とは，ごみ，粗大ごみ，燃え殻，汚泥，ふん尿，廃油，廃酸，廃アルカリ，動物の死体その他の汚物又は不要物であって，固形状又は液状のもの（放射性物質及びこれによって汚染された物を除く。）をいう。

2 (3)　産業廃棄物処理業によると，産業廃棄物の収集又は運搬を業として行おうとする者は，当該業を行おうとする区域を管轄する都道府県知事の許可を受けなければならない（法第十四条）。ただし，事業者（自らその産業廃棄物を運搬する場合に限る。），専ら再生利用の目的となる産業廃棄物のみの収集又は運搬を業として行う者その他環境省令で定める者については，この限りでない。すなわち，建設工事の元請業者が事業者となるので，当該工事において発生させた産業廃棄物（自社物）を自ら処理施設へ運搬する場合は，産業廃棄物収集運搬業の許可は不要である。したがって，誤っている。

間違いやすい選択肢 ▶ (4) 産業廃棄物管理票交付者は，管理票の写しの送付を受けたときは，当該運搬又は処分が終了したことを当該管理票の写しにより確認しなければならない。

3 (1)　産業廃棄物排出事業者は，産業廃棄物の種類ごと，運搬先ごとに産業廃棄物管理票を交付しなければならない（法第十二条の三）。したがって，誤っている。

　　その事業活動に伴い産業廃棄物を生ずる事業者は，その産業廃棄物の運搬又は処分を他人に委託する場合には，当該委託に係る産業廃棄物の引渡しと同時に当該産業廃棄物の運搬を受託した者に対し，当該委託に係る産業廃棄物の種類及び数量，運搬又は処分を受託した者の氏名又は名称その他環境省令で定める事項を記載した産業廃棄物管理票を交付しなければならない。すなわち，産業廃棄物の種類ごと，運搬先ごとに産業廃棄物管理票を交付しなければならないことになる。

間違いやすい選択肢 ▶ (2)廃エアコンディショナー（国内における日常生活に伴って生じたものに限る。）に含まれるポリ塩化ビフェニルを使用する部品は，特別管理一般廃棄物である。

設備関連法規

4 産業廃棄物の処理に関する記述のうち,「廃棄物の処理及び清掃に関する法律」上,**誤っているもの**はどれか。

(1) 事業者は,現場事務所から排出される生ゴミ,新聞,雑誌等は,産業廃棄物として処理しなければならない。

(2) 事業者は,その事業活動に伴って生じた産業廃棄物の運搬先が2以上である場合,運搬先ごとに産業廃棄物管理票を交付しなければならない。

(3) 事業者は,産業廃棄物の処理に電子情報処理組織を使用して,情報処理センターに登録する場合,当該産業廃棄物の種類ごとに登録しなければならない。

(4) 事業者は,産業廃棄物の運搬又は処分を委託して産業廃棄物管理票を交付した場合,当該管理票の写しは管理票を交付した日から5年間保存しなければならない。

《R5 前-48》

5 廃棄物の処理に関する記述のうち,「廃棄物の処理及び清掃に関する法律」上,**誤っているもの**はどれか。

(1) 地山の掘削により生じる土砂は,産業廃棄物として処理する。

(2) 廃エアコンディショナー(国内における日常生活に伴って生じたものに限る。)に含まれるポリ塩化ビフェニルを使用する部品は,特別管理一般廃棄物である。

(3) 建築物の改築に伴い生じた衛生陶器の破片は,産業廃棄物として処理する。

(4) 建築物の改築に伴い除去したビニル床タイルに,石綿をその重量の0.1%を超えて含有する場合,石綿含有産業廃棄物として処理する。

《R4 後-48》

6 産業廃棄物等の処理に関する記述のうち,「廃棄物の処理及び清掃に関する法律」上,**誤っているもの**はどれか。

(1) 建設工事の元請業者が,当該工事において発生させた産業廃棄物を自ら処理施設へ運搬する場合は,産業廃棄物収集運搬業の許可を必要としない。

(2) 産業廃棄物の不法投棄があった場合,責任を問われるのは産業廃棄物の処分業者で,排出事業者に責任が及ぶことはない。

(3) 建築物の改築に伴い廃棄する蛍光灯の安定器にポリ塩化ビフェニルが含まれている場合,特別管理産業廃棄物として処理しなければならない。

(4) 建築物の改築に伴って生じる紙くず及び繊維くずは,産業廃棄物として処理しなければならない。

《基本問題》

〈p.212 の解答〉 **正解** **1** (2), **2** (3), **3** (1)

8・6 廃棄物の処理及び清掃に関する法律 215

7 廃棄物の処理に関する記述のうち，「廃棄物の処理及び清掃に関する法律」上，**誤って
いるもの**はどれか。

(1) 廃エアコンディショナー（国内における日常生活に伴って生じたものに限る。）に
含まれるポリ塩化ビフェニルを使用する部品は，特別管理一般廃棄物である。

(2) 地山の掘削により生じる土砂は，産業廃棄物として処理する。

(3) 建築物の改築に伴い生じた衛生陶器の破片は，産業廃棄物として処理する。

(4) 建築物の改築に伴い除去したビニル床タイルに，石綿をその重量の 0.1％ を超え
て含有する場合，石綿含有産業廃棄物として処理する。

《基本問題》

▶ **解説**

4 (1) 現場事務所での作業，作業員の飲食等に伴う廃棄物（図面，雑誌，飲料空き缶，弁当
殻，生ごみ）は，事業活動に伴って生じた廃棄物のうち，燃え殻，汚泥，廃油，廃酸，
廃アルカリ，廃プラスチック類その他政令で定める廃棄物（＝産業廃棄物）でないので，
<u>一般廃棄物として処理する</u>（法第二条）。したがって，誤っている。

間違いやすい選択肢 ▶ (4)事業者は，産業廃棄物の運搬又は処分を委託して産業廃棄物管
理票を交付した場合，当該管理票の写しは管理票を交付した日から 5 年間保存しなけれ
ばならない。

5 (1) 地山の掘削により生じる土砂は，<u>廃棄物の処理及び清掃に関する法律で規制される廃
棄物に該当しない</u>（法第二条，令第二条）。したがって，誤っている。

間違いやすい選択肢 ▶ (4)建築物の改築に伴い除去したビニル床タイルに，石綿をその重
量の 0.1％ を超えて含有する場合，石綿含有産業廃棄物として処理する。

6 (2) 事業者は，その事業活動に伴って生じた廃棄物を自らの責任において適正に処理しな
ければならない（廃棄物の処理及び清掃に関する法律第三条（事業者の責務））。すなわ
ち，廃棄物処理の責任は，最後まで廃棄物処理業者と排出業者にあるのが，法律での基
本的な考え方である。したがって，産業廃棄物の不法投棄があった場合，責任を問われ
<u>るのは産業廃棄物の処分業者と排出事業者である</u>。したがって，誤っている。

間違いやすい選択肢 ▶ (1)建設工事の元請業者が，当該工事において発生させた産業廃棄
物を自から処理施設へ運搬する場合は，産業廃棄物収集運搬業の許可を必要としない。

7 (2) 地山の掘削により生じる土砂は，<u>廃棄物の処理及び清掃に関する法律で規制される廃
棄物に該当しない</u>。したがって，誤っている。

間違いやすい選択肢 ▶ (3)建築物の改築に伴い生じた衛生陶器の破片は，産業廃棄物とし
て処理する。

設備関連法規

216 　第 8 章　設備関連法規

① 一般廃棄物

家庭の日常生活による廃棄物（ごみ，生ごみ等），現場事務所での作業，作業員の飲食等に伴う廃棄物（図面，雑誌，飲料空缶，弁当殻，生ごみ等）

② 特別管理一般廃棄物

日常生活により生じたもので，ポリ塩化ビフェニルを含む部品（廃エアコンディシショナー，廃テレビジョン受信機，廃電子レンジ）

③ 安定型産業廃棄物

がれき類	工作物の新築・改築及び除去に伴って生じたコンクリートがら，アスファルト・コンクリートがら，その他がれき類
ガラスくず，コンクリートくず及び陶磁器くず	カラスくず，コンクリートくず（工作物の新築・改築及び除去に伴って生じたものを除く。），タイル衛生陶磁器くず，耐火れんがくず，瓦，グラスウール
廃プラスチック類	廃発泡スチロール・廃ビニル，合成ゴムくず，廃タイヤ，硬質塩ビパイプ，タイルカーペット，ブルーシート，PP バンド，こん包ビニル，電線被覆くず，発泡ウレタン，ポリスチレンフォーム
金属くず	鉄骨・鉄筋くず，金属加工くず，足場パイプ，保安へいくず，金属型l枠，スチールサッシ，配管くず，電線類，ボンベ類，廃缶類（塗料缶，シール缶，スプレー缶，ドラム缶等）
ゴムくず	天然ゴムくず

④ 安定型処分場で処分できない産業廃棄物

汚泥	含水率が高く粒子の微細な泥状の掘削物
ガラスくず，コンクリートくず及び陶磁器くず	廃せっこうボード，廃ブラウン管（側面部），有機性のものが付着・混入した廃容器・包装機材
金属くず	鉛蓄電池の電極，鉛管・鉛板
廃プラスチック類	有機性のものが付着・混入した廃容器・包装，廃プリント配線盤（鉛・はんだ使用）
木くず	建築物の新築・改築に伴って生じたもの，解体木くず（木造建屋解体材，内装撤去材，新築木くず（型枠，足場板材等，内装・建具工事等の残材）伐採材，抜根材
紙くず	建築物の新築・改築に伴って生じたもの，包装材，段ボール，壁紙くず，障子，マスキングテープ類
繊維くず	建築物の新築・改築に伴って生じたもの，廃ウエス，縄，ロープ類，畳，じゅうたん
廃油	防水アスファルト等（タールピッチ類），アスファルト乳剤等，重油等
燃えがら	焼却残渣物

⑤ 特別管理産業廃業物

廃石綿等	飛散性アスベスト廃棄物（吹付け石綿・石綿含有保温材・石綿含有耐火被覆板を除去したもの，石綿が付着したシート，防じんマスク，作業衣等）
廃 PCB 等	PCB を含有したトランス，コンデンサ，蛍光灯安定器，シーリング材，PCB 付着がら
廃酸 (pH 2.0 以下)	硫酸等（排水中和剤）（弱酸性なら産業廃棄物）
廃アルカリ (pH 12 5 以上)	六価クロム含有臭化リチウム（吸収冷凍機吸収液）
引火性廃油 (引火点 70℃ 以下)	揮発油類，灯油類，軽油類
感染性産廃	感染性病原体が含まれるか，付着している又はおそれのあるもの（血液の付着した注射針，採血管）

〈p.214～p.215 の解答〉　**正解**　**4**(1)，**5**(1)，**6**(2)，**7**(2)

メモ

218　第 8 章　設備関連法規

8・7　その他の法令

●8・7・1　建設工事に係る資材の再資源化等に関する法律

1
建築物に係る建設工事のうち，「建設工事に係る資材の再資源化等に関する法律」上，特定建設資材廃棄物をその種類ごとに分別しつつ施工しなければならない工事に**該当しないもの**はどれか。ただし，都道府県が条例で，適用すべき建設工事の規模に関する基準を定めた区域を除く。

(1)　模様替工事で請負代金の額が 1 億円であるもの

(2)　新築工事で床面積の合計が 500 m² であるもの

(3)　増築工事で増築部分の床面積の合計が 500 m² であるもの

(4)　解体工事で解体部分の床面積の合計が 50 m² であるもの

《R6 前-47》

2
次の建設資材のうち，「建設工事に係る資材の再資源化等に関する法律」上，再資源化が特に必要とされる特定建設資材に**該当しないもの**はどれか。

(1)　コンクリート及び鉄から成る建設資材

(2)　アスファルト・コンクリート

(3)　アスファルト・ルーフィング

(4)　木材

《R4 後-46》

3
次の建築物に係る建設工事のうち，「建設工事に係る資材の再資源化等に関する法律」上，特定建設資材廃棄物をその種類ごとに分別しつつ施工しなければならない工事に**該当するもの**はどれか。ただし，都道府県条例で，適用すべき建設工事の規模に関する基準を定めた区域における建設工事を除く。

(1)　解体工事で当該解体工事に係る床面積の合計が 50 m² であるもの

(2)　新築工事で床面積の合計が 300 m² であるもの

(3)　建築設備の改修工事で請負代金の額が 3,000 万円であるもの

(4)　模様替工事で請負代金の額が 1 億円であるもの

《基本問題》

▶解説

1　(4)　特定建設資材廃棄物をその種類ごとに分別しつつ施工しなければならない工事に該当するものは，法第九条第 3 項の建設工事の規模に関する基準は，次に掲げる通りである（令第二条）。

一　建築物に係る解体工事については，当該建築物の床面積の合計が 80 m² であるもの

二　建築物に係る新築又は増築の工事については，当該建築物（増築の工事にあっては，当該工事に係る部分に限る。）の床面積の合計が 500 m² あるもの

三　建築物に係る新築工事等であって前号に規定する新築又は増築の工事に該当しないものについては，その請負代金の額が 1 億円であるもの

四　建築物以外のものに係る解体工事又は新築工事等については，その請負代金の額が 500 万円であるもの

　したがって，(4)の 50 m² は，80 m² 未満であるので，分別しつつ施工しなければならない工事に該当しない。

間違いやすい選択肢 ▶ (2)新築工事で床面積の合計が 500 m² であるもの

2　(3)　特定建設資材とは，コンクリート，コンクリート及び鉄から成る建設資材，木材及びアスファルト・コンクリートである。したがって，(3)アスファルト・ルーフィングは，建材としての現場での再生利用が基本的にできないので特定建設資材に該当しない（令第一条）。

間違いやすい選択肢 ▶ (4)木材

3　(4)　特定建設資材廃棄物をその種類ごとに分別しつつ施工しなければならない工事に該当するものは，法第九条第 3 項の建設工事の規模に関する基準は，令第二条で示されている。

(1)　解体工事で当該解体工事に係る床面積の合計が 80 m² 以上で該当するので，分別しつつ施工しなければならない工事に該当しない。誤りである。

(2)　新築工事で床面積の合計が 500 m² 以上で該当するので，分別しつつ施工しなければならない工事に該当しない。誤りである。

(3)　建築設備の改修工事は，特定建設資材（コンクリート，コンクリート及び鉄から成る建設資材，木材，アスファルト・コンクリート）廃棄物が排出されないので，分別しつつ施工しなければならない工事に該当しない。誤りである。

(4)　建築物の修繕・模様替工事で請負代金の額が，1 億円以上であるものが該当するので，分別しつつ施工しなければならない工事に該当する。正しい。したがって，(4)が該当する。

間違いやすい選択肢 ▶ (3)建築設備の改修工事で請負代金の額が 3,000 万円であるもの

ワンポイントアドバイス　8・7・1　建設工事に係る資材の再資源化等に関する法律

(1)　**分別解体等実施義務（対象建設工事）**

　①　建築物の解体工事では，床面積の合計が 80 m² 以上

　②　建築物の新築又は増築の場合では，床面積が 500 m² 以上

　③　建築物の修繕・模様替え等で請負代金の額が 1 億円以上

　④　建築物以外で解体工事又は新築工事では，請負代金の額が 500 万円以上

(2)　**対象建設工事の届出等**

　対象建設工事の発注者は又は自主施工者は，工事の着手する日の 7 日前までに，①分別解体等の計画，②建築物等に用いられた建設資材の量の見込み等の事項を都道府県知事に届け出なければならない。

220 第8章 設備関連法規

● 8・7・2 フロン類の使用の合理化及び管理の適正化に関する法律

4

冷媒としてフロン類が充填されている機器のうち，「フロン類の使用の合理化及び管理の適正化に関する法律」における第一種特定製品に**該当しないもの**はどれか。

(1) 業務用マルチエアコンディショナー

(2) 業務用スクリュー冷凍機

(3) 家庭用エアコンディショナー

(4) 業務用冷水機

《R6 後-46》

5

業務用冷凍空調機器（カーエアコンを除く。）に関する記述のうち，第一種特定製品の管理者がフロン類の管理の適正化のために取り組むべき事項として，フロン類の使用の合理化及び管理の適正化に関する法律上，**定められていないもの**はどれか。

(1) 簡易点検の実施

(2) 点検及び整備に係る記録簿の保存

(3) フロン類の再生の実施

(4) フロン類の漏えいを確認した場合の漏えいに係る点検及び漏えい箇所の修理

《R5 後-46》

6

冷媒としてフロン類が充填されている機器のうち，「フロン類の使用の合理化及び管理の適正化に関する法律」の**対象でないもの**はどれか。

(1) 家庭用エアコンディショナー

(2) ビル用マルチエアコンディショナー

(3) ターボ冷凍機

(4) 冷水機

《基本問題》

7

業務用冷凍空調機器（カーエアコンを除く。）の冷媒管理に関する記述のうち，「フロン類の使用の合理化及び管理の適正化に関する法律」上，第一種特定製品の管理者が当該機器の使用時又は廃棄時に行うべき事項として**定められていないもの**はどれか。

(1) 簡易点検の実施

(2) フロン類の漏えいを確認した場合の当該漏えいに係る点検及び漏えい箇所の修理

(3) 点検及び整備に係る記録簿の保存

(4) フロン類の再生の実施及び再生証明書の交付

《基本問題》

〈p.218 の解答〉 **正解** **1** (4)，**2** (3)，**3** (4)

8・7　その他の法令　221

▶解説

4 (3)　この法律の対象となる第一種特定製品とは，業務用の機器（一般消費者が通常生活の用に供する機器以外の機器をいう。）であって，冷媒としてフロン類が充塡されている次の機器をいう（フロン類の使用の合理化及び管理の適正化に関する法律第二条）。

　　一　業務用エアコンディショナー
　　二　業務用冷蔵機器及び冷凍機器（冷蔵又は冷凍の機能を有する自動販売機を含む。）
　　したがって，(3)家庭用エアコンディショナーは該当しない。

間違いやすい選択肢 ▶ (4)業務用冷水機は，業務用冷蔵機器及び冷凍機器（冷蔵又は冷凍の機能を有する自動販売機を含む。）に該当する。

5 (3)　主務大臣は，第一種特定製品に使用されるフロン類の管理の適正化を推進するため，第一種特定製品の管理者が取り組むべき措置に関して第一種特定製品の管理者の判断の基準となるべき事項を定め，これを公表する（法第十六条）。実施すべき事項は，次による。

　　①　機器の適切な場所への設置（確認）　②　点検及び整備に係る記録簿の保存
　　③　機器の点検の実施（点検：簡易点検・定期点検）
　　④　フロン類の漏えいを確認した場合の当該漏えいに係る点検及び漏えい箇所の修理
　　したがって，(3)フロン類の再生の実施は，第一種フロン類再生業者の行う職務であり，第一種特定製品の管理者が取り組むべき措置に定められていない。

間違いやすい選択肢 ▶ (1)簡易点検の実施　機器の点検は含まれる。

6 (1)　この法律の対象となる第一種特定製品とは，業務用の機器（一般消費者が通常生活の用に供する機器以外の機器をいう。）であって，冷媒としてフロン類が充塡されている次の機器をいう（フロン類の使用の合理化及び管理の適正化に関する法律第二条）。

　　一　業務用エアコンディショナー
　　二　業務用冷蔵機器及び冷凍機器（冷蔵又は冷凍の機能を有する自動販売機を含む。）
　　したがって，(1)家庭用エアコンディショナーは対象でない。

間違いやすい選択肢 ▶ (4)冷水機　冷媒としてフロン類が充塡されていない機器と勘違いする。

7 (4)　主務大臣は，第一種特定製品に使用されるフロン類の管理の適正化を推進するため，第一種特定製品の管理者が取り組むべき措置に関して第一種特定製品の管理者の判断の基準となるべき事項を定め，これを公表する（法第十六条）。実施すべき事項は，次による。

　　①　機器の適切な場所への設置（確認）
　　②　点検及び整備に係る記録簿の保存
　　③　機器の点検の実施（点検：簡易点検・定期点検）
　　④　フロン類の漏えいを確認した場合の当該漏えいに係る点検及び漏えい箇所の修理
　　したがって，(4)フロン類の再生の実施及び再生証明書の交付は，定められていない。

間違いやすい選択肢 ▶ (1)簡易点検の実施

設備関連法規

222　第8章　設備関連法規

●8・7・3　騒音規制法

8
騒音の規制に関する記述のうち，「騒音規制法」上，**誤っているもの**はどれか。

(1)　特定建設作業とは，建設工事として行われる作業のうち，特定建設業者が行う作業をいう。

(2)　指定地域とは，特定工場等において発生する騒音及び特定建設作業に伴って発生する騒音について規制する地域として指定された地域をいう。

(3)　指定地域内において特定建設作業を伴う建設工事を施工しようとする者は，当該特定建設作業の開始の日の7日前までに，届け出なければならない。

(4)　指定地域内における特定建設作業の実施の届出の事項には，騒音の防止の方法が含まれる。

《R6 前-46》

9
「騒音規制法」上，特定建設作業に伴って発生する騒音を規制する指定地域内において，災害その他非常の事態の発生により当該特定建設作業を緊急に行う必要がある場合にあっても，当該騒音について規制が**適用されるもの**はどれか。

(1)　1日14時間を超えて行われる作業に伴って発生する騒音

(2)　深夜に行われる作業に伴って発生する騒音

(3)　連続して6日間を超えて行われる作業に伴って発生する騒音

(4)　作業場所の敷地境界線において，85デシベルを超える大きさの騒音

《R4 後-47》

10
特定建設作業に伴って発生する騒音について規制する指定地域において，災害その他非常の事態の発生により当該特定建設作業を緊急に行う必要がある場合にあっても，当該騒音について「騒音規制法」上の規制が**適用されるもの**はどれか。

(1)　連続して6日間を超えて行われる作業に伴って発生する騒音

(2)　作業の場所の敷地の境界線において，85デシベルを超える大きさの騒音

(3)　日曜日に行われる作業に伴って発生する騒音

(4)　1日14時間を超えて行われる作業に伴って発生する騒音

《基本問題》

▶ 解説

8　(1)　この法律において「特定建設作業」とは，建設工事として行われる作業のうち，<u>著しい騒音を発生する作業</u>であって政令で定めるものをいう（法第二条第3項（定義））。したがって，誤っている。

　　法第二条第三項の政令で定める作業は，別表第二に掲げる作業とする。ただし，当該作業がその作業を開始した日に終わるものを除く（令第二条（特定建設作業））。

〈p.220 の解答〉 **正解**　**4** (3)，**5** (3)，**6** (1)，**7** (4)

別表第二（第二条関係）

一　くい打機，くい抜機又はくい打くい抜機を使用する作業

二　びよう打機を使用する作業

三　さく岩機を使用する作業

四　空気圧縮機を使用する作業

五　コンクリートプラント又はアスファルトプラントを設けて行う作業

六　バックホウを使用する作業

七　トラクターショベルを使用する作業

八　ブルドーザーを使用する作業

間違いやすい選択肢 ▶ (4)指定地域内における特定建設作業の実施の届出の事項には，騒音の防止の方法が含まれる。

9 (4)　災害その他非常の事態の発生により当該特定建設作業を緊急に行う必要がある場合にあっても，作業の場所の敷地の境界線において，85デシベルを超える大きさの騒音は規制の対象である（特定建設作業に伴って発生する騒音の規制に関する基準）。

特定建設作業に伴って発生する騒音の規制に関する基準

① 災害その他非常の事態の発生時以外（平常時）

一　特定建設作業の騒音が，特定建設作業の場所の敷地の境界線において，85デジベルを超える大きさのものでないこと。

二　特定建設作業の騒音が，別表の第一号に掲げる区域にあっては午後7時から翌日の午前7時までの時間内，別表の第二号に掲げる区域にあっては午後10時から翌日の午前6時までの時間内において行われる特定建設作業に伴って発生するものでないこと。

三　特定建設作業の騒音が，当該特定建設作業の場所において，別表の第一号に掲げる区域にあっては1日10時間，別表の第二号に掲げる区域にあっては1日14時間を超えて行われる特定建設作業に伴って発生するものでないこと。

四　特定建設作業の騒音が，特定建設作業の全部又は一部に係る作業の期間が当該特定建設作業の場所において連続して6日を超えて行われる特定建設作業に伴って発生するものでないこと。

五　特定建設作業の騒音が，日曜日その他の休日に行われる特定建設作業に伴って発生するものでないこと。

② 災害その他非常の事態の発生時（非常時）

一　特定建設作業の騒音が，特定建設作業の場所の敷地の境界線において，85デジベルを超える大きさのものでないこと。

間違いやすい選択肢 ▶ (2)深夜に行われる作業に伴って発生する騒音

10 (2)　災害その他非常の事態の発生により当該特定建設作業を緊急に行う必要がある場合にあっても，作業の場所の敷地の境界線において，85デシベルを超える大きさの騒音は規制の対象である（特定建設作業に伴って発生する騒音の規制に関する基準）。

間違いやすい選択肢 ▶ (3)日曜日に行われる作業に伴って発生する騒音

224　第 8 章　設備関連法規

●8・7・4　浄化槽法

11 浄化槽に関する記述のうち，「浄化槽法」上，**誤っているもの**はどれか。

(1)　浄化槽を新設する場合は，原則として，合併処理浄化槽を設置しなければならない。

(2)　浄化槽からの放流水は，生物化学的酸素要求量を 20 mg/L 以下に処理したものでなければならない。

(3)　浄化槽設備士は，その職務を行うときは，浄化槽設備士証を携帯していなければならない。

(4)　浄化槽工事業を営もうとする者は，当該業を行おうとする区域を管轄する市町村長の登録を受けなければならない。

《R5 前-46》

12 浄化槽に関する記述のうち，「浄化槽法」上，**誤っているもの**はどれか。

(1)　終末処理下水道又はし尿処理施設で処理する場合を除き，浄化槽で処理した後でなければ，し尿を公共用水域等に放流してはならない。

(2)　浄化槽工事を行うときは，浄化槽設備士の資格を有する者が自ら工事を行う場合を除き，浄化槽設備士に実地に監督させなければならない。

(3)　浄化槽を設置した場合，使用を開始する前に，指定検査機関の水質検査を受けなければならない。

(4)　浄化槽を工場で製造する場合，浄化槽の型式について，国土交通大臣の認定を受けなければならない。

《基本問題》

13 浄化槽に関する記述のうち，「浄化槽法」上，**誤っているもの**はどれか。

(1)　浄化槽からの放流水の水質は，生物化学的酸素要求量を 1 L につき 20 mg 以下としなければならない。

(2)　浄化槽を新たに設置する場合，使用開始後一定期間内に，指定検査機関が行う水質に関する検査を受けなければならない。

(3)　浄化槽を工場で製造する者は，型式について都道府県知事の認定を受けなければならない。

(4)　浄化槽工事業を営もうとする者は，当該業を行おうとする区域を管轄する都道府県知事の登録を受けなければならない。

《基本問題》

〈p.222 の解答〉　**正解**　**8** (1)，**9** (4)，**10** (2)

8・7　その他の法令　225

▶解説

11 (4)　浄化槽工事業を営もうとする者は，当該業を行おうとする区域を管轄する都道府県知事の登録を受けなければならない（法第二十一条（登録））。誤っている。

間違いやすい選択肢 ▶ (1)浄化槽を新設する場合は，原則として，合併処理浄化槽を設置しなければならない。

12 (3)　浄化槽を設置した場合，<u>使用開始後一定期間内</u>に，指定検査機関の水質検査を受けなければならない（浄化槽法第七条（設置後等の水質検査），環境省関係浄化槽法施行規則第四条（設置後等の水質検査の内容等））。使用を開始する前では，汚水が流入しておらず生物処理が行われていないので水質検査をしても意味がない。誤っている。

間違いやすい選択肢 ▶ (2)浄化槽工事を行うときは，浄化槽設備士の資格を有する者が自から工事を行う場合を除き，浄化槽設備士に実地に監督させなければならない。

13 (3)　浄化槽を工場において製造しようとする者は，製造しようとする浄化槽の型式について，<u>国土交通大臣の認定</u>を受けなければならない。ただし，試験的に製造する場合においては，この限りでない（法第十三条）。誤っている。

間違いやすい選択肢 ▶ (4)浄化槽工事業を営もうとする者は，当該業を行おうとする区域を管轄する都道府県知事の登録を受けなければならない。

設備関連法規

226　第8章　設備関連法規

●8・7・5　建築物のエネルギー消費性能の向上に関する法律

14　次の建築設備のうち，建築物のエネルギー消費性能の向上に関する法律上，エネルギー消費性能の対象として**規定されていないもの**はどれか。

(1)　給湯設備

(2)　昇降機

(3)　空気調和設備その他の機械換気設備

(4)　ガス設備

《R5 後-47》

15　次の建築設備のうち，建築物のエネルギー消費性能の向上に関する法律上，エネルギー消費性能が評価の対象に**該当するもの**はどれか。

(1)　給水設備

(2)　給湯設備

(3)　ガス設備

(4)　消火設備

《基本問題》

▶解説

14　(4)　建築物のエネルギー消費性能の向上に関する法律第二条第1項第二号の政令で定める建築設備は，次に掲げるものとする（令第一条）。

一　空気調和設備その他の機械換気設備

二　照明設備

三　給湯設備

四　昇降機

したがって，(4)ガス設備は，電気設備と同じでエネルギー源であり，消費先でないので規定されていない。

間違いやすい選択肢▶(1)昇降機　昇降機もエネルギーの消費先である。

15　(2)　建築物のエネルギー消費性能の向上に関する法律第二条第1項第二号の政令で定める建築設備は，次に掲げるものとする（令第一条）。

一　空気調和設備その他の機械換気設備

二　照明設備

三　給湯設備

四　昇降機

したがって，給湯設備は該当する。

間違いやすい選択肢▶(1)給水設備

〈p.224 の解答〉　**正解**　**11**(4)，**12**(3)，**13**(3)

8・7 その他の法令 227

●8・7・6 測定項目と法律の組合せ

16 「測定項目」と「法律」の組合せのうち，当該測定項目がその法律に**規定されていないもの**はどれか。

[測定項目] [法律]
(1) 化学的酸素要求量（COD） 大気汚染防止法
(2) 二酸化炭素の含有率 建築物における衛生的環境の確保に関する法律
(3) 生物化学的酸素要求量（BOD） 浄化槽法
(4) 水素イオン濃度 水質汚濁防止法 《R6 後-47》

17 「法律」と「測定項目」の組合せのうち，当該法律上，**定められていないもの**はどれか。

[法律] [測定項目]
(1) 大気汚染防止法 いおう酸化物の量
(2) 水質汚濁防止法 水素イオン濃度
(3) 建築物における衛生的環境の確保に関する法律 ばいじん量
(4) 浄化槽法 溶存酸素量 《R5 前-47》

▶ **解説** ▮▮▮

16 (1) 化学的酸素要求量（COD）は，BOD とともに有機物などによる水質汚濁の程度を示すもので，酸化剤を加えて水中の有機物と反応（酸化）させたときに消費する酸化剤の量に対応する酸素量を濃度で表した値をいう。水質汚濁防止法での湖沼及び海域の水質を表す指標として用いられ，環境基準が設定されている。一方，大気汚染防止法では，工場や事業場の施設ごとの排出規制，指定地域での総量規制，自動車排出ガスの許容限度の設定などによって大気汚染の防止を図っている。規制の対象となっている物質は，ばい煙（硫黄酸化物，ばいじん，有害物質 5 種），粉じん（一般粉じん，特定粉じん），自動車排出ガス，特定物質（28 物質），有害大気汚染物質（248 種類，うち指定物質 3物質），揮発性有機化合物（VOC）などである。したがって，(1)の組合せは，規定されていない。

間違いやすい選択肢 ▶ (4)水素イオン濃度（pH）——— 水質汚濁防止法

17 (3) 建築物における衛生的環境の確保に関する法律での測定項目は，浮遊粉じんの量，一酸化炭素の含有率，炭酸ガス（CO_2）の含有率，温度，相対湿度，気流及びホルムアルデヒド量の室内環境基準であり，ばいじん量は定められていない。なお，ばいじん量は，大気汚染防止法に定めるばい煙発生施設，ダイオキシン類対策特別措置法に定める特定施設又は産業廃棄物焼却施設において発生するばいじんであって集じん施設によって集められたものをいう。

したがって，(3)の組合せは，当該法律上，定められていない。

間違いやすい選択肢 ▶ (4)浄化槽法 ——— 溶存酸素量 接触ばっ気室・接触ばっ気槽，硝化用接触槽，脱窒用接触槽，再ばっ気槽，ばっ気タンク，ばっ気室・ばっ気槽，流路，硝化槽及び脱窒槽にあっては，溶存酸素量が適正に保持されるようにする。

設備関連法規

228　第 8 章　設備関連法規

設備関連法規

〈p.226〜p.227 の解答〉　正解　14 (4)，15 (2)，16 (1)，17 (3)

第9章
施工管理法
（応用能力）

9・1 ▶	工程管理：各種工程表	232
9・2 ▶	施工計画：機器の据付と調整	238
9・3 ▶	施工計画：配管及び配管付属品の施工	244
9・4 ▶	施工計画：ダクト及びダクト付属品の施工	250

過 去 の 出 題 傾 向

- 問題番号 No.49～No.52 の 4 問は，前年と同様に施工管理法（応用能力）を問う問題で構成されており，必須問題となっている。

- 設問は，四肢二択であり，二択の正解が必須なので，注意が必要である。

- 第 7 章の施工管理法（基礎的な知識）と併せて，ワンポイントアドバイスも参照し，関連する事項の理解を深める必要がある。

- 頻出する引用文献の略記は，次による（標準仕様書，標準図は令和 4 年版）。
  公共建築工事標準仕様書（機械設備工事編）：標準仕様書（機械）
  公共建築設備工事標準図（機械設備工事編）：標準図（機械）
  （公社）空気調和・衛生工学会規格：SHASE-S
  （公社）空気調和・衛生工学会：学会便覧

施工管理法（応用能力）

230 第9章 施工管理法（応用能力）

●過去5回の出題内容と出題箇所●

出題内容・出題数	令和					計
年度（和暦）	6後期	6前期	5後期	5前期	4後期	
9・1　工程管理：各種工程表	1	1	1	1	1	5
9・2　施工計画：機器の据付と調整	1	1	1	1	1	5
9・3　施工計画：配管及び配管附属品の施工	1	1	1	1	1	5
9・4　施工計画：ダクト及びダクト附属品の施工	1	1	1	1	1	5

●令和6年度も令和5年度同様に，施工管理法（応用能力）の出題箇所は，施工管理法（基礎的な知識）の出題箇所と同一であり，基本的に第7章を理解していれば無理なく解ける内容である。

●令和 6 年度の出題傾向●

9・1　工程管理：各種工程表

　前年度と同様に，各種工程表の中から，ガントチャート工程表，バーチャート工程表，ネットワーク工程表，ダクト工程表について，特徴，利用方法などに関する問題が出題されている。

9・2　施工計画：機器の据付と調整

　令和 6 年度は，小型チラー，排水用水中ポンプ，ポンプ吸込管，空冷の HP などの設置での注意点や遠心送風機のベルトの調整方法，吸収式冷温水機の気密の確認などについて出題された。

　送風機・ポンプ（ポンプの基礎もむ含めて）の据付，冷却塔・冷凍機・ボイラーの据付，水槽の六面点検に関する規定などは，過去にも設問として採用されており，理解しておく必要がある。

9・3　施工計画：配管及び配管附属品の施工

　令和 6 年度は，塩ビライニング鋼管，塩ビ管の加工・接合方法や排水管，通気管の施工方法，熱収縮・地盤沈下対策などが出題されている。

　排水管・通気管の設置基準（勾配，接続箇所など）や用途別の枡の名称と構造，吐水口空間・排水口空間など汚染防止対応の内容，振動対策（機器の防振とウォータハンマ対策）も出題されており，理解しておく必要がある。

9・4　施工計画：ダクト及びダクト附属品の施工

　令和 6 年度は，風量調整用ダンパーや防火ダンパーの設置箇所，吹出口の設置基準やフレキシブルダクトの施工上の注意点，スパイラルダクトの接合方法に関わる問題が出題されている。

　ダクトの製造方法，板厚と補強，防火区画貫通箇所でのダクト仕様，風量測定口仕様，吸音材の仕様などについて出題されている。防火ダンパーの支持や，ダクト振動伝搬防止方法，シーリングティフューザの中コーン落下防止対策，スパイラルダクトの継手仕様なども出題されており，理解しておく必要がある。

232　第9章　施工管理法（応用能力）

9・1　工程管理：各種工程表

1 工程表に関する記述のうち，**適当でないもの**はどれか。

適当でないものは二つあるので，二つとも答えなさい。

(1) 同一作業を繰り返し行う工事では，タクト工程表を作成する。

(2) ガントチャート工程表は，縦軸に作業名，横軸に暦日（工期）をとったものである。

(3) 総合工程表の作成では，季節・天候についての考慮は必要ない。

(4) ネットワーク工程表は，各作業の相互関係が把握しやすい。

《R6 後-49》

2 工程管理に関する記述のうち，**適当でないもの**はどれか。

適当でないものは二つあるので，二つとも答えなさい。

(1) タクト工程表は，同一の作業内容が繰り返し行われる場合に適している。

(2) ガントチャート工程表は，バーチャート工程表に比べて必要な作業日数が把握しやすい。

(3) 工程計画の立案では，天候や季節，地域の行事等の作業不可能日数も考慮する。

(4) ネットワーク工程表は，工事途中での工事内容の変更に対応しにくい。

《R6 前-49》

3 工程表に関する記述のうち，**適当でないもの**はどれか。

適当でないものは二つあるので，二つとも答えなさい。

(1) バーチャート工程表は，縦軸に作業名，横軸に達成度をとり，現在の進行状態を棒グラフで表したものである。

(2) ガントチャート工程表は，縦軸に作業名，横軸に工期をとったもので，各作業の施工時期や所要日数が明確に表示される。

(3) 曲線式工程表は，上方許容限界曲線と下方許容限界曲線とで囲まれた形からバナナ曲線とも呼ばれている。

(4) 総合工程表には，諸官庁への申請の時期や工事に影響を与える主要な事項の日程についても記載する。

《R5 後-49》

9・1 工程管理：各種工程表 233

▶解説

1 (2) ガントチャート工程表は，縦軸に作業名をとり，<u>横軸は各作業の完了時点100％とし</u><u>て，現時点の各作業の達成度を棒グラフで表したもの</u>で，進行状況度が明確になる。したがって，適当でない。

(3) 総合工程表は，<u>季節，天候による作業の遅れ等を考慮し</u>，全体のスケジュールを見ながら作表，修正を行う必要がある。したがって，適当でない。

間違いやすい選択肢 ▶ (1)ダクト工程表は，繰返し作業を効率的に進めるために作成される。

2 (2) ガントチャート工程表では，<u>各作業の日程及び所要工数等を把握しにくい</u>。したがって，適当でない。

(4) ネットワーク工程表は，各作業の相互関係を図式化しており，<u>変更や工程遅延が生じ</u><u>ても速やかに修正工程が作れる</u>。したがって，適当でない。

間違いやすい選択肢 ▶ (1)ダクト工程表では，作業項目ごとの工程管理はできないので，注意が必要である。

3 (1) バーチャート工程表は，<u>縦軸に作業名，横軸に工期（日付）を取り</u>，各作業の時期・所要日数を表したものである。横軸に達成度を示したものは，ガントチャートである。したがって，適当でない。

(2) ガントチャート工程表は，<u>縦軸に作業名，達成率をとったもの</u>で，現時点の各作業の達成度が明確になる。横軸に工期を取ったものは，バーチャート工程表である。したがって，適当でない。

間違いやすい選択肢 ▶ (3)バーチャート工程表の，出来高予測累計から描いた予定推進曲線は，S字カーブである。

施工管理法（応用能力）

234　第9章　施工管理法（応用能力）

4

工程表に関する記述のうち，**適当でないもの**はどれか。

適当でないものは二つあるので，二つとも答えなさい。

(1) ガントチャート工程表は，各作業の現時点での進行状態を棒グラフで示した図表である。

(2) バーチャート工程表は，工期に対する各作業の影響の度合が正確に把握できる。

(3) ネットワーク工程表は，フロート（余裕時間）がわからないため，配員計画を立てにくい。

(4) タクト工程表は，同じ作業を繰り返し行う場合に用いられる。

《R5 前-49》

5

工程表に関する記述のうち，**適当でないもの**はどれか。

適当でないものは二つあるので，二つとも答えなさい。

(1) ガントチャート工程表は，各作業の進行度合いが把握しやすく，建築工事で頻繁に使用される。

(2) ガントチャート工程表は，各作業の前後関係が不明等の欠点があり，これを改善し発展させたものがバーチャート工程表である。

(3) バーチャート工程表は，作業間の順序関係が理解しやすく，大規模工事を管理するのに適している。

(4) ネットワーク工程表は，工期の短縮や遅れなどに速やかに対処・対応できる特徴を持っている。

《R4 後-49》

6

工程表に関する記述のうち，**適当でないもの**はどれか。

適当でないものは二つあるので，二つとも答えなさい。

(1) ガントチャート工程表は，現時点における各作業の進捗状況が容易に把握できる。

(2) バーチャート工程表は，ネットワーク工程表に比べ，工程が複雑な工事に適している。

(3) バーチャート工程表は，ガントチャート工程表に比べ，作業間の作業順序が分かりやすい。

(4) ネットワーク工程表は，ガントチャート工程表に比べ，工事途中での計画変更に対処しにくい。

《基本問題》

〈p.232 の解答〉　**正解**　**1** (2), (3)，**2** (2), (4)，**3** (1), (2)

9・1　工程管理：各種工程表　235

▶解説

4 (2)　バーチャート工程表は，各作業の施工時期や所要日数は明確になるが，各作業の影響度を考慮した全体進捗の把握には向いていない。したがって，適当でない。

(3)　ネットワーク工程表は，各作業の相互関係を図式化しており，フロート（余裕時間）の確認が容易で，変更や工程遅延が生じても速やかに修正工程が作れる。したがって，適当でない。

間違いやすい選択肢 ▶ (4)ダクト工程表では，作業項目ごとの工程管理はできないので，注意が必要である。

---

5 (1)　ガントチャート工程表は，現時点での各作業の達成度が明確にされるが，各作業の進行度合いや相互関係が不明確とされている。したがって，適当でない。

(3)　バーチャート工程表は，各作業の時期・所要日数が明解となり単純工事の管理に最適とされており，大規模工事には不向きとされている。したがって，適当でない。

間違いやすい選択肢 ▶ (4)ネットワーク工程表は，各作業の相互関係を図式化して表現されており，工事全体の流れを可視化できるため，工事の進捗状況に応じた対策を取ることができる。

アドバイス ▶ 各工程表の概要，メリット，デメリットに関しては，第7章の「ワンポイントアドバイス7・2・2　各種工程表」を参照。

---

6 (2)　バーチャート工程表は，単純工事の管理に最適とされており，ネットワーク工程表は，各作業の相互関係を図式化して表現でき，複雑で大規模な工事に向いている。したがって，適当でない。

(4)　ネットワーク工程表は，変更による全体への影響を把握しやすいという特徴があり，ガントチャート工程表は，変更に弱いというデメリットがある。したがって，適当でない。

間違いやすい選択肢 ▶ (1)ガントチャート工程表は，縦軸に作業名，横軸に達成度が記入されており，進捗状況が容易に把握できる。

施工管理法〈応用能力〉

236　第9章　施工管理法（応用能力）

7

工程表に関する記述のうち，**適当でないもの**はどれか。

適当でないものは二つあるので，二つとも答えなさい。

(1)　ガントチャート工程表は，各作業を合わせた工事全体の進行状態が不明という欠点がある。

(2)　ガントチャート工程表は，各作業の所要日数が容易に把握できる。

(3)　バーチャート工程表に記入される予定進度曲線は，バナナ曲線とも呼ばれている。

(4)　バーチャート工程表は，各作業の施工日程が容易に把握できる。

《基本問題》

8

工程表に関する記述のうち，**適当でないもの**はどれか。

適当でないものは二つあるので，二つとも答えなさい。

(1)　ネットワーク工程表は，各作業の現時点における進行状態が成達度により把握できる。

(2)　バーチャート工程表は，ネットワーク工程表に比べて，各作業の遅れへの対策が立てにくい。

(3)　毎日の予定出来高が一定の場合，バーチャート工程表上の予定進度曲線はS字形となる。

(4)　ガントチャート工程表は，各作業の変更が他の作業に及ぼす影響が不明という欠点がある。

《基本問題》

〈p.234 の解答〉　**正解**　**4** (2), (3)，**5** (1), (3)，**6** (2), (4)

9・1 工程管理：各種工程表　237

▶ **解説**

7 (2)　ガントチャート工程表は各作業を縦軸，その進捗率を横軸に表現するため作業間の時間的関係性はわからない。したがって，適当でない。

(3)　予定進度曲線は，S字カーブである。したがって，適当でない。

間違いやすい選択肢 ▶ (4)バーチャートは縦軸に各作業，横軸に時間（日付）が書かれているので各作業の日程が最も把握しやすい。適当である。

8 (1)　ネットワーク工程表は，個々の作業の進捗管理はできない。本問はガントチャートの解説である。したがって，適当でない。

(3)　毎日の出来高が一定であれば，予定進行度曲線は右肩上がりの直線になる。したがって，適当でない。

間違いやすい選択肢 ▶ (2)バーチャート工程表は個々の作業の進捗は明確に表現できるが，作業間のつながりを明示できない。(4)ガントチャート工程表は各作業を縦軸，その進捗率を横軸表現するため作業間の時間的関係性はわからない。

　バーチャート，ガントチャートの概要とメリットは毎年のように出題されるので必らず覚えておいてほしい。

※上述の解説とあわせて，「ワンポインアドバイス7・2・2　各種工程表」を参照のこと。

施工管理法（応用能力）

238　第9章　施工管理法（応用能力）

9・2　施工計画：機器の据付と調整

1 機器の据付けに関する記述のうち，**適当でないもの**はどれか。

適当でないものは二つあるので，二つとも答えなさい。

(1)　小型温水ボイラーをボイラー室内に設置する場合，ボイラー側面からボイラー室の壁面までの距離は，300 mm 以上とする。

(2)　遠心送風機の据付け時の調整において，ベルトの張りが強すぎると軸受の過熱の原因になる。

(3)　冷水ポンプのコンクリート基礎は，基礎表面に排水溝を設け，間接排水できるものとする。

(4)　排水用水中モーターポンプは，ピットの壁から 50 mm 程度離して設置する。

《R6 後-50》

2 機器の据付けに関する記述のうち，**適当でないもの**はどれか。

適当でないものは二つあるので，二つとも答えなさい。

(1)　フート弁からのポンプの吸込管は，ポンプに向かって下がり勾配となるよう据え付ける。

(2)　空冷ヒートポンプパッケージ形空気調和機の屋外機を設置する際には，霜取りの排水を考慮する。

(3)　排水用水中モーターポンプの据付け位置は，排水流入口の真下付近とする。

(4)　吸収冷温水機は，据付け後に工場出荷時の気密が保持されているか確認する。

《R6 前-50》

3 機器の据付けに関する記述のうち，**適当でないもの**はどれか。

適当でないものは二つあるので，二つとも答えなさい。

(1)　ポンプは，現場にて電動機との軸心に狂いのないことを確認する。

(2)　高さが 2 m を超える高置タンクの昇降タラップには，転落防止防護柵を設ける。

(3)　冷却塔は，補給水口の高さが高置タンクの低水位と同じ高さとなるように据え付ける。

(4)　送風機は，あらかじめ心出し調整されて出荷されているので，現場での調整は不要である。

《R5 後-50》

〈p.236 の解答〉　**正解**　**7** (2)，(3)，**8** (1)，(3)

9・2 施工計画：機器の据付と調整 239

▶ **解説**

1 (1) 本体を被覆していない小型温水ボイラーでは，ボイラーの側面から壁面までの距離は450 mm以上とする。したがって，適当でない。

(4) 排水用水中モータポンプは，ピットの壁や底面から200 mm程度の間隔を設ける。したがって，適当でない。

アドバイス ▶ (3)基礎表面に設ける排水溝は，一般的に最小口径は25 mmとする。

2 (1) フート弁からのポンプ吸込管は，空気だまりが生じないように，ポンプに向かって上り勾配となるように設置する。したがって，適当でない。

(3) 排水用モータポンプの据え付け位置は，排水流入口から離れた場所で，点検や引き上げが容易な箇所とする。したがって，適当でない。

間違いやすい選択肢 ▶ (4)吸収冷温水機は，本体内部の腐食を防ぐために，窒素ガスが封入され気密が保持されており，運転開始まで気密状態を保持する必要がある。

3 (3) 冷却塔の補給水は，ボールタップの作動圧以上の水圧が必要であり，補給水口の高さが高置タンクの低水位と同じ高さではない。したがって，適当でない。

(4) 送風機は，運搬中に出荷の際に行われた心出し調整が狂うので，必ず現場にて送風機本体とモータが平行になるよう据え付けベルトの張りを調整する。したがって，適当でない。

アドバイス ▶ (1)ポンプ設置後の調整（心出し）には，面間誤差と芯ずれがないことを確認する。（7・5・1 機器の据え付けの解説を参照）

施工管理法（応用能力）

240　第 9 章　施工管理法（応用能力）

4　機器の据付けに関する記述のうち，**適当でないもの**はどれか。

　　適当でないものは二つあるので，二つとも答えなさい。

(1)　揚水ポンプの吐出し側には，ポンプに近い順に，防振継手，仕切弁，逆止め弁を取り付ける。

(2)　ファンコイルユニットの床置形は，一般的に，室の外壁の窓下等に据え付ける。

(3)　送風機の振動が躯体に伝搬するおそれがある場合は，防振基礎とする。

(4)　埋込式アンカーボルトとコンクリート基礎の端部は，50 mm 程度離す。

《R5 前-50》

5　機器の据付けに関する記述のうち，**適当でないもの**はどれか。

　　適当でないものは二つあるので，二つとも答えなさい。

(1)　ユニット形空気調和機の基礎の高さは，ドレンパンからの排水に空調機用トラップを設けるため 150 mm 程度とする。

(2)　冷却塔を建物の屋上に設置する場合は，防振装置を取り付けてはならない。

(3)　冷凍機に接続する冷水，冷却水の配管は，荷重が直接本体にかからないようにする。

(4)　排水用水中モーターポンプは，ピットの壁から 50 mm 程度離して設置する。

《R4 後-50》

6　機器の据付けに関する記述のうち，**適当でないもの**はどれか。

　　適当でないものは二つあるので，二つとも答えなさい。

(1)　小型温水ボイラーをボイラー室内に設置する場合，ボイラー側面からボイラー室の壁面までの距離は，原則として，450 mm 以上とする。

(2)　送風機やポンプのコンクリート基礎をあと施工する場合，当該コンクリート基礎は，ダボ鉄筋等で床スラブと一体化する。

(3)　ボイラー室内の燃料タンクに液体燃料を貯蔵する場合，当該燃料タンクからボイラー側面までの距離は，原則として，1.2 m 以上とする。

(4)　飲料用給水タンクの直上に天井スラブの梁がある場合，当該タンク上面から梁下面までの距離は，300 mm 以上を標準とする。

《基本問題》

〈p.238 の解答〉　**正解**　**1** (1), (4)，**2** (1), (3)，**3** (3), (4)

9・2 施工計画：機器の据付と調整　241

▶解説

4 (1)　揚水ポンプの吐出側では，ポンプに最も近い箇所に防振継手を設け，その次に逆止め弁を取り付け，最後に仕切り弁を取り付けて，機器や継手の交換時に配管内部の水が抜けないようにする。したがって，適当でない。

(4)　埋込式アンカーボルトは，標準図（機械）の（施工26）にて，コンクリート基礎の端部から100 mm以上離すとされている。したがって，適当でない。

間違いやすい選択肢▶(4)送風機に防振基礎を採用した際には，地震時での機器の横移動や転倒を防ぐために，耐震ストッパーを設ける必要があり，注意が必要である。

---

5 (2)　屋上に機器を設置する際には，機器からの振動を躯体に伝えないように，防振装置を取り付けなければならない。したがって，適当でない。

(4)　排水ピットに水中ポンプを設置する場合，ピットの壁や底からは200 mm以上の間隔を設けなければならない。したがって，適当でない。

間違いやすい選択肢▶(1)空気調和機の据付要領では，コンクリート基礎は150 mm以上とされている。

---

6 (3)　ボイラー室に燃料を貯蔵するときは，燃料タンクはボイラーの外側から2 m（固体燃料にあっては，1.2 mも）以上離しておかなければならない（ボイラー及び圧力容器安全規則）。したがって，適当でない。

(4)　飲料用の給水タンクの六面点検の規定より，タンク上面と梁下面の間隔ではなく，タンク上面と天井スラブとの間隔が100 mm以上と規定されている（標準仕様書（機械）1.11.3より）。したがって，適当でない。

間違いやすい選択肢▶(1)本体を被覆していないボイラー又は立てボイラーについては，ボイラーの外壁から，配管その他のボイラーの側部にある構造物（検査及びそうじに支障のない物を除く。）までの距離を450 mm以上としなければならない。

施工管理法（応用能力）

242　第9章　施工管理法（応用能力）

7

機器の据付けに関する記述のうち，**適当でないもの**はどれか。

適当でないものは二つあるので，二つとも答えなさい。

(1)　耐震ストッパーは，機器の4隅に設置し，それぞれアンカーボルト1本で基礎に固定する。

(2)　飲料用の給水タンクは，タンクの上部が天井から100cm以上離れるように据え付ける。

(3)　冷水ポンプのコンクリート基礎は，基礎表面に排水溝を設け，間接排水できるものとする。

(4)　排水用水中モーターポンプは，排水槽への排水流入口に近接した位置に据え付ける。

《基本問題》

8

機器の据付けに関する記述のうち，**適当でないもの**はどれか。

適当でないものは二つあるので，二つとも答えなさい。

(1)　遠心送風機の据付け時の調整において，Vベルトの張りが強すぎると，軸受の過熱の原因になる。

(2)　呼び番号3の天吊りの遠心送風機は，形鋼製の架台上に据え付け，架台はスラブから吊りボルトで吊る。

(3)　冷却塔は，補給水口の高さが補給水タンクの低水位から2m以内となるように据え付ける。

(4)　埋込式アンカーボルトの中心とコンクリート基礎の端部の間隔は，一般的に，150mm以上を目安としてよい。

《基本問題》

〈p.240の解答〉　**正解**　**4**(1), (4)，**5**(2), (4)，**6**(3), (4)

▶解説

7 (1) 耐震ストッパーは基礎に固定することは適当だが，その本数は機器の受ける設計用水震度による計算値とアンカーのせん断力より算定する。したがって，適当でない。

(4) 排水用水中ポンプはピットの水深で発停制御（フロートスイッチ，電極棒など）を行うため，排水の流入口はピット内の水面が揺らがない位置に設置する必要がある。したがって，適当でない。

間違いやすい選択肢 ▶ (2) 飲料用水中タンクの上面は，梁を避けた箇所でマンホール（φ600）の開閉と水槽内への人の出入りに無理がないよう1mと定められている（建設省告示第1597号）。

(3) 冷水ポンプは通常メカニカルシールが使われるので軸封部からの漏水はないが，結露による水滴が多量に出るので，基礎上に排水溝を作る。

8 (2) 呼び番号3以上の送風機は，記述の通り形鋼架台に据付けるが，架台は天井スラブに堅固に取付ける。吊りボルトで吊ってはならない。したがって，適当でない。

(3) 冷却塔補給水はボールタップにより補給するため，その作動圧以上の水圧が必要である。記述の"2m以内"は誤りで"2m以上"としなければならない。したがって，適当でない。

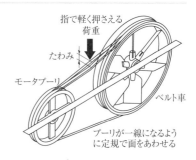

ファンプーリーのVベルト点検

間違いやすい選択肢 ▶ (1) ファンベルトの張りの点検は右上図のように実施するが，その際の"たわみ量"は10mm程度とされる。(4) 基礎コンクリートにアンカーを埋め込む場合，引抜き時のコーン状破壊（右図）を想定すれば基礎端部からの寸法（へりあき）が150mmであればアンカーボルト長は150mm以下になる。したがって150mm以上のアンカー埋込み長さであれば必要十分である。

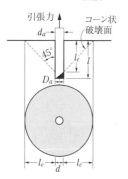

アンカーのコーン状破壊

244 第9章 施工管理法（応用能力）

9・3 施工計画：配管及び配管付属品の施工

1 配管の施工に関する記述のうち，**適当でないもの**はどれか。

適当でないものは二つあるので，二つとも答えなさい。

(1) 冷温水配管の熱伸縮を吸収するために，フレキシブルジョイントを使用する。

(2) 鋼管のねじ接合においては，余ねじ部に錆止めペイントを塗布する。

(3) 排水立て管は，下層階に行くに従い，途中で合流する排水量に応じて管径を大きくする。

(4) 屋外からの配管の建築物導入部には，地盤沈下等の変位を吸収できる継手又は装置を設ける。

《R6 後-51》

2 配管及び配管附属品の施工に関する記述のうち，**適当でないもの**はどれか。

適当でないものは二つあるので，二つとも答えなさい。

(1) 水道用硬質塩化ビニルライニング鋼管のねじ接合では，配管切断後にライニング部の面取りを行う。

(2) 硬質ポリ塩化ビニル管の接着接合では，テーパ形状の受口内面のみに接着剤を塗布する。

(3) 汚水槽の通気管は，その他の排水系統の通気立て管を介して大気に開放する。

(4) 冷媒用断熱材被覆銅管は，断熱材の厚みが減少しないよう支持部に保護プレートを設ける。

《R6 前-51》

3 配管の施工に関する記述のうち，**適当でないもの**はどれか。

適当でないものは二つあるので，二つとも答えなさい。

(1) 飲料用冷水器の排水管は，雑排水系統の排水管に直接連結する。

(2) 呼び径 40 以下の鋼管の場合，形鋼振れ止め支持は，原則として不要である。

(3) 汚水管（大便器）の最小管径は，50 mm とする。

(4) 冷媒用断熱材被覆銅管の接合には，フレア接合，差込接合等がある。

《R5 後-51》

〈p.242 の解答〉 **正解** **7** (1), (4)，**8** (2), (3)

9・3 施工計画：配管及び配管付属品の施工　245

▶解説

1 (1) 冷温水管の熱伸縮を吸収するには，<u>伸縮継手（単式，複式）</u>を採用する。したがって，適当でない。

(3) 排水立て管は，<u>最下部の管径と同一</u>とし，管径を変化させてはならない。したがって，適当でない。

間違いやすい選択肢 ▶ (2)鋼管のねじ接合では，接合後に余地ねじ箇所の切削油を除去した後に，<u>錆止めペイントを塗布</u>する。

---

2 (2) 硬質ポリ塩化ビニル管の接着接合では，接着剤を<u>受口，差口の両面に塗布</u>する。したがって，適当でない。

(3) 汚水槽の通気管は，<u>一般の通気管とは別系統にして単独に大気開放</u>とする。したがって，適当でない。

間違いやすい選択肢 ▶ (4)冷媒用断熱材被覆銅管では，断熱材の潰れによる断熱効果の低下を防ぐために，保護プレートを使用する。

---

3 (1) 建設省告示第 15976 号にて，排水の逆流による汚染を防ぐために，飲料用冷水器と排水管は直接連結はできず，SHASE-S-206 と同様に，<u>間接排水</u>とされている。したがって，適当でない。

(3) SHASE-S-206 にて，大便器の最小排水接続管径（トラップ最小口径）は，<u>75 m</u> とされている。したがって，適当でない。

間違いやすい選択肢 ▶ (4)冷媒用被覆銅管の接合には，フレア接合，差込接合（機械式接手接合），ろう付けがある。

ワンポイントアドバイス　9・3・1　間接排水と排水口空間

間接排水は，排水管が詰まった場合の逆流により，機器内の内容物が汚染されることを防止する方法で，具体的には，排水口空間又は排水口開放にて排水管と機器を直結させない。

排水口空間は，機器などからの間接排水管の末端と水受け容器のあふれ縁との鉛直距離をいい，間接排水管の口径によって決定される。ただし，飲料用貯水タンクなどでは，口径に関わらず排水口空間は最小 150 mm とする。

排水口空間

間接排水管の口径 mm	排水口空間 mm
25 以下	最小　50
30〜50	最小 100
65 以上	最小 150

ワンポイントアドバイス　9・3・2　吐水口空間とクロスコネクション

吐水口空間は，水受け容器中の水が給水管に逆流することを防止するために設ける。クロスコネクションとは，上水とその他の系統が配管・装装で直接接続することを意味し，禁止されている。どちらも，水の汚染防止が目的である。

施工管理法（応用能力）

246　第9章　施工管理法（応用能力）

4 配管及び配管附属品の施工に関する記述のうち，**適当でないもの**はどれか。

適当でないものは二つあるので，二つとも答えなさい。

(1)　架橋ポリエチレン管の接合は，電気融着接合又はメカニカル接合とする。

(2)　一般配管用ステンレス鋼鋼管の管継手には，メカニカル形，ハウジング形等がある。

(3)　排水横枝管が合流する場合は，合流する排水管の上部に接続する。

(4)　飲料用受水タンクのオーバーフロー管には，トラップを設ける。

《R5 前-51》

5 配管及び配管附属品の施工に関する記述のうち，**適当でないもの**はどれか。

適当でないものは二つあるので，二つとも答えなさい。

(1)　雨水ますには，ます内に排水や固形物が滞留しないようにインバートを設ける。

(2)　排水用硬質塩化ビニルライニング鋼管の接続には，排水鋼管用可とう継手（MD ジョイント）を使用する。

(3)　鋼管のねじ加工には，切削ねじ加工と転造ねじ加工がある。

(4)　樹脂ライニング鋼管を切断する場合には，ねじ加工機に附属するパイプカッターを使用する。

《R4 後-51》

6 配管及び配管附属品の施工に関する記述のうち，**適当でないもの**はどれか。

適当でないものは二つあるので，二つとも答えなさい。

(1)　飲料用タンクに設ける間接排水管の最小排水口空間は，100 mm とする。

(2)　フレキシブルジョイントは，温水配管の熱収縮を吸収するために使用する。

(3)　給水栓には，クロスコネクションが起きないように吐水口空間を設ける。

(4)　鋼管のねじ接合においては，余ねじ部に錆止めペイントを塗布する。

《基本問題》

〈p.244 の解答〉　**正解**　**1** (1), (3)，**2** (2), (3)，**3** (1), (3)

9・3 施工計画：配管及び配管付属品の施工 247

▶解説

4 (3) 排水横枝管が合流する場合は，SHASE-S-010 にて，45°以内の鋭角とし，水平に近い勾配で合流させるとされている。したがって，適当でない。

(4) 受水槽のオーバーフロー管は，水槽内部の水が逆流により汚染されないよう，開口端に防虫網を設けた間接排水とする。したがって，適当でない。

間違いやすい選択肢 ▶ (1)ポリブテン管の接合は，架橋ポリエチレン管の電気融着接合，メカニカル接合以外に，ヒートフュージョン（HF 接手）接合がある。

---

5 (1) ます内部にインバートを設けるのは汚水ますで，雨水ますには底部に泥溜まり部として 150 mm 以上確保する。したがって，適当でない。

(4) 樹脂ライニング鋼管の樹脂ライニングは熱に弱いことから，バンドソーで切断する。したがって，適当でない。

間違いやすい選択肢 ▶ (3)鋼管に加工されるねじには 2 種類あり，切削ねじと転造ねじが採用されている。

---

6 (1) 飲料用タンクに設ける間接排水管の排水口空間は，排水管の管径にかかわらず最小 150 mm と規定されている。したがって，適当でない。

(2) フレキシブルジョイントは，ポンプや機器廻りの偏差是正や振動防止のために設置される。したがって，適当でない。

■ワンポイントアドバイス 9・3・3 硬質塩化ビニルライニング鋼管の切断

　管内面に塩化ビニルをライニングしてあるので，切断に際しては，熱のかからない方法を選ぶ必要がある。自動金切り鋸盤（バンドソー），ねじ切り機搭載自動丸鋸機，旋盤は用いてよいが，パイプカッター，高速砥石，ガス切断，チップソーカッターによる切断は行ってはならない。管の切断は，必ず管軸に対して直角に切断する。斜め切断は，偏肉ねじや多角ねじ（ねじつぶれ）の原因になる。

248　第9章　施工管理法（応用能力）

7 配管及び配管附属品の施工に関する記述のうち，**適当でないもの**はどれか。

適当でないものは二つあるので，二つとも答えなさい。

(1)　飲料用の冷水器の排水管は，その他の排水管に直接連結しない。

(2)　飲料用の受水タンクに給水管を接続する場合は，フレキシブルジョイントを介して接続する。

(3)　ループ通気管の排水横枝管からの取出しの向きは，水平又は水平から 45° 以内とする。

(4)　ループ通気管の排水横枝管からの取出し位置は，排水横枝管に最上流の器具排水管が接続された箇所の上流側とする。

《基本問題》

8 配管及び配管附属品の施工に関する記述のうち，**適当でないもの**はどれか。

適当でないものは二つあるので，二つとも答えなさい。

(1)　給湯用の横引き配管には，勾配を設け，管内に発生した気泡を排出する。

(2)　土中埋設の汚水排水管に雨水管を接続する場合は，ドロップ桝を介して接続する。

(3)　銅管を鋼製金物で支持する場合は，ゴム等の絶縁材を介して支持する。

(4)　揚水管のウォーターハンマーを防止するためには，ポンプ吐出側に防振継手を設ける。

《基本問題》

〈p.246 の解答〉　**正解**　**4** (3), (4)，**5** (1), (4)，**6** (1), (2)

▶解説

7 (3) ループ通気管の取り出し角度は管頂部から45°以内とする。ループ通気管への逆流により異物が入り込んで閉そくすることを予防する目的である。したがって，適当でない。

(4) ループ通気管の取り出しは，排水横枝管の最上流の器具と二番目の器具の間から取る。したがって，適当でない。

間違いやすい選択肢▶ (1) 建設省告示第1597号に"間接排水とする機器・装置"が定められており，冷水器の記載はないが水飲み器は対象である。適当である。(2) 飲料用受水タンクの給水管はフレキシブル継手を介して接続する。地震時に水槽は建物と同じ揺れ方をしないので，変異を吸収する仕組みがないと水槽壁が破損するおそれがある。適当である。(3)は下記のワンポイントアドバイスを参照されたい。

8 (2) ドロップ桝は，敷地排水管が，段差を越える場合に用いるものである。本問はドロップ桝ではなくトラップ桝の説明である。したがって，適当でない。

(4) ポンプ吐出側の防振継手はポンプ機械振動の配管伝搬を低減することにありウォータハンマーの抑制には効果はない。したがって，適当でない。

間違いやすい選択肢▶ (1) 給湯管内は水温が高く気泡が発生しやすい。気泡が空気溜まりになると湯の循環に支障をきたす。(3)銅管やステンレス鋼鋼管は一般に絶縁吊りとする（上図）。結露時，吊り金物の腐食防止が目的である。給湯・給水管が対象である。

吊りバンド（左：絶縁被覆なし　右：絶縁被覆あり）

ワンポイントアドバイス　9・3・4　ループ通気管

ループ通気管については，SHASE-S206に詳しい。

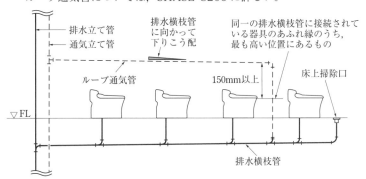

ループ通気管のとり方
（出典：SHASE-S206　解説図 9・33）

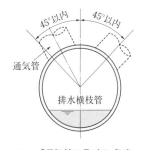

ループ通気管の取出し角度
（出典：SHASE-S206　解説図 9・32）

250　第 9 章　施工管理法（応用能力）

9・4　施工計画：ダクト及びダクト付属品の施工

1 ダクト及びダクト附属品の施工に関する記述のうち，**適当でないもの**はどれか。

適当でないものは二つあるので，二つとも答えなさい。

(1) 風量調整ダンパーは，気流の整流されたところに取り付ける。

(2) 防火区画貫通部と防火ダンパーとの間のダクトは，厚さ 1.2 mm 以上の鋼板製とする。

(3) フレキシブルダクトを使用する場合は，有効断面を損なわないよう施工する。

(4) スパイラルダクトの差込み接合では，継目をダクト用テープで一重巻きをする。

《R6 後-52》

2 ダクト及びダクト附属品の施工に関する記述のうち，**適当でないもの**はどれか。

適当でないものは二つあるので，二つとも答えなさい。

(1) 共板フランジ工法ダクトの接続は，フランジ押さえ金具のみで行い，ボルト・ナットを使用しない。

(2) 外壁の延焼のおそれのある部分の給・排気口には，防火覆い又は防火ダンパーを設ける。

(3) 吹出口の配置は，吹出し空気の拡散半径や到達距離等を考慮し決定する。

(4) 送風機の吐出し口直後のダクトを曲げる場合は，羽根の回転方向と逆方向とする。

《R6 前-52》

3 ダクト及びダクト附属品の施工に関する記述のうち，**適当でないもの**はどれか。

適当でないものは二つあるので，二つとも答えなさい。

(1) 隠ぺい部に防火ダンパーを設置する場合には，450 mm×450 mm 以上の点検口を設ける。

(2) 防火ダンパーの温度ヒューズの作動温度は，一般排気及び厨房排気ともに 72℃ とする。

(3) ダクトのアスペクト比（長辺と短辺の比）は，原則として 4 以下とする。

(4) 長方形ダクトは，断面積が同じ場合，アスペクト比を変えても圧力損失は変わらない。

《R5 後-52》

〈p.248 の解答〉　**正解**　**7** (3), (4)，**8** (2), (4)

▶解説

1 (2) 防火区画を貫通する防火ダンパーと防火壁間のダクトは、板厚1.5mm以上の鋼板製とする。したがって、適当でない。

(4) スパイラルダクトの差込み接合では、鉄板ビスで固定し、その箇所をダクト用テープで二重巻きとする。したがって、適当でない。

間違いやすい選択肢 ▶ (1)風量測定口も風量調整ダンパーと同様に、気流が安定し整流された位置に設置することも、理解しておく必要がある。

2 (1) 共板フランジ工法ダクトの接続は、4隅のボルト・ナットとフランジ押え金具を用いて行う。したがって、適当でない。

(4) 送風機の吐出し口直後に曲がりを設ける場合は、送風機の回転方向に逆らわない方向とする。したがって、適当でない。

間違いやすい選択肢 ▶ (3)吹出口の配置において、シーリングディフューザでは、吹出口からの気流によるドラフトを感じないように、最小拡散半径を重ねないように注意が必要である。

3 (2) 厨房などの火気使用室では、防火ダンパーの温度ヒューズ作動温度は120℃とする。したがって、適当でない。

(4) 断面積が等しくとも、アスペクト比を変えると、圧力損失も変わる。したがって、適当でない。

間違いやすい選択肢 ▶ (3)標準仕様書(機械)の第3編の1.14.3.3では、アスペクト比をダクトの縦横比と記載しており、用語についても、理解しておく必要がある。

ワンポイントアドバイス 9・4 防火ダンパー

① **防火ダンパーの作動温度**

防火ダンパーには温度ヒューズが付いており、所定の温度でダンパーの羽根が閉じる。作動温度は下表による。

② **防火ダンパーの支持**

防火ダンパーは、右下図のようにダクト振動等で容易に動かないように4点吊りとする。防火区画の保護が目的である。

防火ダンパーの作動温度と用途

用途	作動温度
一般のダクト	72℃
火気使用室(厨房など)	120℃
排煙ダクト	280℃

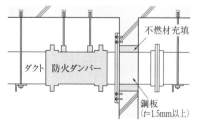

防火区画貫通部防火ダンパー支持要領

252 第9章 施工管理法（応用能力）

4 ダクト及びダクト附属品の施工に関する記述のうち，**適当でないもの**はどれか。
適当でないものは二つあるので，二つとも答えなさい。

(1) フレキシブルダクトは，吸込口ボックスの接続用に使用してはならない。

(2) 変風量（VAV）ユニットの上流側が整流でなくても，風量制御特性に影響を及ぼすことはない。

(3) 浴室の排気に長方形ダクトを使用する場合は，ダクトの角の継目が下面とならないように取り付ける。

(4) 送風機に接続するたわみ継手のフランジ間隔は，たわみ量を考慮し決定する。

《R5 前-52》

5 ダクト及びダクト附属品に関する記述のうち，**適当でないもの**はどれか。
適当でないものは二つあるので，二つとも答えなさい。

(1) ダクトを拡大する場合は，15 度以下の拡大角度とする。

(2) 風量測定口の数は，一般的に，ダクトの長辺が 700 mm の場合は，1 個とする。

(3) 防火区画と防火ダンパーとの間のダクトは，厚さ 1.2 mm 以上の鋼板製とする。

(4) 外壁に取り付けるガラリには，衛生上有害なものの侵入を防ぐため，金網等を設ける。

《R4 後-52》

6 ダクト及びダクト附属品の施工に関する記述のうち，**適当でないもの**はどれか。
適当でないものは二つあるので，二つとも答えなさい。

(1) フレキシブルダクトは，振動伝播防止のために，送風機とダクトの接続に使用する。

(2) 亜鉛鉄板製のスパイラルダクトは，一般的に，補強は不要である。

(3) 消音エルボや消音チャンバーの消音内貼材には，ポリスチレンフォーム保温材を使用する。

(4) 共板フランジ工法ダクトのフランジの板厚は，ダクトの板厚と同じとする。

《基本問題》

〈p.250 の解答〉 **正解** **1** (2)，(4)，**2** (1)，(4)，**3** (2)，(4)

9・4　施工計画：ダクト及びダクト付属品の施工　253

▶解説

4 (1)　標準仕様書（機械）の第3編第14節1.14.9にて，"吹出口及び吸込口の接続用として使用するフレキシブルダクトは，不燃材料で，可とう性，耐圧強度及び耐食性を有し，有効断面が損なわれないものとする"とある。したがって，適当でない。

(2)　機械設備工事監理指針の第3編第2章第3節2.3.4にて，"風速センサー形は，ユニット上流側に最低4W程度の直管部を設けるか直管が設置できない場合は，案内羽根つき曲管を設ける"とある。したがって，適当でない。

間違いやすい選択肢 ▶ (3)厨房排気用長方形ダクトの排気には，水分や油分が含んでいるので，ダクトの継目は上部に設ける。

---

5 (2)　ダクトに設ける風量測定口は，長辺300mm以下では1個，300mmを超え700mm以下は2個，700mmを超えるもの3個と規定されている。したがって，適当でない。

(3)　防火区画を貫通し，防火ダンパーと接続するダクトは板厚が1.5mm以上の鋼板製とする。（標準図（機械）ダクトの防火区画貫通部施工要領）したがって，適当でない。

間違いやすい選択肢 ▶ (1)ダクトを拡大する場合は，15度以下の拡大角度で，縮小する場合は30度以下の縮小角度とされている。適当である。

---

6 (1)　振動伝播防止のために，送風機とダクトをたわみ継手で接続する。したがって，適当でない。

(3)　エルボやチャンバーに用いる消音内貼材は，グラスウール吸音ボード（JISA6301，40K厚み25mm）とされている。したがって，適当でない。

間違いやすい選択肢 ▶ (2)亜鉛鋼板製ダクトの横方向の補強は，長方形ダクトにのみ規定が設けられており，スパイラルダクトには適用されていない。

施工管理法（応用能力）

7 ダクト及びダクト附属品の施工に関する記述のうち，**適当でないもの**はどれか。**適当でないものは二つあるので，二つとも答えなさい。**

(1) ダクト接合用のフランジの許容最大取付け間隔は，ダクトの寸法が小さいほど小さくなる。
(2) シーリングディフューザーの外コーンには，落下防止用のワイヤー等を取り付ける。
(3) 防火ダンパーは，火災による脱落がないように，原則として，4本吊りとする。
(4) 小口径のスパイラルダクトの接続には，一般的に，差込継手が使用される。

《基本問題》

8 ダクト及びダクト附属品の施工に関する記述のうち，**適当でないもの**はどれか。**適当でないものは二つあるので，二つとも答えなさい。**

(1) 厨房排気ダクトの防火ダンパーでは，温度ヒューズの作動温度は72℃とする。
(2) ダクトからの振動伝播を防ぐ必要がある場合は，ダクトの吊りは防振吊りとする。
(3) 長方形ダクトの断面のアスペクト比（長辺と短辺の比）は，原則として，4以下とする。
(4) アングルフランジ工法ダクトのフランジは，ダクト本体を成型加工したものである。

《基本問題》

〈p.252の解答〉 **正解** **4** (1),(2)， **5** (2),(3)， **6** (1),(3)

▶解説

7 (1) ダクトは寸法が大きくなるほど剛性が小さくなりリブ型鋼による補強が必要になる。したがって、適当でない。

(2) シーリングディフューザーの風向調整用中コーンは可動部である。本体(外コーン)はビスでダクトチャンバーに接続固定し、中コーンには落下防止ワイヤーを取り付ける(右図参照)。したがって、適当でない。

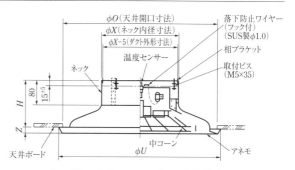

シーリングディフューザーの内部構造の例
(右上に"落下防止ワイヤー"という表記がある)

間違いやすい選択肢▶ (3)標準図(機械)の「ダクトの防火区画貫通部施工要領」の脚注(イ)(ロ)に長方形・円形いずれも"防火ダンパーは、4本吊りとする。"とある(緩和規定あり)。適当である。(4)標準仕様書(機械)第3編2・2・3・2 スパイラルダクトの接続(ア)に"スパイラルダクトの接続は、差込接合又はフランジ接合とする。"とあり、小口径ほど差込み接続とする場合が多い。

8 (1) 厨房ダクトの防火ダンパー温度ヒューズ作動温度は120℃である(ワンポイントアドバイス9・4参照)。したがって、適当でない。

(4) 標準仕様書(機械)第3編1・14・3・6 接合材料(ア)アングルフランジ工法ダクト(c)"接合フランジは、山形鋼を溶接加工したものとし"とあり、コナーボルト工法のように、ダクトを成形加工したものではない。したがって、適当でない。

間違いやすい選択肢▶ (2)ダクトを吊りボルトで支持する場合、図のような防振ゴム入りの吊り金物を使う(右図)ほか、ファン吹出口とダクト接続はキャンバスダクトを介して防振を図る。(3)標準仕様書(機械)の第3編1・14・3・3縦横比にて、長方形ダクトの縦横比は、原則として、4以下とする。アスペクト比とはダクトの縦横比のことである。

防振吊り金物の例
(全ねじボルト中間に取付ける)

256　第 9 章　施工管理法（応用能力）

〈p.254 の解答〉　**正解**　**7** (1), (2),　**8** (1), (4)

第10章
第二次検定

令和6年度　第二次検定　試験問題の見直しについて
出題傾向分析 ———————————————————————— 259
10・1 ▶ 設備全般の施工要領（必須問題（R2〜R6））———— 262
10・2 ▶ バーチャート工程表と法規（必須問題（R6），
　　　　選択問題（R2〜R5））———————————————— 273
　10・2・1 ▶ バーチャート工程表（必須問題（R6），
　　　　　　選択問題（R2〜R5））——————————— 273
　10・2・2 ▶ 法規（必須問題（R6），選択問題（R2〜R5））
　　　　　　———————————————————————————— 285
10・3 ▶ 留意事項（選択問題（R2〜R6））———————— 290
　10・3・1 ▶ 留意事項（空調設備）（選択問題）————— 290
　10・3・2 ▶ 留意事項（給排水衛生設備）（選択問題）— 297
10・4 ▶ 施工経験した管工事の記述（必須問題（R2〜R5））— 303

過 去 の 出 題 傾 向

❶　令和6年度の第二次検定は，試験問題の見直しがあった。解答しなくてはならないのは，従来通り4問である。なお，余計に解答すると減点の対象となるので注意したい。

❷　試験問題の見直しについては，次ページに示す。

❸　「正解」は，試験機関から公表されていないので，ここでは「模範解答」とした。

❹　令和5年度以前の問題6の「施工経験した管工事の記述問題」に関しては，模範解答を割愛した。

第二次検定

258　第10章　第二次検定

令和6年度　第二次検定　試験問題の見直しについて

令和6年2月26日　（一財）全国建設研修センター　管工事試験部より，「令和6年度以降の管工事施工管理技術検定試験問題の見直しについて」が公表されました。

> 第二次検定：1級と2級の第二次検定において，工程管理，安全管理の設問を必須とする。また，受検者自身の経験に基づかない解答を防ぐ観点から，経験に基づく解答を求める設問をとりやめ，空調・衛生の施工に関する選択問題において，経験で得られた知識・知見を幅広い視点から確認するものとして見直しを行う。

❶ 令和6年度の第二次検定　主な変更点

① 「施工経験記述（必須）」は，出題がなかった。

② 「バーチャート工程表」・「法規」は，以前は選択問題であったが，それぞれ必須問題となった。

③ 「留意事項（空調）」・「留意事項（給排水）」は，選択問題で変更はなかった。

　・[設問1] 留意事項を記述する問題。変更はなかった。

　・[設問2] 設備機器・配管材等の特徴，特に重要と考え実施する技術的事項を記述する問題。令和6年度初めて出題された。[設問2] が施工経験記述の代替と思われる。

④ 「設備全般の施工要領」は，変更がなかった。

❷ 分野別の令和6年度と令和5年度以前の出題

分野	令和6年度		令和5年度以前	
	必須・選択の別	問題NO	必須・選択の別	問題NO
設備全般の施工要領	必須	【問題1】	必須	【問題1】
バーチャート工程表	必須	【問題2】	問題4と問題5から1問選択	【問題4】
法規	必須	【問題3】		【問題5】
留意事項（空調）	問題4と問題5から1問選択	【問題4】	問題2と問題3から1問選択	【問題2】
留意事項（給排水）		【問題5】		【問題3】
施工経験記述	出題がなかった		必須	【問題6】
計	4問解答（必須：3，選択：1）		4問解答（必須：2，選択2）	

第二次検定

●出題傾向分析●

第二次検定　令和6年度の出題内容

節	分野	問題番号 (必須・選択)	令和6年度
10・1	設備全般の施工要領	【問題1】 (必須)	［設問1］　○×問題 (1)飲料用冷水器の排水管 (2)浴室の排気ダクトの角の継目 (3)鋼管の突合せ溶接 (4)防振基礎の耐震ストッパー (5)グラスウール保温材 ［設問2］　適切でない部分の理由又は改善策を記述する問題 (1)冷媒管吊り要領図　(2)汚水ますの施工要領図　(3)給水管の分岐方法　(4)送風機吐出し側のダクト施工要領図 (5)洗面器の配管要領図
10・2	バーチャート工程表	【問題2】 (必須)	バーチャート工程表を作成し, 設問に解答する問題 ［設問1］　(1)工事全体の工期　(2)工事開始後22日目の作業終了時点の累積比率　(3)1階の作業終了日に2階で行われている作業名 ［設問2］　工期短縮のため, 配管及び水圧試験を2班作業　(1)設問1(2)の累積比率を超えるのは, 工事開始後何日目 (2)工事開始が2日遅れると全ての作業が終了するのは何日遅れる
	法規	【問題3】 (必須)	「労働安全衛生法」上の穴埋め問題 ［設問1］　(1)50人, 安全衛生推進者 (2)14日, 都道府県労働局長 ［設問2］　労働基準監督
10・3	留意事項 (空調)	【問題4】 (問題4と問題5から1問選択)	業務用の空冷ヒートポンプ式パッケージ形空気調和機の屋内機（天井カセット形）を事務室内に設置し, 屋外機を屋上に設置する場合 ［設問1］　留意事項を記述する問題 (1)屋内機の配置　(2)冷媒管のフレア接合　(3)屋外機の配置　(4)冷媒配管の真空引き作業 ［設問2］　機器の特徴, 試運転時に特に重要と考え実施する技術的事項
	留意事項 (給排水)	【問題5】 (問題4と問題5から1問選択)	屋外の地中埋設排水管を硬質ポリ塩化ビニル管(接着接合)にて施工する場合 ［設問1］　留意事項を記述する。 (1)埋設配管の根切り　(2)埋設配管の敷設　(3)プラスチック製ますの設置 (4)埋設配管の埋戻し ［設問2］　硬質ポリ塩化ビニル管の特徴, 埋戻し前に特に重要と考え実施する技術的事項
10・4	施工経験記述		出題がなかった

260 第 10 章 第二次検定

●出題傾向分析●

第二次検定　令和 5 年度以前の 4 年間の出題内容(1)

節	分野	問題番号 (必須・選択)	令和 5 年度	令和 4 年度
10・1	設備全般の施工要領	【問題 1】 (必須)	〔設問 1〕　○×問題 (1)ダクトの板厚 (2)伸縮管継手 (3)洗面器取付 (4)風量測定口 (5)排水鋼管用可とう継手 〔設問 2〕　適切でない部分の理由又は改善策を記述する問題 (6)屋内機ドレン配管要領図 (7)通気管取り出し要領図 (8)配管吊り要領図 (9)保温外装施工要領図	〔設問 1〕　○×問題 (1)自立機器頂部支持材 (2)汚水槽の通気管 (3)パイプカッター (4)たわみ継手のフランジ間隔 (5)長方形ダクトのかどの継目（はぜ） 〔設問 2・3〕　適切でない部分の理由又は改善策を記述する問題 (6)送風機回りダンパー取付け要領図 (7)パッケージ形空気調和機屋外機設置 (8)中間階便所平面詳細図
10・2	バーチャート工程表	【問題 4】 (問題 4 と問題 5 から 1 問選択)	バーチャート工程表を作成し，設問に解答する問題 〔設問 1〕　(1)工事全体の工期　(2)①累積出来高が 80% を超える日　②その日の 2 階での作業名 〔設問 2〕　工期短縮のため，配管及び保温の各作業を階別平行作業 (3)工事全体の工期　(4)工事開始後 17 日の作業終了時点での累積出来高	バーチャート工程表を作成し，設問に解答する問題（一部に記述あり） 〔設問 1〕　(1)工事全体の工期　(2)①工事開始後 18 日の作業終了時点での累積出来高　②その日の作業名 〔設問 2〕　工期短縮のため，ダクト工事，冷温水配管及び保温の各作業を増員 (3)工事全体の工期　(4)①工事開始後 18 日の作業終了時点での累積出来高 ②　その日の作業名 〔設問 3〕　累積出来高曲線別の名称
	法規	【問題 5】 (問題 4 と問題 5 から 1 問選択)	「労働安全衛生法」上の穴埋め問題 〔設問 1〕　(1)安全通路　(2)架設通路 〔設問 2〕　手巻き込まれ防止	「労働安全衛生法」上の穴埋め問題 〔設問 1〕　技能講習を修了した者，移動式クレーン運転，年少者の就業制限の業務の範囲 〔設問 2〕　作業床の幅 40 cm 以上
10・3	留意事項（空調）	【問題 2】 (問題 2 と問題 3 から 1 問選択)	空冷ヒートポンプパッケージ形空気調和機と全熱交換ユニットを事務所に設置する場合の留意事項を記述する問題 (1)冷媒管の吊り　(2)同試験　(3)給排気ダクトの施工　(4)給排気口を外壁取付	換気設備のダクトをスパイラルダクト（亜鉛鉄板製，ダクト径 200 mm）で施工する場合の留意事項を記述する問題 (1)接続を差込接合　(2)吊り又は支持 (3)風量調節ダンパーを取り付ける場合 (4)防火区画の貫通部処理
	留意事項（給排水）	【問題 3】 (問題 2 と問題 3 から 1 問選択)	事務所の 2 階便所の排水管を塩化ビニル管にて施工する場合の留意事項を記述する問題 (1)管の切断又は切断面の処理　(2)管の接合　(3)横走り管のこう配又は吊り (4)試験	給水管（水道用硬質ポリ塩化ビニル管，接着接合）を屋外埋設する場合の留意事項を記述する問題 (1)管の埋設深さ　(2)排水管との離隔 (3)水圧試験　(4)管の埋戻し
10・4	施工経験記述	【問題 6】 (必須)	経験した管工事 1 つを記述する問題 〔設問 1〕　(1)工事名　(2)工事場所　(3)設備工事概要　(4)現場での貴方の立場 〔設問 2〕　品質管理 〔設問 3〕　安全管理	経験した管工事 1 つを記述する問題 〔設問 1〕　(1)工事名　(2)工事場所　(3)設備工事概要　(4)現場での貴方の立場 〔設問 2〕　工程管理 〔設問 3〕　品質管理

第二次検定

出題傾向分析　261

●出題傾向分析●

第二次検定　令和5年度以前の4年間の出題内容(2)

節	分野	問題番号 (必須・選択)	令和3年度	令和2年度
10・1	設備全般の施工要領	【問題1】 (必須)	[設問1]　○×問題 (1)アンカーボルト頂部のねじ山 (2)硬質ポリ塩化ビニル管の接着接合 (3)鋼管のねじ加工の検査　(4)送風動力 (5)遠心送風機の吐出し口曲がり [設問2]　適切でない部分の理由又は改善策を記述する問題 (6)カセット形パッケージ形空気調和機 (7)通気管末端の開口位置 (8)フランジ継手のボルトの締付順序 [設問3]　(8)飲料用高置タンク回りの排水口空間の必要最小寸法を記述する問題	[設問1]　使用場所又は使用目的を記述する問題 (1)つば付き鋼管スリーブ (2)合成樹脂製支持受け付きUバンド [設問2]　適切でない部分の理由又は改善策を記述する問題 (3)汚水桝施工要領図 (4)排気チャンバー取付け要領図 (5)冷媒管吊り要領図
10・2	バーチャート工程表	【問題4】 (問題4と問題5から1問選択)	バーチャート工程表を作成し，設問に解答する問題（一部に記述あり） [設問1]　(1)工事全体の工期　(2)①累積出来高が70％を超える日　②・③その日の1・2階の作業名 (3)タクト工程表の適している作業を記述する問題 [設問2]　(4)工期短縮のため，機器設置，配管及び保温の作業を2班とした場合の工期　(5)水圧試験も2班とした場合の工期	バーチャート工程表を作成し，設問に解答する問題 [設問1]　(1)工事全体の工期　(2)29日目の作業終了時点の累積出来高 [設問2]　作業エリアを2工区に変更 (3)工事全体の工期 (4)保温の作業の開始日 [設問3]　作業エリアを3工区に変更後 (5)初回の水圧試験の開始日
	法規	【問題5】 (問題4と問題5から1問選択)	「労働安全衛生法」上の穴埋め問題 [設問1]　(1)安全衛生推進者　(2)職長の教育 [設問2]　(3)高さ2m作業床の端 (4)昇降設備	「労働安全衛生法」上の穴埋め問題 [設問1]　(1)クレーン検査証の有効期限　(2)クレーン検査証を備えておく場所　(3)作業床のすき間　(4)アーク溶接の防護具 [設問2]　(5)小型ボイラー届出
10・3	留意事項 (空調)	【問題2】 (問題2と問題3から1問選択)	Pacエアコンの冷媒管（銅管）を施工する場合の留意事項を記述する問題 (1)管の切断又は切断面の処理　(2)管の曲げ加工　(3)管の差込接合　(4)管の気密試験	Pacエアコンを事務室内に設置する場合の留意事項を記述する問題 (1)屋内機の配置　(2)屋内機の基礎又は固定　(3)屋内機廻りのドレン配管の施工　(4)屋外機の配置
	留意事項 (給排水)	【問題3】 (問題2と問題3から1問選択)	ガス瞬間湯沸器（屋外壁掛け形：24号）を住宅の外壁に設置し，浴室への給湯管（銅管）を施工する場合の留意事項を記述する問題 (1)湯沸器の配置　(2)湯沸器の据付け (3)給湯管の敷設　(4)湯沸器の試運転調整	排水管（硬質ポリ塩化ビニル管：接着接合）を屋外埋設する場合の留意事項を記述する問題 (1)管の切断又は切断面の処理　(2)管の接合　(3)埋設配管の敷設　(4)埋戻し
10・4	施工経験記述	【問題6】 (必須)	経験した管工事1つを記述する問題 [設問1]　(1)工事名　(2)工事場所 (3)設備工事概要　(4)現場での貴方の立場 [設問2]　工程管理 [設問3]　安全管理	経験した管工事1つを記述する問題 [設問1]　(1)工事名　(2)工事場所 (3)設備工事概要　(4)現場での貴方の立場 [設問2]　品質管理 [設問3]　安全管理

第二次検定

10・1 設備全般の施工要領　必須問題（R2〜R6）

> 【共通】 問題1は必須問題です。必ず解答してください。解答は解答用紙に記述してください。

【問題1】 次の設問1及び設問9の答えを解答欄に記述しなさい。

〔設問1〕 次の(1)〜(5)の記述について、**適当な場合には○を、適当でない場合には×を**記入しなさい。

(1) 飲料用冷水器の排水管は、雑排水系統の排水管に直接連結する。
(2) 浴室の排気に長方形ダクトを使用する場合は、ダクトの角の継目が下面とならないように取り付ける。
(3) 鋼管の突合せ溶接による接合は、開先加工等を行い、ルート間隔を保持して行う。
(4) 防振基礎には、地震時の移動、転倒防止のための耐震ストッパーを設ける。
(5) グラスウール保温材は、ポリスチレンフォーム保温材に比べて、防湿性が優れている。

〔設問2〕 (1)〜(5)に示す図について、**適切でない部分の理由又は改善策**を具体的かつ簡潔に記述しなさい。

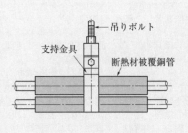

(1) 冷媒管吊り要領図

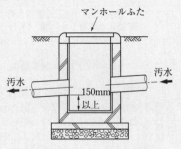

(2) 汚水ますの施工要領図

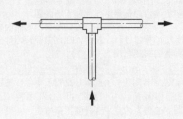

(3) 給水管の分岐方法（矢印は水の流れる方向を示す。）

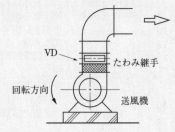

(4) 送風機吐出し側のダクト施工要領図

10・1 設備全般の施工要領 必須問題(R2〜R6) 263

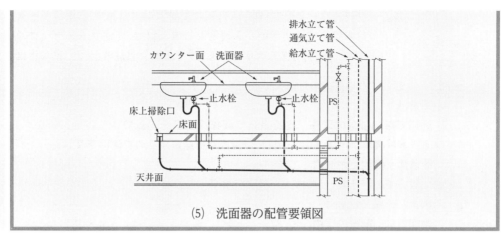

(5) 洗面器の配管要領図

《令和6年度 問題1》

模範解答

1 【問題1】

〔設問1〕 (○×を解答する問題。)

(1) × 解説 飲料用冷水器の排水管は，間接排水とし，雑排水系統の排水管に接続する。

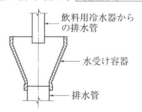

図 間接排水

(2) ○ 解説 多湿となる排気ダクト内の結露水がダクトから漏れないように，ダクトの継目はダクト下面にならないようにする。

(3) ○ 解説 溶け込み不足が発生しないように良好な突合せ溶接では，開先加工，ルート間隔は必須である。

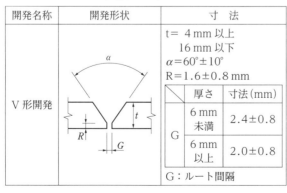

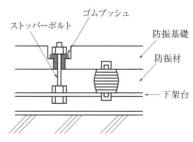

図 開先加工とルート間隔　　　図 耐震ストッパー

(4) ○ 解説 上図の要領図による。耐震ストッパーと防振基礎は，機器運転時に接触しない程度に間隔を設ける。

(5)　×　解説　グラスウール保温材は，人造鉱物繊維保温材であり，透湿係数が大きく，冷水管等では防湿剤が必要となる保温材で，発泡プラスチック（独立発泡系）保温材であるポリスチレンフォーム保温材に比べて，防湿性に劣る。

〔設問2〕（適切でない部分の理由又は改善策を夫々1～2つ記述する。）
(1)　冷媒管吊り要領図
　① **適切でない部分の理由**　支持金具で直接冷媒管を吊っているので，ポリエチレンフォーム保温材が自重（集中荷重）で減肉して結露するので適切でない。
　　改善策　保温材が減肉して結露しないように，荷重を分散させる保護プレートを下端に敷いて，ポリエチレンフォーム被覆銅管を支持する。

(2)　汚水ますの施工要領図
　① **適切でない部分の理由**　インバートのない汚水ますでは，汚水や汚物などがます内部に滞留・腐敗して悪臭の元となり又は汚物が詰まるおそれがあるので適切でない。
　　改善策　管底が平滑で凹凸がなく，排水が滑らかに流れるように，ます底部にインバートを設ける。

(3)　給水管の分岐方法（矢印は水の流れる方向を示す。）
　① **適切でない部分の理由**　両側への分流であり，均等な分流ができない。また，ウォータハンマ等が発生した場合，チーズが破損するおそれがあるので適切でない。
　　改善策　下図に示す枝分岐とする。

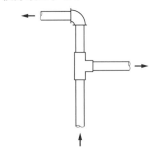

図　枝分岐の方法

(4)　送風機吐出し側のダクト施工要領図
　① **適切でない部分の理由**　送風機出口直後の空気の流れは安定した流れでないので，風量調整ダンパ（VD）を設ける位置が適切でない。
　　改善策　送風機から十分離れた空気が整流した部分に風量調整ダンパを設ける。一般には，送風機からダクト幅の8倍程度の直管部を設ける。
　② **適切でない部分の理由**　図の送風機吐出側直近のダクトの曲がり部は，送風機の回転方向と逆で，空気の偏流・渦流に伴う過大な摩擦損失抵抗となり又は騒音源となるので適切でない。
　　改善策　送風機吐出側直近のダクトの曲がり部は，スムーズな風の流れとなるように送風機の回転と同じ方向に曲げる，又はエルボ部分にガイドベーンを設ける。

(5)　洗面器の配管要領図
　① **適切でない部分の理由**　ループ通気管が床下で通気立て管に接続されており，排水管が詰まったとき，通気管が排水管代わりとなり不具合の発見が遅れるので適切でない。
　　改善策　ループ通気管を床下から最高位の衛生器具のあふれ縁より150 mm高い位置まで立ち上げて，通気立て管に接続に接続する。

【問題 1】 次の設問 1 及び設問 2 の答えを解答欄に記述しなさい。

〔設問 1〕 次の(1)〜(5)の記述について，**適当な場合には**○を，**適当でない場合には**×を記入しなさい。

(1) 低圧ダクトに用いるコーナーボルト工法ダクトの板厚は，アングルフランジ工法ダクトの板厚と同じとしてよい。

(2) フレキシブルジョイントは，温水配管の熱収縮を吸収するために使用する。

(3) 洗面器を軽量鉄骨ボード壁に取り付ける場合は，ボードに直接バックハンガーを取り付ける。

(4) 送風機の接続ダクトに風量測定口を設ける場合は，送風機の吐出し口の直後に取り付ける。

(5) 排水用硬質塩化ビニルライニング鋼管の接続には，排水鋼管用可とう継手（MDジョイント）を使用する。

〔設問 2〕 (6)〜(9)に示す図について，**適切でない部分の理由**又は**改善策**を具体的かつ簡潔に記述しなさい。

(6) 屋内機ドレン配管要領図
（吊りに関する部分は除く。）

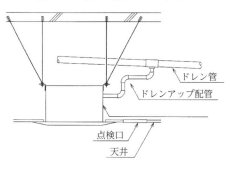

(7) 通気管取り出し要領図

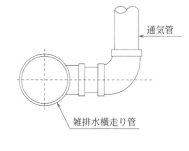

(8) 配管吊り要領図

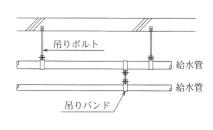

(9) 保温外装施工要領図

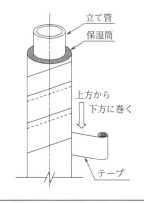

《令和 5 年度 問題 1》

266　第 10 章　第二次検定

模範解答

2 【問題 1】

〔設問 1〕　（○×を解答する問題。）

(1)　○

(2)　×　**解説** フレキブルジョイントではなく，伸縮管継手である。

(3)　×　**解説** 予め軽量鉄骨に下地補強材としての軽量角パイプやアングル加工材又は堅木のあて板などを設けておき，これにバックハンガーを取り付ける。

(4)　×　**解説** 送風機の吐出し口から，偏流のおそれのない 8 D（D はダクトの長辺長さ）以上離れた箇所に風量測定口を設ける。

(5)　○

〔設問 2〕　（適切でない部分の理由又は改善策を夫々 1～2 つ記述する。）

(6)　屋内機ドレン配管要領図

　① **適切でない部分の理由**　ドレンアップ配管がドレン管に下から接続されており，ドレンアップ配管を経由して，上流からのドレン水が流れ込むので，適切でない。
　　改善策　ドレンアップ配管は，ドレン管の上から接続する。

(7)　通気管取り出し要領図

　① **適切でない部分の理由**　通気管が雑排水横走り管に水平で取り出されており，通気が雑排水で遮断されるおそれがあるので，適切でない。
　　改善策　雑排水横走り管の垂直上部又は垂直軸から 45° 以内で通気管を取り出す。

(8)　配管吊り要領図

　① **適切でない部分の理由**　下段の給水管が共吊りとなっており，下段の給水管の配管自重で上段の給水管が撓み，配管に無理な力が作用することになるので，適切でない。
　　改善策　下段の給水管もスラブより直接吊りボルトで吊る。

(9)　保温外装施工要領図

　① **適切でない部分の理由**　上方から下方に巻く方向だと下から受けることとなりので，下にずれないようにする力が働かず，経年で巻きが緩むおそれがあるので，上方から下方に巻く方向が適切でない。
　　改善策　下方から上方に向かって巻き進め，経年によるずれを抑え込む。また，水の保温材への浸入防止や埃の堆積防止にも効果がある。

【問題 1】 次の設問 1～設問 3 の答えを解答欄に記述しなさい。

〔設問 1〕 次の(1)～(5)の記述について，**適当な場合には○**を，**適当でない場合には×**を記入しなさい。

(1) 自立機器で縦横比の大きいパッケージ形空気調和機や制御盤等への頂部支持材の取付けは，原則として，2箇所以上とする。

(2) 汚水槽の通気管は，その他の排水系統の通気立て管を介して大気に開放する。

(3) パイプカッターは，管径が小さい銅管やステンレス鋼管の切断に使用される。

(4) 送風機とダクトを接続するたわみ継手の両端のフランジ間隔は，50 mm 以下とする。

(5) 長方形ダクトのかどの継目（はぜ）は，ダクトの強度を保つため，原則として，2箇所以上とする。

〔設問 2〕 (6)及び(7)に示す図について，**適切でない部分の理由又は改善策**を記述しなさい。

〔設問 3〕 (8)に示す図について，**適切でない部分の理由又は改善策**を，**①に給水設備**について，**②に排水・通気設備**について，それぞれ記述しなさい。ただし，配管口径に関するものは除く。

(6) 送風機回りダンパー取付け要領図

(7) パッケージ形空気調和機屋外機設置要領図

(8) 中間階便所平面詳細図

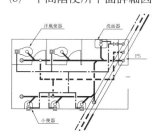

《令和 4 年度 問題 1》

268　第 10 章　第二次検定

模範解答

3 【問題 1】

〔設問 1〕　（○×を解答する問題。）

(1)　○

(2)　×　**解説**　通気管は<u>専用単独</u>として直接大気に開放する。

(3)　○

(4)　×　**解説**　たわみ継手の両端のフランジ間隔は，有効 <u>150 mm 以上</u>とする。

(5)　○　**解説**　ただし，長辺 750 mm 以下の場合は，1 カ所以上としてよい。

〔設問 2〕　（適切でない部分の理由又は改善策をそれぞれ 1〜2 つ記述する。）

(6)　送風機回りダンパ取付け要領図

　① **適切でない部分の理由**　送風機出口直後の空気の流れは安定した流れでないので，適切でない。

　　　改善策　風量調整ダンパは送風機から十分離れた空気が整流した部分に設ける。一般には，送風機からダクト幅の 8 倍程度の直管部を設ける。

(7)　パッケージ形空気調和機屋外機設置要領図

　① **適切でない部分の理由**　パッケージ形空気調和機屋外機の周辺距離が狭いので空気循環の効率が悪くなり，適切でない。

　　　改善策　冷暖房の効きが悪くなる。推奨されている設置スペースを次に示すが，前面が広くとれるように向きを 90° 配置を見直す。

　　　a.　前面：200 mm 以上　　b.　背面：50 mm 以上　　c.　側面：100 mm 以上

　② **適切でない部分の理由**　パッケージ形空気調和機屋外機の周辺距離が狭いので空気循環の効率が悪くなり，適切でない。

　　　改善策　ベランダを広くすることはできない場合，屋外機を天井から吊り下げたり又は外壁に設置する。

　③ **適切でない部分の理由**　子供が容易に屋外機に足をかけベランダを登ると墜落のおそれがあるので，適切でない。

　　　改善策　墜落しないように，ガードを設ける。

〔設問 3〕　（適切でない部分の理由又は改善策をそれぞれ 1〜2 つ記述する。）

(8)　中間階便所平面詳細図

　a.　給水設備

　① **適切でない部分の理由**　給水弁が PS 内に納まってなく点検・操作が困難であるので，適切でない。

　　　改善策　給水弁を PS 内に納める。

　② **適切でない部分の理由**　小便器への分岐が，一部 T 形分岐となっている。分岐部に渦流が生じ，左右の流量が不均一なるので，適切でない。また，ウオータハンマが発生した場合，T 形分岐箇所が破損するおそれがある。

　　　改善策　T 分岐を，枝分流分岐とする。

　b.　排水・通気

　① **適切でない部分の理由**　大便器系の排水管掃除口がブース内にあり，排水管清掃が困難であるので，適切でない。

改善策　排水管掃除口をブース外の通路部分に設ける。
② **適切でない部分の理由**　ループ通気管が大便器系と小便器系が床下で連結されており，排水経路となるおそれがあり，適切でない。
　　改善策　それぞれ，最高位の衛生器具のあふれ縁より 150 mm 以上まで単独で立ち上げ通気立て管に接続する。

【問題 1】 次の設問 1～設問 3 の答えを解答欄に記述しなさい。

〔設問 1〕 次の(1)～(5)の記述について，**適当な場合には○を，適当でない場合には×を**記入しなさい。

(1) アンカーボルトは，機器の据付け後，ボルト頂部のねじ山がナットから 3 山程度出る長さとする。

(2) 硬質ポリ塩化ビニル管の接着接合では，テーパ形状の受け口側のみに接着剤を塗布する。

(3) 鋼管のねじ加工の検査では，テーパねじリングゲージをパイプレンチで締め込み，ねじ径を確認する。

(4) ダクト内を流れる風量が同一の場合，ダクトの断面寸法を小さくすると，必要となる送風動力は小さくなる。

(5) 遠心送風機の吐出し口の近くにダクトの曲がりを設ける場合，曲がり方向は送風機の回転方向と同じ方向とする。

〔設問 2〕 (6)～(8)に示す図について，**適切でない部分の理由又は改善策**を記述しなさい。

〔設問 3〕 (9)に示す図について，**排水口空間 A の必要最小寸法**を記述しなさい。

(6)　カセット形パッケージ形空気調和機
　　（屋内機）据付け要領図

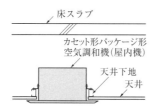

(7)　通気管末端の開口位置
　　（外壁取付け）

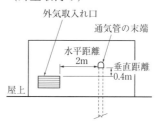

(8)　フランジ継手のボルトの締付け順序
　　（数字は締付け順序を示す。）

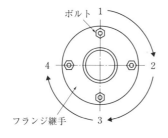

(9)　飲料用高置タンク回り
　　配管要領図

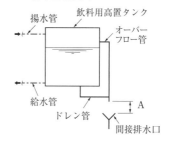

《令和 3 年度　問題 1》

270　第 10 章　第二次検定

模範解答

4 【問題 1】

〔設問 1〕 （○×を解答する問題。）

(1) ○

(2) × 　解説 　硬質ポリ塩化ビニル管にも接着剤を塗布し，お互いの潤滑層を接合することで接着接合が成立する。

(3) × 　解説 　テーパねじリングゲージは手締めとする。

(4) × 　解説 　ダクトの断面寸法を小さくすると摩擦損失抵抗が増え，必要となる送風動力は大きくなる。

(5) ○

〔設問 2〕 （適切でない部分の理由又は改善策をそれぞれ 1~2 つ記述する。）

(6) カセット形パッケージ形空気調和機（屋内機）据付け要領図

① **適切でない部分の理由** 　カセット形パッケージ形空気調和機（屋内機）は，質量 20 kg 程度であり質量的に，また，支持・固定すると天井材に振動が伝搬するおそれがあるのに，天井下地に支持・固定しているので適切でない。

改善策 　床スラブより吊りボルトで自重支持し，その吊りボルトに四面耐震ブレースを設ける。

(7) 通気管末端の開口位置（外壁取付け）

① **適切でない部分の理由** 　外気取入れ口が通気口の末端と規定の離隔距離がとれてなく，悪臭の空気が取り込まれるおそれがあるので適切でない。

改善策 　外気取入れ口の上端から垂直距離で 600 mm 以上立ち上げるか，外気取入れ口の側端から水平距離で 3.0 m 以上離す。

(8) フランジ継手のボルトの締付け順序（数字は締付け順序を示す。）

① **適切でない部分の理由** 　ボルトの締付け順序を図のように時計回りの締付け順序とすると，片締めとなりガスケットを傷つけ，結果漏水となるおそれがあるので適切でない。

改善策 　正しい締付け順序は，対角線上のボルトを順次締付けつけ手順であるので，図の 1 → 3 → 2 → 4 の順とする。また，三巡くらいで締付けが完了するようにする。

〔設問 3〕 （排水口空間 A の必要最小寸法を記述する。）

(9) 飲料用高置タンク回り配管要領図　排水口空間 A＝150 mm

　解説 　飲料用高置タンクの排水口空間は，オーバーフロー管の管径によらず，間接排水口のあふれ縁から垂直距離 A は 150 mm とする。

第二次検定

【問題 1】 次の設問 1 及び設問 2 の答えを解答欄に記述しなさい。

〔設問 1〕 (1)及び(2)に示す各図について，使用場所又は使用目的を記述しなさい。

(1) つば付き鋼管スリーブ

(2) 合成樹脂製支持受け付き U バンド

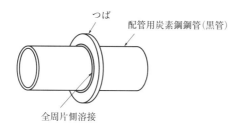

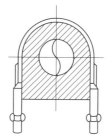

〔設問 2〕 (3)～(5)に示す各図について，適切でない部分の理由又は改善策を具体的かつ簡潔に記述しなさい。

(3) 汚水桝施工要領図

(4) 排気チャンバー取付け要領図

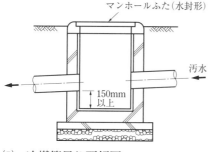

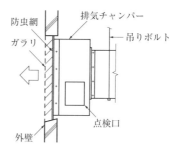

(5) 冷媒管吊り要領図

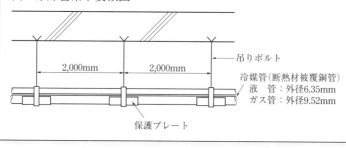

《令和 2 年度 問題 1》

272 第10章 第二次検定

模範解答

5 【問題1】

〔設問1〕 （使用場所又は使用目的をそれぞれ1~2つ記述する。）

(1) つば付き鋼管スリーブ

① **使用場所** 配管が地中壁や外壁・屋上など水密の必要な躯体を貫通する箇所。

② **使用目的** 躯体貫通部とスリーブの間の水密を確保して，屋内への地下水や雨水の浸入を防止する。

(2) 合成樹脂製支持受け付きUバンド

① **使用場所** 冷水配管など低温流体用の配管の支持受け部。

② **使用目的** 冷水配管など低温流体用の配管の断熱支持受け方法で，配管及び支持受け材の結露を防止する。

〔設問2〕 （適切でない部分の理由又は改善策を具体的かつ簡潔にそれぞれ1~2つ記述する。）

(3) 汚水桝施工要領図

① **適切でない部分の理由** インバートのない汚水桝では，汚水や汚物などが桝内部に滞留・腐敗して悪臭の元となり，または汚物が詰まるおそれがあるので適切でない。

　　改善策 管底が平滑で凹凸がなく，排水が滑らかに流れるように，桝底部にインバートを設ける。

(4) 排気チャンバー取付け要領図

① **適切でない部分の理由** 排気チャンバーの底面が平であると，ガラリより侵入した雨水が滞留し，室内への漏水となるので適切でない。

　　改善策 排気チャンバーの底面は，ガラリより侵入した雨水を速やかに排出するために，ガラリ（外部）に向かって下がり勾配をつける。ガラリと排気チャンバーとの接合部の底周部は，漏水防止のためシールを充填する。

(5) 冷媒管吊り要領図

① **適切でない部分の理由** 液管・ガス管共吊りの吊り間隔を2mとすると，液管・ガス管は，管材自体の強度不足により垂れ下がりが起き，冷媒の循環を阻害するので適切でない。

　　改善策 外径が細い液管の外径が9.52mm以下の場合，吊り間隔は1.5m以下とする。

10・2　バーチャート工程表と法規　必須問題(R6),選択問題(R2〜R5)　273

| 10・2 | バーチャート工程表と法規 | 必須問題(R6),選択問題(R2〜R5) |

| 10・2・1 | バーチャート工程表 | 必須問題（R6）,選択問題（R2〜R5） |

令和6年度では，**問題2**は必須問題です。必ず解答してください。解答は解答用紙に記述してください。

1

【問題2】 新築工事（9階建て事務所）において管工事の作業が，下記の表及び施工条件のとき，次の設問1及び設問2の答えを解答欄に記述しなさい。

作業名	1階部分		2階部分	
	作業日数	工事比率	作業日数	工事比率
準備・墨出し	1日	2%	1日	2%
基礎打設	1日	4%	1日	4%
機器搬入据付	1日	8%	1日	8%
水圧試験	2日	2%	2日	2%
試運転調整	2日	6%	2日	6%
保温	2日	8%	2日	8%
配管	4日	20%	4日	20%

（注）　表中の作業名の記載順序は，作業の実施順序を示すものではない。

〔施工条件〕

① 1階部分の準備・墨出しの作業は，工事初日に開始する。

② 各作業は同一の階部分では，相互に平行作業しないものとする。

③ 同一の作業は，1階部分の作業が完了後，2階部分の作業に着手するものとする。

④ 基礎打設後10日間は，養生のため次の作業に着手できないものとする。

⑤ 機器搬入据付作業後に配管作業を行うものとする。

⑥ 各作業は，最早で完了させるものとする。

⑦ 土曜日，日曜日は，作業（基礎の養生は含まない。）を行わないものとする。

〔設問1〕　バーチャート工程表を作成し，次の(1)〜(3)に答えなさい。ただし，各作業の出来高は，作業日数内において均等とする。

（バーチャート工程表の作成は，採点対象外です。）

(1) 全体工期は，何日になるか答えなさい。

(2) 工事開始後22日目の作業終了時点の累積比率を答えなさい。

(3) 1階の作業終了日に2階で行われている作業名を答えなさい。

〔設問2〕　工期短縮のため配管作業と水圧試験は人員を2倍に増員し作業することとした。増員した割合で作業日数が短縮された場合のバーチャート工程表を作成し，次の(1)及び(2)に答えなさい。ただし，各作業の出来高は，作業日数内において均等とする。

第二次検定

(バーチャート工程表の作成は，採点対象外です。)
(1) 設問1(2)の累積比率を超えるのは，工事開始後何日目か答えなさい。
(2) 工事開始が2日遅れると全ての作業が終了するのは何日遅れるか答えなさい。

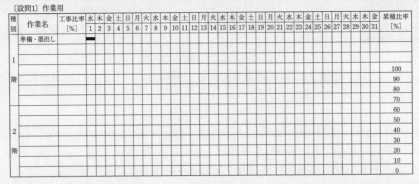

《令和6年度 問題2》

模範解答

1 【問題2】

〔設問1〕（バーチャート工程表を作成し，答える。）

解説 作業順は，準備・墨出し→基礎打設→機器搬入据付→配管→水圧試験→保温→試運転調整となる。「配管→水圧試験→保温」は一連の流れであるので覚える。

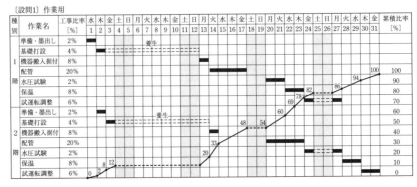

図 バーチャート工程表

(1) 全体工期：31日
(2) 工事開始後22日目の作業終了時点の累積比率：69％
(3) 1階の作業終了日に2階で行われている作業名：水圧試験

〔設問2〕（工期短縮された場合のバーチャート工程表を作成し，答える。）

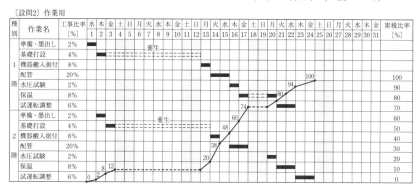

図　工期短縮されたバーチャート工程表

(1) 設問1(2)の累積比率を超えるのは，工事開始後何日目：17日
(2) 工事開始が2日遅れると全ての作業が終了するのは何日遅れる：6日（30-24）

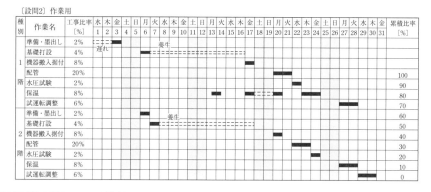

276　第 10 章　第二次検定

令和 5 年度以前では，**問題 4** と**問題 5** の問題のうちから 1 問題を選択し，解答は解答用紙に記述してください。選択した問題は，解答用紙の選択欄に印を記入してください。

2

【**問題 4**】　2 階建て事務所ビルの新築工事において，空気調和設備工事の作業が下記の表及び施工条件のとき，次の設問 1 及び設問 2 の答えを解答欄に記述しなさい。

作業名	1 階部分		2 階部分	
	作業日数	工事比率	作業日数	工事比率
準備・墨出し	1 日	2%	1 日	2%
水圧試験	2 日	2%	2 日	2%
試運転調整	2 日	6%	2 日	6%
保温	3 日	9%	3 日	9%
機器設置	2 日	13%	2 日	13%
配管	5 日	18%	5 日	18%

（注）　表中の作業名の記載順序は，作業の実施順序を示すものではない。

〔施工条件〕

① 　1 階部分の準備・墨出しの作業は，工事の初日に開始する。

② 　機器設置の作業は，配管の作業に先行して行うものとする。

③ 　各作業は，同一の階部分では，相互に並行作業しないものとする。

④ 　同一の作業は，1 階部分の作業が完了後，2 階部分の作業に着手するものとする。

⑤ 　各作業は，最早で完了させるものとする。

⑥ 　土曜日，日曜日は，現場での作業を行わないものとする。

〔設問 1〕　バーチャート工程表を作成し，次の(1)～(3)に答えなさい。ただし，各作業の出来高は，作業日数内において均等とする。

（バーチャート工程表の作成は，採点対象外です。）

(1)　工事全体の工期は，何日になるか答えなさい。

(2)　①　累積出来高が 80% を超えるのは工事開始後何日目になるか答えなさい。

　　②　その日に 2 階で行われている作業の作業名を答えなさい。

〔設問 2〕　工期短縮のため，配管及び保温の各作業につい 1 階部分と 2 階部分は，別の班で下記の条件で並行作業を行うこととした。バーチャート工程表を作成し，次の(3)及び(4)に答えなさい。

（バーチャート工程表の作成は，採点対象外です。）

（条件）　①　配管及び保温の各作業は，1 階部分の作業と 2 階部分の作業を同じ日に並行作業することができるものとし，それ以外は，当初の作業日数，工事比率，施工条件から変更がないものとする。

(3)　工事全体の工期は，何日になるか答えなさい。

(4)　工事開始後 17 日目の作業終了時点での累積出来高を答えなさい。

《令和5年度 問題4》

模範解答

2 【問題4】

〔設問1〕（設問に解答又は記述する。）

バーチャート工程表及び累積出来高曲線を作成する（下図参照）。

(1) 工事全体の工期：30日

(2) ① 累積出来高が80％を超えるのは工事開始後何日目：20日目

② その日に2階で行われている作業の作業名：保温

〔設問2〕（設問に解答又は記述する。）

バーチャート工程表及び累積出来高曲線を作成する（下図参照）。

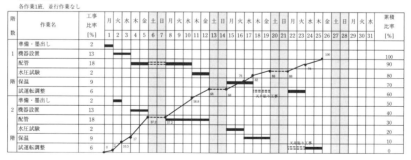

(3) 工事全体の工期：25日

(4) 工事開始後17日目の作業終了時点での累積出来高：82％

【問題 4】 ある建築物を新築するにあたり，ユニット形空気調和機を設置する空気調和設備の作業名，作業日数，工事比率が下記の表及び施工条件のとき，次の設問 1 〜 設問 3 の答えを解答欄に記述しなさい。

作業名	作業日数	工事比率
準備・墨出し	2 日	2%
コンクリート基礎打設	1 日	3%
水圧試験	2 日	5%
試運転調整	2 日	5%
保温	3 日	15%
ダクト工事	3 日	18%
空気調和機設置	2 日	20%
冷温水配管	4 日	32%

(注) 表中の作業名の記載順序は，作業の実施順序を示すものではありません。

〔施工条件〕
① 準備・墨出しの作業は，工事の初日に開始する。
② 各作業は，相互に並行作業しないものとする。
③ 各作業は，最早で完了させるものとする。
④ コンクリート基礎打設後 5 日間は，養生のためすべての作業に着手できないものとする。
⑤ コンクリート基礎の養生完了後は，空気調和機を設置するものとする。
⑥ 空気調和機を設置した後は，ダクト工事をその他の作業より先行して行うものとする。
⑦ 土曜日，日曜日は，現場の休日とする。ただし養生期間は休日を使用できるものとする。

〔設問 1〕 バーチャート工程表及び累積出来高曲線を作成し，次の(1)及び(2)に答えなさい。ただし，各作業の出来高は，作業日数内において均等とする。

(バーチャート工程表及び累積出来高曲線の作成は，採点対象外です。)

(1) 工事全体の工期は何日になるか答えなさい。
(2) ① 工事開始後 18 日の作業終了時点での累積出来高を答えなさい。
   ② その日に行われた作業の作業名を答えなさい。

〔設問 2〕 工期短縮のため，ダクト工事，冷温水配管及び保温の各作業については，下記の条件で作業を行うこととした。バーチャート工程表及び累積出来高曲線を作成し，次の(3)及び(4)に答えなさい。ただし，各作業の出来高は，作業日数内において均等とする。

(バーチャート工程表及び累積出来高曲線の作成は，採点対象外です。)

(条件)
① ダクト工事は 1.5 倍，冷温水配管は 2 倍，保温は 1.5 倍に人員を増員し作業する。なお，増員した割合で作業日数を短縮できるものとする。
② 水圧試験も冷温水配管と同じ割合で短縮できるものとする。
(3) 工事全体の工期は何日になるか答えなさい。
(4) ① 工事開始後 18 日の作業終了時点での累積出来高を答えなさい。
   ② その日に行われた作業の作業名を答えなさい。

〔設問 3〕 累積出来高曲線が，その形状から呼ばれる別の名称を記述しなさい。

《令和 4 年度　問題 4》

模範解答

3 【問題4】

〔設問1〕（設問に解答又は記述する。）

バーチャート工程表及び累積出来高曲線を作成する。

[設問1] 作業用
各作業1班、並行作業なし

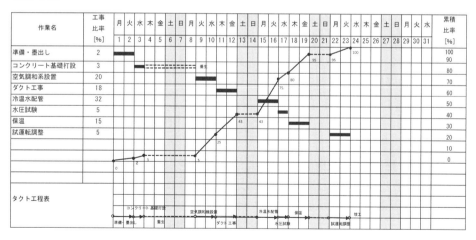

(1) 工事全体の工期：30日

(2) ① 工事開始後18日の作業終了時点での累積出来高：67％
　　② その日に行われた作業の作業名：冷温水配管

〔設問2〕（設問に解答又は記述する。）

バーチャート工程表及び累積出来高曲線を作成する。

[設問2] 作業用

(3) 工事全体の工期：23日

(4) ① 工事開始後18日の作業終了時点での累積出来高：87.5％
　　② その日に行われた作業の作業名：保温

〔設問3〕 累積出来高曲線が，その形状から呼ばれる別の名称を記述する。

バナナ曲線又はS字カーブ

280　第10章　第二次検定

4

【問題4】　2階建て事務所ビルの新築工事において，空気調和設備工事の作業が下記の表及び施工条件のとき，次の設問1及び設問2の答えを解答欄に記述しなさい。

作業名	1階部分		2階部分	
	作業日数	工事比率	作業日数	工事比率
準備・墨出し	1日	2%	1日	2%
配管	6日	24%	6日	24%
機器設置	2日	6%	2日	6%
保温	4日	10%	4日	10%
水圧試験	2日	2%	2日	2%
試運転調整	2日	6%	2日	6%

（注）表中の作業名の記載順序は，作業の実施順序を示すものではありません。

〔施工条件〕

① 1階部分の準備・墨出しの作業は，工事の初日に開始する。

② 機器設置の作業は，配管の作業に先行して行うものとする。

③ 各作業は，同一の階部分では，相互に並行作業しないものとする。

④ 同一の作業は，1階部分の作業が完了後，2階部分の作業に着手するものとする。

⑤ 各作業は，最早で完了させるものとする。

⑥ 土曜日，日曜日は，現場での作業を行わないものとする。

〔設問1〕　バーチャート工程表及び累積出来高曲線を作成し，次の(1)～(3)に答えなさい。ただし，各作業の出来高は，作業日数内において均等とする。

（バーチャート工程表及び累積出来高曲線の作成は，採点対象外です。）

(1) 工事全体の工期は，何日になるか答えなさい。

(2) ① 累積出来高が70%を超えるのは工事開始後何日目になるか答えなさい。

　　② その日に1階で行われている作業の作業名を答えなさい。

　　③ その日に2階で行われている作業の作業名を答えなさい。

(3) タクト工程表はどのような作業に適しているか簡潔に記述しなさい。

〔設問2〕　工期短縮のため，機器設置，配管及び保温の各作業については，1階部分と2階部分を別の班に分け，下記の条件で並行作業を行うこととした。バーチャート工程表を作成し，次の(4)及び(5)に答えなさい。

（バーチャート工程表の作成は，採点対象外です。）

（条件）① 機器設置，配管及び保温の各作業は，1階部分の作業と2階部分の作業を同じ日に並行作業することができる。各階部分の作業日数は，当初の作業日数から変更がないものとする。

　　　　② 水圧試験は，1階部分と2階部分を同じ日に同時に試験する。各階部分の作業日数は，当初の作業日数から変更がないものとする。

　　　　③ ①及び②以外は，当初の施工条件から変更がないものとする。

(4) 工事全体の工期は，何日になるか答えなさい。

(5) ②の条件を変更して，水圧試験も1階部分と2階部分を別の班に分け，1階部分と2階部分を別の日に試験することができることとし，また，並行作業とすることも可能とした場合，工事全体の工期は，②の条件を変更しない場合に比べて，何日短縮できるか答えなさい。水圧試験の各階部分の作業日数は，当初の作業日数から変更がないものとする。

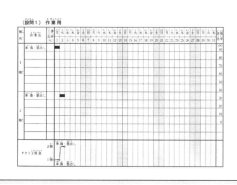

《令和3年度 問題4》

模範解答

4 【問題4】

〔設問1〕（設問に解答又は記述する。）

(1) 工事全体の工期　31日

　解説　作業手順は，1階・2階とも同じ。準備・墨出し後に機器設置→機器設置は配管工事に先行→配管工事後に配管の水圧試験→水圧試験後に保温工事→最後に試運転調整とする。バーチャート工程表及び累積出来高曲線は下図による。

(2) ① 累積出来高が70%を超える日　工事開始後19日目
　　② その日に1階で行われている作業名　保温工事
　　③ その日に2階で行われている作業名　配管工事

(3) タクト工程表に適した作業
　　① 高層建物などの基準階工事などで，階ごとに繰り返し行う同一作業
　　② ホテルの客室などで，部屋ごとに繰り返し行う同一作業

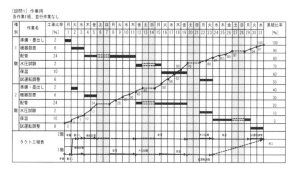

〔設問2〕（設問に解答する。）

(4) 工期短縮のため，機器設置，配管及び保温の各作業については，1階部分と2階部分を2班で施工した場合の工事全体の工期　26日

　解説　下図による。

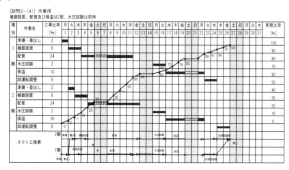

(5) (4)に加え、水圧試験も2班で行う場合1日工期が短縮できる。

解説 下図による。

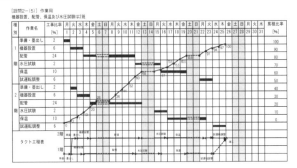

【問題4】 建築物の空気調和設備工事において、冷温水の配管工事の作業が下記の表及び施工条件のとおりのとき、次の設問1〜設問3の答えを解答欄に記述しなさい。

［施工条件］

作業名	作業日数	工事比率
準備・墨出し	2日	5%
後片付け・清掃	1日	3%
配管	12日	48%
保温	6日	30%
水圧試験	2日	14%

① 準備・墨出しの作業は、工事の初日に開始する。
② 各作業は、相互に並行作業しないものとする。
③ 各作業は、最早で完了させるものとする。
④ 土曜日、日曜日は、現場での作業を行わないものとする。

［設問1］ バーチャート工程表及び累積出来高曲線を作成し、次の(1)及び(2)に答えなさい。ただし、各作業の出来高は、作業日数内において均等とする。(バーチャート工程表及び累積出来高曲線の作成は、採点対象外です。)

(1) 工事全体の工期は、何日になるか答えなさい。
(2) 29日目の作業終了時点の累積出来高 [%] を答えなさい。

［設問2］ 工期短縮のため、配管、保温及び水圧試験については、作業エリアをA、Bの2つに分け、下記の条件で並行作業を行うこととした。バーチャート工程表を作成し、次の(3)及び(4)に答えなさい。(バーチャート工程表の作成は、採点対象外です。)

(条件)

① 配管の作業は、作業エリアAとBの作業を同日に行うことはできない。作業日数は、作業エリアA、Bとも6日である。
② 保温の作業は、作業エリアAとBの作業を同日に行うことはできない。作業日数は、作業エリアA、Bとも3日である。
③ 水圧試験は、作業エリアAとBの試験をエリアごとに単独で行うことも同日に行うこともできるが、作業日数は、作業エリアA、Bを単独で行う場合も、両エリアを同日に行う場合も2日である。

(3) 工事全体の工期は、何日になるか答えなさい。
(4) 作業エリアAと作業エリアBの保温の作業が、土曜日、日曜日以外で中断することなく、連続して作業できるようにするには、保温の作業の開始日は、工事開始後何日目になるか答えなさい。

10・2　バーチャート工程表と法規　必須問題(R6)，選択問題(R2〜R5)　283

〔設問3〕更なる工期短縮のため，配管，保温及び水圧試験については，作業エリアを
　　A，B，Cの3つに分け，下記の条件で並行作業を行うこととした。バーチャート工程
　　表を作成し，次の(5)に答えなさい。（バーチャート工程表の作成は，採点対象外です。）
（条件）
①　配管の作業は，作業エリアAとBとCの作業を同日に行うことはできない。作業
　　日数は，作業エリアA，B，Cとも4日である。
②　保温の作業は，作業エリアAとBとCの作業を同日に行うことはできない。作業
　　日数は，作業エリアA，B，Cとも2日である。
③　水圧試験は，作業エリアAとBとCの試験をエリアごとに単独で行うことも同日
　　に行うこともできるが，作業日数は，作業エリアA，B，Cを単独で行う場合も，複
　　数のエリアを同日に行う場合も2日である。
(5)　水圧試験の実施回数を2回とすること（作業エリアA，B，Cの3つのエリアの
　　うち，2つのエリアの水圧試験を同日に行うこと）を条件とした場合，初回の水圧試
　　験の開始日は，工事開始後何日目になるか答えなさい。

〔設問1〕・〔設問2〕・〔設問3〕作業用

作業名	工事比率[%]	月 1	火 2	水 3	木 4	金 5	土 6	日 7	月 8	火 9	水 10	木 11	金 12	土 13	日 14	月 15	火 16	水 17	木 18	金 19	土 20	日 21	月 22	火 23	水 24	木 25	金 26	土 27	日 28	月 29	火 30	水 31	累積比率[%]
準備・墨出し		■	■	■																													100
																																	90
																																	80
																																	70
																																	60
																																	50
																																	40
																																	30
																																	20
																																	10

《令和2年度　問題4》

第二次検定

模範解答

5 【問題4】

〔設問1〕 (設問に解答する。)

(1) 工事全体の工期　31日

解説 作業手順は，準備・墨出し後に配管→配管後に水圧試験→水圧試験後に保温→最後に後片付け・清掃とする。バーチャート工程表及び累積出来高曲線は下図による。

(2) 29日目の作業終了時点の累積出来高 [%]　92%

解説 右図による。

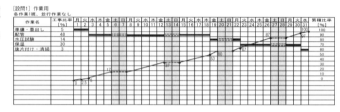

〔設問2〕 (設問に解答する。)

(3) 工事全体の工期　26日

解説 右図による。

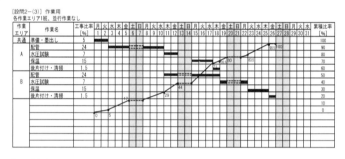

(4) 保温の作業の開始日　工事開始後18日目

解説 右図による。

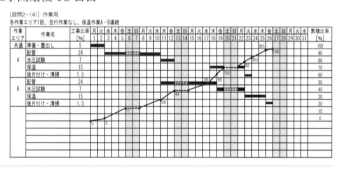

〔設問3〕 (設問に解答する。)

(5) 初回の水圧試験の開始日　工事開始後15日目

解説 右図による。

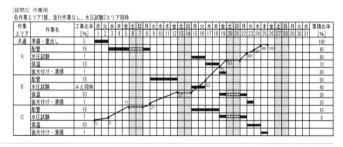

10・2　バーチャート工程表と法規　必須問題(R6),選択問題(R2～R5)　285

10・2・2　法規　必須問題（R6），選択問題（R2～R5）

令和6年度では，**問題3**は必須問題です。必ず解答してください。解答は解答用紙に記述してください。

1

【問題3】　次の設問1及び設問2の答えを解答欄に記述しなさい。

〔設問1〕　建設業における労働安全衛生に関する文中，　A　～　D　に当てはまる「労働安全衛生法」に定められている語句又は数値を選択欄から選択して記入しなさい。

(1)　事業者は，安全管理者，衛生管理者を選任する事業場以外の事業場で，常時10人以上　A　人未満の労働者を使用する事業場には，　B　を選任し，その者に安全管理者，衛生管理者が管理すべき業務を担当させなければならない。

(2)　　B　の選任は，　B　を選任すべき事由が発生した日から　C　日以内に，　D　の登録を受けた者が行う講習を修了した者等のうちから行わなければならない。

選択欄

7, 14, 20, 50, 主任技術者, 安全衛生推進者, 都道府県労働局長, 厚生労働大臣

〔設問2〕　小型ボイラーの設置に関する文中，　E　に当てはまる「労働安全衛生法」に定められている語句を記述しなさい。

事業者は，小型ボイラーを設置したときは，原則として，遅滞なく，小型ボイラー設置報告書に所定の構造図等を添えて，所轄　E　長に提出しなければならない。

《令和6年度　問題3》

模範解答

1　【問題3】

〔設問1〕　（選択欄より選択する。）

(1)　法第十二条の二（安全衛生推進者等）及び規則十二条の二（安全衛生推進者等を選任すべき事業場）によると，事業者は，安全管理者，衛生管理者を選任する事業場以外の事業場で，常時10人以上　A：50　人未満の労働者を使用する事業場には，　B：安全衛生推進者　を選任し，その者に安全管理者，衛生管理者が管理すべき業務を担当させなければならない。

(2)　規則十二条の三（安全衛生推進者等の選任）によると，　B　の選任は，　B　を選任すべき事由が発生した日から　C：14　日以内に，　D：都道府県労働局長　の登録を受けた者が行う講習を修了した者等のうちから行わなければならない。

〔設問2〕　（語句を記入する。）

ボイラー及び圧力容器安全規則 第十条（設置届）によると，事業者は，小型ボイラーを設置したときは，原則として，遅滞なく，小型ボイラー設置報告書に所定の構造図等を添えて，所轄　E：労働基準監督署　長に提出しなければならない。

第二次検定

286　第 10 章　第二次検定

令和 5 年度以前では，**問題 4** と**問題 5** の 2 問題のうちから 1 問題を選択し，解答は解答用紙に記述してください。選択した問題は，解答用紙の選択欄に印を記入してください。

2

【問題 5】　次の設問 1 及び設問 2 の答えを解答欄に記述しなさい。

〔設問 1〕　建設工事現場における，労働安全衛生に関する文中，　A　～　D　に当てはまる「労働安全衛生法」上に**定められている語句又は数値**を選択欄から選択して記入しなさい。

(1)　事業者は，作業場に通ずる場所及び作業場内には，労働者が使用するための安全な　A　を設け，かつ，これを常時有効に　B　しなければならない。

(2)　事業者は，架設通路については，階段を設けたもの又は高さが　C　m 未満で丈夫な手掛を設けたものを除き，勾配は，　D　度以下としたものでなければ使用してはならない。

選択欄

2，　3，　5，　30，　45，　60，　階段，　空間，　保持，　変更，　開放，　通路

〔設問 2〕　建設工事現場における，労働安全衛生に関する文中，　E　に当てはまる「労働安全衛生法」上に定められている語句を記述しなさい。

(3)　事業者は，ボール盤，面取り盤等の回転する刃物に作業中の労働者の手が巻き込まれるおそれのあるときは，当該労働者に　E　を使用させてはならない。

《令和 5 年度　問題 5》

3

【問題 5】　次の設問 1 及び設問 2 の答えを解答欄に記述しなさい。

〔設問 1〕　クレーン機能付き油圧ショベルの運転業務に関する文中，　A　～　D　に当てはまる労働安全衛生法又は労働基準法に定められている**語句又は数値**を選択欄から選択して解答欄に記入しなさい。

クレーン機能付き油圧ショベルを操作して掘削作業を行う場合，操作する車両の重量（機体重量）が 3 トン以上の場合は，車両系建設機械の運転の業務に係る　A　を修了した者等の有資格者が行わなければならない。また，クレーン機能を利用してつり上げ作業を行う場合は，つり上げ荷重に応じた　B　クレーン運転の有資格者が車両を操作し，つり上げ作業に伴う玉掛けの作業は，つり上げ荷重に応じた玉掛け作業の有資格者が行わなければならない。

　なお，　C　歳未満の者をクレーンの運転業務，補助作業を除く玉掛けの業務及び高さが　D　メートル以上の墜落のおそれがある場所での業務に就かせてはならない。

選択欄

2，　5，　15，　18，　特別教育，　技能講習，　床上操作式，　移動式

〔設問 2〕　建設工事現場における労働安全衛生に関する文中，　E　に当てはまる労働安全衛生法に**定められている数値**を解答欄に記述しなさい。

事業者は，足場（一側足場及び吊り足場を除く。）における高さ 2 メートル以上の作業場所に設ける作業床は，幅　E　センチメートル以上とし，床材間のすき間は 3 センチメートル以下としなければならない。

《令和 4 年度　問題 3》

10・2　バーチャート工程表と法規　必須問題(R6),選択問題(R2〜R5)　287

模範解答

2　【問題5】

〔設問1〕　（選択欄より選択する。）

(1)　規則第五百四十条（通路）によると，事業者は，作業場に通ずる場所及び作業場内には，労働者が使用するための安全な $\boxed{\text{A：通路}}$ を設け，かつ，これを常時有効に $\boxed{\text{B：保持}}$ をしなければならない。

(2)　規則第五百五十二条（架設通路）によると，事業者は，架設通路については，階段を設けたもの又は高さが $\boxed{\text{C：2}}$ m未満で丈夫な手掛を設けたものを除き，勾配は，$\boxed{\text{D：30}}$ 度以下としたものでなければ使用してはならない。

〔設問2〕　（語句を記入する）

(3)　規則第百十一条（手袋の使用禁止）によると，事業者は，ボール盤，面取り盤等の回転する刃物に作業中の労働者の手が巻き込まれるおそれのあるときは，当該労働者に $\boxed{\text{E：手袋}}$ を使用させてはならない。

3　【問題5】

〔設問1〕　（選択欄より選択する。）

(解説)　クレーン機能付き油圧ショベルは，「荷を動力を用いてつり上げ，これを水平に運搬すること（以下「クレーン作業」という。）」を目的とした機械装置と認められるものであり，労働安全衛生法施行令第一条第八号に掲げる移動式クレーンに該当する。したがって，労働安全衛生関係法令の車両系建設機械に係る規定及び移動式クレーンに係る規定の両方が適用されるものである。

・令第二十条（就業制限に係る業務）によると，クレーン機能付き油圧ショベルを操作して掘削作業を行う場合，操作する車両の重量（機体重量）が3トン以上の場合は，車両系建設機械の運転の業務に係る $\boxed{\text{A 技能講習}}$ を修了した者等の有資格者が行わなければならない。

　　また，クレーン機能を利用してつり上げ作業を行う場合は，つり上げ荷重に応じた $\boxed{\text{B 移動式}}$ クレーン運転の有資格者が車両を操作し，つり上げ作業に伴う玉掛けの作業は，つり上げ荷重に応じた玉掛け作業の有資格者が行わなければならない。

・年少者労働基準規則第八条（年少者の就業制限の業務の範囲）によると，法第六十二条第1項の厚生労働省令で定める危険な業務及び同条第2項の規定により満18歳に満たない者を就かせてはならない業務は，次の各号に掲げるものとすると規定されている。

　　なお，$\boxed{\text{C 18}}$ 歳未満の者をクレーンの運転業務，補助作業を除く玉掛けの業務及び高さが $\boxed{\text{D 5}}$ メートル以上の墜落のおそれがある場所での業務に就かせてはならない。

〔設問2〕　（数値を記入する）

・規則第五百六十三条（作業床）によると，事業者は，足場（一側足場を除く。）における高さ2メートル以上の作業場所には，次に定めるところにより，作業床を設けなければならないと規定されている。

　　事業者は，足場（一側足場及び吊り足場を除く。）における高さ2メートル以上の作業場所に設ける作業床は，幅 $\boxed{\text{E 40}}$ センチメートル以上とし，床材間のすき間は3センチメートル以下としなければならない。

第二次検定

288　第10章　第二次検定

4

【問題5】　次の設問1及び設問2の答えを解答欄に記述しなさい。

〔設問1〕　建設業における労働安全衛生に関する文中，　A　～　C　に当てはまる「労働安全衛生法」に**定められている語句又は数値**を選択欄から選択して解答欄に記入しなさい。

(1)　安全衛生推進者の選任は，　A　の登録を受けた者が行う講習を修了した者その他法に定める業務を担当するため必要な能力を有すると認められる者のうちから，安全衛生推進者を選任すべき事由が発生した日から　B　日以内に行わなければならない。

(2)　事業者は，新たに職務につくこととなった　C　その他の作業中の労働者を直接指導又は監督する者に対し，作業方法の決定及び労働者の配置に関すること，労働者に対する指導又は監督の方法に関すること等について，安全又は衛生のための教育を行わなければならない。

選択欄

厚生労働大臣，　　都道府県労働局長，　　7，　　14，　　職長，　　作業主任者

〔設問2〕　墜落等による危険の防止に関する文中，　D　及び　E　に当てはまる「労働安全衛生法」に**定められている数値**を解答欄に記述しなさい。

(3)　事業者は，高さが　D　メートル以上の作業床の端，開口部等で墜落により労働者に危険を及ぼすおそれのある箇所には，囲い，手すり，覆い等を設けなければならない。

(4)　高さ又は深さが　E　メートルをこえる箇所の作業に従事する労働者は，全安に昇降するための設備等が設けられたときは，当該設備等を使用しなければならない。

《令和3年度　問題5》

5

【問題5】　次の設問1及び設問2の答えを解答欄に記述しなさい。

〔設問1〕　建設工事現場における，労働安全衛生に関する文中，　　　　内に当てはまる「労働安全衛生法」に定められている語句又は数値を選択欄から選択して解答欄に記入しなさい。

(1)　移動式クレーン検査証の有効期間は，原則として，　A　年とする。ただし，製造検査又は使用検査の結果により当該期間を　A　年未満とすることができる。

(2)　事業者は，移動式クレーンを用いて作業を行うときは，　B　に，その移動式クレーン検査証を備え付けておかなければならない。

(3)　足場（一側足場，つり足場を除く。）における高さ2m以上の作業場に設ける作業床の床材と建地との隙間は，原則として，　C　cm未満とする。

(4)　事業者は，アーク溶接のアークその他強烈な光線を発散して危険のおそれのある場所については，原則として，これを区画し，かつ，適当な　D　を備えなければならない。

(選択欄)　1，2，3，5，10，12， 現場事務所，　当該移動式クレーン，　保管場所，　避難区画，　休憩区画，　保護具

〔設問2〕　小型ボイラーの設置に関する文中，　　　　内に当てはまる「労働安全衛生法」に定められている語句を解答欄に記述しなさい。

(5)　事業者は，小型ボイラーを設置したときは，原則として，遅滞なく，小型ボイラー設置報告書に所定の構造図等を添えて，所轄　E　長に提出しなければならない。

《令和2年度　問題5》

模範解答

4 【問題5】

〔設問1〕 （選択欄より選択する。）

(1) 規則第十二条の三（安全衛生推進者等の選任）によると，安全衛生推進者の選任は，
 A 都道府県労働局長 の登録を受けた者が行う講習を修了した者その他法に定める業
務を担当するため必要な能力を有すると認められる者のうちから，安全衛生推進者を選
任すべき事由が発生した日から B 14 日以内に行わなければならない。

(2) 法第六十条（安全衛生教育）によると，事業者は，新たに職務につくこととなった
 C 職長 その他の作業中の労働者を直接指導又は監督する者に対し，作業方法の決定
及び労働者の配置に関すること，労働者に対する指導又は監督の方法に関すること等に
ついて，安全又は衛生のための教育を行わなければならない。

〔設問2〕 （数値を記述する。）

(3) 規則第五百十九条（作業床の設置等）によると，事業者は，高さが D 2 メートル
以上の作業床の端，開口部等で墜落により労働者に危険を及ぼすおそれのある箇所には，
囲い，手すり，覆い等を設けなければならない。

(4) 規則第五百二十六条（昇降するための設備の設置等）によると，事業者は，高さ又は
深さが E 1.5 メートルをこえる箇所で作業を行うときは，当該作業に従事する労働者
が安全に昇降するための設備等を設けなければならない。

5 【問題5】

〔設問1〕 （選択欄より選択する。）

(1) クレーン等安全規則第六十条（検査証の有効期間）によると，移動式クレーン検査証
の有効期間は，原則として， A 2 年とする。ただし，製造検査又は使用検査の結果に
より当該期間を A 2 年未満とすることができる。

(2) クレーン等安全規則第六十三条（検査証の備付け）によると，事業者は，移動式ク
レーンを用いて作業を行うときは， B 当該移動式クレーン に，その移動式クレーン
検査証を備え付けておかなければならない。

(3) 規則第五百六十三条（足場・作業床）によると，足場（一側足場，つり足場を除く。）
における高さ2m以上の作業場に設ける作業床の床材と建地との隙間は，原則として，
 C 12 cm未満とする。

(4) 規則第三百二十五条（強烈な光線を発散する場所）によると，事業者は，アーク溶接
のアークその他強烈な光線を発散して危険のおそれのある場所については，原則として，
これを区画し，かつ，適当な D 保護具 を備えなければならない。

〔設問2〕 （語句を記述する。）

(5) ボイラー及び圧力容器安全規則第十条（設置届）によると，事業者は，小型ボイラー
を設置したときは，原則として，遅滞なく，小型ボイラー設置報告書に所定の構造図等
を添えて，所轄 E 労働基準監督署 長に提出しなければならない。

290　第10章　第二次検定

10・3 留意事項　　選択問題（R2〜R6）

10・3・1 留意事項（空調設備）　選択問題（R2〜R6）

【共通】 令和6年度では**問題4**と**問題5**，令和5年度以前では**問題2**と**問題3**の問題のうちから1問題を選択し，解答は解答用紙に記述してください。選択した問題は，解答用紙の選択欄に印を記入してください。

1

【問題4】 業務用の空冷ヒートポンプ式パッケージ形空気調和機の屋内機（天井カセット形）を事務室内に設置し，屋外機を屋上に設置する場合，次の設問1及び設問2の答えを解答欄に記述しなさい。ただし，工程管理及び安全管理に関する事項は除く。

〔設問1〕 次の(1)〜(4)に関する**留意事項**を，それぞれ解答欄の(1)〜(4)に具体的かつ簡潔に記述しさい。

(1) 冷媒管（断熱材被覆銅管）の吊りに関する**留意事項**

(2) 配管完了後の冷媒管又はドレン管の試験に関する**留意事項**

(3) 給排気ダクト（全熱交換ユニット用）の施工に関する**留意事項**

(4) 給排気口（全熱交換ユニット用）を外壁面に取り付ける場合の**留意事項**

〔設問2〕 空冷ヒートポンプ式パッケージ形空気調和機の**特徴**を解答欄の(1)に具体的かつ簡潔に記述しなさい。また，その機器の試運転時に**特に重要と考え実施する技術的事項**を解答欄の(2)に具体的かつ簡潔に記述しなさい。ただし，設問1に関する事項は除く。

《令和6年度　問題4》

模範解答

1 【問題4】

〔設問1〕 （業務用の空冷ヒートポンプ式パッケージ形空気調和機の屋内機（天井カセット形）を事務室内に設置し，屋外機を屋上に設置する場合の**留意事項**を，それぞれ解答欄に具体的かつ簡潔に1〜2つ記述する。）

(1) 屋内機（天井カセット形）の配置に関し，運転又は保守管理の観点からの**留意事項**

　① 吹出し空気が部屋全体に行きわたり，吹出し口付近に障害物がないように配置する。

　② 誤報のもととなるので，火災報知機から1.5 m以上離れた場所に配置する。

　③ 壁面の近くに配置しない。風がすぐに壁面にあたり，冷暖房効率がダウンする。

(2) 冷媒管（断熱材被覆銅管）のフレア接合に関する**留意事項**

　① 銅管を，銅管用カッターで管軸に直角に切断し，管の内面の面取りをする。

　② フレアナットを管に差し込み，管を専用のフレアツールに取り付けて，管端を広げフレア加工を行う。

③ 管を取り外し検査する（管端のフレアに割れ，ひび，傷が生じていない）。

④ 継手に接続し，手締め後，2丁掛けでフレアナットを固定式トルクレンチで適正に締め付ける。

(3) 屋外機の配置に関し，運転又は保守管理の観点からの**留意事項**

① 複数台設置する場合は特にショートサーキットが生じないように，吸込みスペースを十分確保して配置する（空気がこもらない場所，吸込・吹出口に風の障壁物のない場所，他の熱源から熱輻射を受けない場所，吹出口に強風が当たらない場所）。

② 騒音や熱風が隣家に迷惑をかけない場所に配置する。

③ 可燃性ガスの漏れるおそれのある場所，腐食性ガスの発生する場所（温泉地等），潮風が当たる場所（海浜地区），油煙が立ちこめる場所，電磁波を発生する機械のある場所へは設置しない。

④ 複数台設置する場合は，サービススペース（メンテナンス，人の通路，風路，現地配管スペース）を十分確保できるように配置する。

⑤ 横連続設置するときは，ユニット間に10mm以上のサービススペースを確保して配置する。

(4) 冷媒配管の気密試験終了後の真空引き作業に関する**留意事項**

① 真空引きは，液側操作弁チェックジョイントとガス側操作弁チェックジョイントの両側から真空引き行う。

② 異種油の混入を避けるために，冷媒の種類により工具等を使い分ける。特にゲージマニホールド，チャージホースは絶対に他冷媒と共用しない。

③ 真空ポンプ油が冷凍システム内に混入しないように，逆流防止アダプタを使用する。

④ 管内の真空度が−101kPa以下になってから1時間以上真空ポンプの運転をする。

⑤ 真空引き完了後，1時間以上放置し真空ゲージの針の上昇がないことを確認する。真空ゲージの針が上昇した場合は系統内に水分が残っているか，漏れ箇所があるので，漏れ箇所をチェックし，修正後再度真空引きを行う。真空度不足は，能力不足，水分の残留によるつまり，圧縮機故障の原因となるので完全を期す。

〔設問2〕 （空冷ヒートポンプ式パッケージ形空気調和機について1〜2つ記述する。）

(1) 空冷ヒートポンプ式パッケージ形空気調和機の**特徴**

① 空冷ヒートポンプ式パッケージ形空気調和機は，冷媒を用いた個別分散熱源方式の空調方式である。

② 熱の搬送に冷媒を使用しているので，水と違って漏水のおそれがない。

③ 空冷ヒートポンプ式パッケージ形空気調和機は，大気の未利用エネルギーを利用するので省エネとなる。

④ 圧縮機の駆動部により，モータによる電気式と，内燃機関によるガスエンジン式に分類される。

⑤ 空冷ヒートポンプ式パッケージ形空気調和機は，一般的には室内機（冷房時：蒸発器，暖房時：凝縮器），室外機（冷房時：凝縮器，暖房時：蒸発器）及び冷媒管で構成され，冷房・暖房の切り替えは，四方弁で簡単に切り替えられる。

⑥　一般に室内機は小型で，各種の種類があり，目的に応じて適切な室内機を選べる（天井カセット形，天井いん蔽形，床置き形（直吹き），床置き形（ダクト接続ダイプ））。

(解説)　**特徴**とは，物事が持つ独自の性質や属性を指す言葉である。これは，他の物事と区別するための基準となり，識別や理解の手がかりとなる。特徴は，形状，色，大きさ，性能など，視覚的，聴覚的，触覚的な感覚に基づくものから，抽象的な概念や価値観に基づくものまで，多岐にわたる。

(2)　その機器の試運転時に**特に重要と考え実施する技術的事項**

①　単体試運転で正常に作動するかが特に重要と考え，次の通り単体試運転調整を行う。
　・運転切替えを確認（冷房，暖房，除湿）する。
　・オートベーン，ルーバの作動を確認する。
　・ドレンの排出状況，ドレンアップの排出状況を確認する。
　・吸込・吹出空気温度，給気風量，運転電流を測定する。

②　集中管理・ネットワークシステムを構築している場合は，各室内機のアドレスがネットワークアドレスと合致しているかが特に重要と考え，実機にて作動確認して，アドレスを照合する。

2

【問題 2】　空冷ヒートポンプ式パッケージ形空気調和機（天井カセット形，冷房能力 8.0 kW）と全熱交換ユニット（天井カセット形，定格風量 150 m³/h）を事務室に設置する場合，次の(1)～(4)**に関する留意事項**を，それぞれ解答欄の(1)～(4)に具体的かつ簡潔に記述しなさい。ただし，工程管理及び安全管理に関する事項は除く。

(1)　冷媒管（断熱材被覆銅管）の吊りに関する**留意事項**
(2)　配管完了後の冷媒管又はドレン管の試験に関する**留意事項**
(3)　給排気ダクト（全熱交換ユニット用）の施工に関する**留意事項**
(4)　給排気口（全熱交換ユニット用）を外壁面に取り付ける場合の**留意事項**

《令和 5 年度　問題 2》

3

【問題 2】　換気設備のダクトをスパイラルダクト（亜鉛鉄板製，ダクト径 200 mm）で施工する場合，次の(1)～(4)**に関する留意事項**を，それぞれ解答欄の(1)～(4)に具体的かつ簡潔に記述しなさい。
ただし，工程管理及び安全管理に関する事項は除く。

(1)　スパイラルダクトの接続を差込接合とする場合の**留意事項**
(2)　スパイラルダクトの吊り又は支持に関する**留意事項**
(3)　スパイラルダクトに風量調節ダンパーを取り付ける場合の**留意事項**
(4)　スパイラルダクトが防火区画を貫通する場合の貫通部処理に関する**留意事項**（防火ダンパーに関する事項は除く。）

《令和 4 年度　問題 2》

模範解答

2 【問題2】

(空冷ヒートポンプパッケージ形空気調和機と全熱交換ユニットを事務所に設置する場合の留意事項を，それぞれ解答欄に具体的かつ簡潔に1〜2つ記述する。)

(1) 冷媒（断熱材被覆銅管）管の吊りに関する**留意事項**

① 冷媒管の横引き配管は，冷媒管の伸縮対策の固定点を除き，冷媒管断熱材の上から支持し，断熱材の厚みを圧縮させない保護プレート（トレー），保温材増貼り又は幅広樹脂バンドなどで支持する（図）。

図 冷媒管の保護プレート（トレー）支持

② ・冷媒管の横走り管の吊り支持間隔は，呼び径が$\phi9.52$以下では1.5m以下，$\phi12.7$以上では2m以下とする。

・冷媒管の横走り管の振れ止め支持間隔は，呼び径が$\phi22.22$以下では不要，$\phi25.4$〜$\phi44.45$では6m以下，$\phi50.8$以上では8m以下とする。

(2) 配管完了後の冷媒管又はドレン管の試験に関する**留意事項**

① 冷媒管
　・窒素ガスによる気密試験とし，試験圧は冷媒種類で定めるメーカーの設計圧力とする。
　・試験は，段階的に圧力を上げていき，途中異常がないことを確認しながら試験圧力まで昇圧する。試験圧力を24時間保持して，圧力降下がないことを確認する。

② ドレン管
　・ドレン管は，通水試験を行い，漏れがないことを確認する。
　・空冷ヒートポンプパッケージ形空気調和機を仮設電源で運転させ，約2Lの水をドレンパンに注入し，ドレンアップ機構が作動し，ドレンアップ配管から水漏れがないことを確認する。

(3) 給排気ダクト（全熱交換用ユニット用）の施工に関する**留意事項**

① 全熱交換器に本体に，力が加わらないように天井スラブより給排気ダクトを吊る。
② 給排気ダクトは，外壁に向かって下がり勾配1/30以上とする。
③ 雨水侵入防止として，外壁から1m以上の給排気ダクト長さを確保する。
④ 冬季での給排気ダクトからの結露防止のため，断熱材で被覆する。

(4) 給排気口（全熱交換用ユニット用）を外壁面に取り付ける場合の**留意事項**

① 給排気口は，ショートサーキットしない間隔で設け，深形フード又は耐外風雨・霧浸入防止フードとし，ベントキャップ，丸形フードは使用しない。

② 給排気口を取り付ける前に，コーキングで防水処理を施したパイプガードを，ドレン抜き穴が下になるようにして，外壁まで伸ばした給排気ダクトに取り付ける。

3 【問題2】

換気設備のダクトをスパイラルダクト（亜鉛鉄板製，ダクト径200 mm）で施工する場合の留意事項を，それぞれ解答欄に具体的かつ簡潔に1～2つ記述する。

(1) スパイラルダクトの接続を差込接合とする場合の**留意事項**

① 差込み管の外面にシール剤を塗布しスパイラルダクトを規定の長さ程十分に差し込む。

② 片側最小4本の鋼製ビスで周囲を固定し，継目をダクト用テープで二重巻きにする。

(2) スパイラルダクトの吊り又は支持に関する**留意事項**

① 最大間隔4,000 mm以内でダクトの吊り金物や特殊帯金で支持する。なお，吊り金物に用いる山形鋼の長さは，接合フランジの横幅以上とする。

② ダクトの支持間隔12 m毎に耐震支持（耐震クラスS対応：SA種又はA種の形鋼振れ止め支持，耐震クラスA・B対応：A種又はB種の形鋼振れ止め支持）を設ける。

(3) スパイラルダクトに風量調節ダンパーを取り付ける場合の**留意事項**

① 風量調整ダンパーの取付け箇所は，安定した風量調整ができるように，また騒音源とならないように，気流が整流されたダクト部分（できればダクト幅の8倍以上になる直線部のあと）に設ける。

② 風量調整ダンパーの取付け箇所の二次側は，偏流となっているので，エルボを設ける場合は，気流が整流された箇所とする。

(4) スパイラルダクトが防火区画を貫通する場合の貫通部処理に関する**留意事項**（防火ダンパーに関する事項は除く。）

① 防火区画を貫通する箇所は，1.5 mm以上の鉄板製のダクトとし，貫通部のすき間は，不燃材で完全に埋め戻す。

② 貫通部処理をした1.5 mm以上の鉄板製のダクトに防火ダンパーを差込み接合し，防火ダンパーを4カ所以上で堅固に支持する。

---

4 【問題2】 空冷ヒートポンプパッケージ形空気調和機の冷媒管（銅管）を施工する場合の留意事項を解答欄に具体的かつ簡潔に記述しなさい。

記述する留意事項は，次の(1)～(4)とし，それぞれ解答欄の(1)～(4)に記述する。

ただし，工程管理及び安全管理に関する事項は除く。

(1) 管の切断又は切断面の処理に関する**留意事項**

(2) 管の曲げ加工に関する**留意事項**

(3) 管の差込接合に関する**留意事項**

(4) 管の気密試験に関する**留意事項**

《令和3年度 問題2》

【問題 2】 空冷ヒートポンプパッケージ形空気調和機（床置き直吹形，冷房能力 20 kW）を事務室内に設置する場合の留意事項を解答欄に具体的かつ簡潔に記述しなさい。記述する留意事項は，次の(1)～(4)とし，それぞれ解答欄の(1)～(4)に記述する。ただし，工程管理及び安全管理に関する事項は除く。

(1) 屋内機の配置に関し，運転又は保守管理の観点からの**留意事項**
(2) 屋内機の基礎又は固定に関する**留意事項**
(3) 屋内機廻りのドレン配管の施工に関する**留意事項**
(4) 屋外機の配置に関し，運転又は保守管理の観点からの**留意事項**

《令和 2 年度　問題 2》

模範解答

【問題 2】
（空冷ヒートポンプパッケージ形空気調和機の冷媒管（銅管）を施工する場合の留意事項をそれぞれ 1～2 つ記述する。）

(1) 管の切断又は切断面の処理に関する**留意事項**
　① 銅管の切断は，管軸に対して直角に，銅管用パイプカッターまたはチップソーで寸法長さを切断する。銅管内に入った切粉は，ウエス等で取り除く。
　② カーボンソー（高速カッター）はバリ出るので使用しない。
　③ 切断面の処理として，切断面にできたまくれやバリを，銅管用面取り器（リーマ，スクレーパ，ヤスリ等）で除去する。

(2) 管の曲げ加工に関する**留意事項**
　① 半硬質，硬質の銅管は，曲げ加工しない。
　② ポリエチレンフォーム被覆銅管は，緩やかなカーブとなるように手動ベンダーまたは手曲げとする。

(3) 管の差込接合に関する**留意事項**
　① 銅管，管継手の接合部を金属光沢が出るまでナイロンたわしでよく磨く。
　② 銀ろうの場合，フラックスは，銅管の接合部中央約 1/3 に適量塗る。りん銅ろうの場合，フラックスは塗布しない。
　③ 硬ろうによる差込接合の場合，銅管内の酸化防止のため，窒素ブローを開始する。
　④ 酸素アセチレントーチを用い，接合部から 30～60 mm 離れた箇所から，接合部近辺の全周を，均一に硬ろう付けの適温（暗赤色）まで加熱する。
　⑤ ろう材を差し込み，毛細管現象ですき間にすみ肉（フィレット）をつける。
　⑥ しばらく自然に冷やし，窒素ブローを止める。その後，濡れたウエスで冷却し，フラックスなど不純物などを除去する。

(4) 管の気密試験に関する**留意事項**
　① 窒素ガスによる気密試験とし，試験圧は冷媒種類で定めるメーカーの設計圧力とする。
　② 試験圧力は，段階的に上げていき，途中異常がないことを確認しながら試験圧力まで昇圧する。耐圧試験であるので，約 1 分間保持して，圧力降下がない場合は合格とする。

5 【問題 2】

（空冷ヒートポンプパッケージ形空気調和機（床置き直吹形）を事務室内に設置する場合の留意事項をそれぞれ 1～2 つ記述する。）

(1) 屋内機の配置に関し，運転又は保守管理の観点からの**留意事項**

  ① 屋内機は，前面など周囲が，フイルタ清掃・点検やメンテナンスのために必要なスペースを確保できるように設置する。

  ② 屋内機の気流が部屋全体に回るような場所に，壁を背に設置する。

(2) 屋内機の基礎又は固定に関する**留意事項**

  ① 屋内機の基礎は，床スラブ上にコンクリート基礎を設ける。

  ② 屋内機は，地震による転倒防止のため，脚部をコンクリート基礎にアンカーボルトで直接固定する。必要に応じ，機器頂部を耐震振止め支持する。

(3) 屋内機廻りのドレン配管の施工に関する**留意事項**

  ① 屋内機廻りのドレン管は，排水管からの下水臭の屋内機への逆流を防止するために，ドレントラップを設けて，排水管に接続する。

  ② 屋内機の廻りには，早期発見のため漏水検知装置を設ける。

(4) 屋外機の配置に関し，運転又は保守管理の観点からの**留意事項**

  ① 屋外機は，周囲には必要なメンテナンススペースを確保しつつ，排出された空気が，ショートサーキットしてすぐに屋外機に吸い込まれないよう外壁などとのスペースは十分にとるとともに，風通しのよい場所に設置する。

  ② 隣接建築物などの周辺に及ぼす騒音の影響を考慮して，許容値以下となるように屋外機を設置する。

10・3 留意事項　選択問題(R2～R6)　297

10・3・2 留意事項（給排水衛生設備）　選択問題（R2～R6）

【共通】　令和6年度では**問題4**と**問題5**，令和5年度以前はで**問題2**と**問題3**の問題のうちから1問題を選択し，解答は解答用紙に記述してください。選択した問題は，解答用紙の選択欄に印を記入してください。

1

【**問題5**】　屋外の地中埋設排水管を硬質ポリ塩化ビニル管（接着接合）にて施工する場合，次の設問(1)及び設問2の答えを解答欄に記述しなさい。

ただし，工程管理及び安全管理に関する事項は除く。

〔設問1〕　次の(1)～(4)に関する**留意事項**を，それぞれ解答欄の(1)～(4)に具体的かつ簡潔に記述しなさい。

(1)　埋設配管の根切りに関する**留意事項**

(2)　埋設配管の敷設に関する**留意事項**

(3)　プラスチック製ますを設置する場合の**留意事項**

(4)　埋設配管の埋戻しに関する**留意事項**

〔設問2〕　硬質ポリ塩化ビニル管の**特徴**を解答欄の(1)に具体的かつ簡潔に記述しなさい。また，その埋設配管に関して配管敷設の後，埋戻し前に**特に重要と考え実施する技術的事項**を解答欄(2)に具体的かつ簡潔に記述しなさい。ただし，設問1に関する事項は除く。

《令和6年度　問題5》

模範解答

1 【問題5】

（屋外の地中埋設排水管を硬質ポリ塩化ビニル管（接着接合）にて施工する場合を，それぞれ1～2つ記述する。）

〔設問1〕　**留意事項**

(1)　埋設配管の根切りに関する**留意事項**

①　必要なこう配を維持しつつ，配管経路に沿ってできる限り均一に，排水管の管底より100 mm程度深めに根切りする。

②　掘削した部分に山砂を埋め戻し，木だこやエンジン駆動のランマ等で突き固め，砂基礎を作る。

(2)　埋設配管の敷設に関する**留意事項**

①　塩ビ管を取付けますから次の上流までのますの長さに切断する。

②　塩ビ管の切断箇所を糸面取りし，土汚れ等を除去する。

③　塩ビ管がしなっている場合，凸部分を上面とする。

④　塩ビ管用接着剤を使用し，塩ビ管の外面及びプラスチック製ますの内面に均一に塗布する。

第二次検定

⑤　管軸を合わせ，塩ビ管をますの受口の奥まで挿入し，しばらく保持する。

(3)　プラスチック製ますを設置する場合の**留意事項**

①　ます取付位置を幅 450 mm以上，深さを管底より 150 mm深めに掘削する。

②　掘削した部分に割栗石（グリ）を埋め戻し，木だこ等で突き固め，さらに山砂を埋め戻し，エンジン駆動のランマ等で突き固め，砂基礎を作る。

③　ますと塩ビ管を接着接合し，ますとその取り付け管が移動したり傾いたりしないように水準器で水平を見ながら，周囲を均等に突き固めながら埋め戻してますを設置する。

(4)　埋設配管の埋戻しに関する**留意事項**

①　砂や良質土を用い，底部が移動したり，立上り部が傾いたりしないよう，周囲を均等に木だこ，足踏み，突き棒等で何層かに分け（標準は 1 層 20 cm 程度），よく突き固め，ふたと地表面が同一になるように仕上げる。

②　管頂 10〜20 cm 程度まで砂を投入し，水締め等を併用しながら木だこ等で締め固め，管上 30 cm までの埋戻しは，エンジン駆動のランマ等で十分締め固める。

③　管上 30 cm から地表面までの埋戻しは，良質土を用い 30 cm 以内の層に分け，各埋戻し層ごとにエンジン駆動のランマ等で締め固る。

〔設問2〕　（硬質ポリ塩化ビニル管について，1〜2 つ記述する。）

(1)　硬質ポリ塩化ビニル管の**特徴**

①　耐食性，耐候性，耐水性に優れており，建築設備の給水管，排水管等の配管材として使用されている。

②　塩ビ管用専用接着剤を用いた TS 接合なので配管加工が容易となり施工性の富む。

③　金属管に比べて軽量で施工性がよい。

④　有機溶剤に侵される。

(2)　その埋設配管に関して配管敷設の後，埋戻し前に**特に重要と考え実施する技術的事項**

①　埋戻し後に不具合が発生した場合，手直しが大変となるので，排水管の埋戻し前に配管のこう配，通水試験及び満水試験の検査が特に重要と考えた。

②　こう配の検査については，ますとます間でオートレベルを用いこう配を確認する。

③　通水試験については，ますの上流より一定の水を流して，その後ますより鏡を用いて排水管の底部に水の滞留がなく，不陸がないことを確認する。

④　満水試験については，試験対象区間のます間でますの出口をウェス等でせき止め，水を充てんさせ水位の低下がないことを確認する。

10・3 留意事項 選択問題(R2〜R6) 299

2 【問題 3】 事務所の 2 階便所の排水管を硬質ポリ塩化ビニル管（接着接合）にて施工する場合，次の(1)〜(4)に関する**留意事項**を，それぞれ解答欄(1)〜(4)に具体的かつ簡潔に記述しなさい。 ただし，工程管理及び安全管理に関する事項は除く。

(1) 管の切断又は切断面の処理に関する留意事項　(2) 管の接合に関する留意事項

(3) 横走り配管の勾配又は吊りに関する留意事項

(4) 配管完了後の試験に関する留意事項

《令和 5 年度　問題 3》

3 【問題 3】 給水管（水道用硬質ポリ塩化ビニル管，接着接合）を屋外埋設する場合，次の(1)〜(4)に関する**留意事項**を，それぞれ解答欄の(1)〜(4)に具体的かつ簡潔に記述しなさい。

ただし，工程管理及び安全管理に関する事項は除く。

(1) 管の埋設深さに関する留意事項　　(2) 排水管との離隔に関する留意事項

(3) 水圧試験に関する留意事項　　(4) 管の埋戻しに関する留意事項

《令和 4 年度　問題 3》

模範解答

2 【問題 3】

（事務所の 2 階便所の排水管を塩化ビニル管にて施工する場合の留意事項を，それぞれ解答欄に具体的かつ簡潔に 1〜2 つ記述する。）

(1) 管の切断又は切断面の処理に関する**留意事項**

① **切断**　塩化ビニル管は，管の断面が変形しないように管軸に対して直角に切断線を記入して，塩ビ管用のこを用いて切断する。

② **バリ取り及び糸面取り**　切断面は，面取り器で内外面のバリとりを行い。なお，外面端部は，挿入の際に接着剤による潤滑層を削り取らないようにするため糸面取りする。

(2) 管の接合に関する**留意事項**

① **マーキング**　継手受け口の長さを測り，塩化ビニル管に挿入しろの標線をマーキングする。

② **接着剤塗布**　継手受け口内面及び塩化ビニル管外面に，時間差を設けないで専用の接着剤をはけで薄く標線まで円周方向に均一に塗布する。

③ **潤滑層の形成**　塗布した接着剤で十分な潤滑層を形成させるため，少しタイムラグを設ける。

④ **接合**　軽く差し込み，管軸を合わせて一気に差し込む。

(3) 横走り管のこう配又は吊りに関する**留意事項**

① 横走り排水管の勾配は，原則として，呼び径 65 以下では最小 1/50, 呼び径 75・100 では最小 1/100, 呼び径 125 では最小 1/150, 呼び径 150 以上では最小 1/200 とする。

第二次検定

② 横走り管の吊り支持間隔は，呼び径 15～80 では 1 m 以下，呼び径 100～300 では 2 m 以下とする。

③ 横走り管の振れ止め支持間隔は，呼び径 25～40 では 6 m 以下，呼び径 50～100 では 8 m 以下とする。

(4) 配管完了後の試験に関する**留意事項**

① 満水試験は，隠蔽する前や防露工事前に行う。

② 1 階立て管に満水継手を設け，2 階排水管を満水試験し，30 分後に水位の変動がない，かつ接合部等からの漏れがないことを確認する。

3 【問題 3】

（給水管（水道用硬質ポリ塩化ビニル管，接着接合）を屋外埋設する場合，留意事項を，それぞれ解答欄に具体的かつ簡潔に 1～2 つ記述する。）

(1) 管の埋設深さに関する**留意事項**

① 管の埋設深さは，車両通行部分が 600 mm 以上，その他は 300 mm 以上とする。

② 寒冷地における管の埋設深さは，凍結深度より深くする。

(2) 排水管との離隔に関する**留意事項**

① 排水管と並行する場合は，配管の外面側で 500 mm 以上，かつ給水管を上方に配置する。

② 排水管と交差する場合は，給水管を排水管の上側とする。

(3) 水圧試験に関する**留意事項**

① 接着接合後，24 時間硬化養生時間を経て，水圧試験を行う。

(4) 管の埋戻しに関する**留意事項**

① 塩ビ管に損傷を与えないように，根切り底より 300 mm 程度山砂で管の周囲を埋め戻し水締めする。

② 配管真上に埋設表示シートを置き，掘削土をふるいにかけた土で埋め戻す。

10・3 留意事項 選択問題(R2〜R6) 301

4

【問題3】 ガス瞬間湯沸器（屋外壁掛け形，24号）を住宅の外壁に設置し，浴室への給湯管（銅管）を施工する場合の留意事項を解答欄に具体的かつ簡潔に記述しなさい。**記述する留意事項は，次の(1)〜(4)とし**，それぞれ解答欄の(1)〜(4)に記述する。

ただし，工程管理及び安全管理に関する事項は除く。

(1) 湯沸器の配置に関し，運転又は保守管理の観点からの**留意事項**

(2) 湯沸器の据付けに関する**留意事項**

(3) 給湯管の敷設に関する**留意事項**

(4) 湯沸器の試運転調整に関する**留意事項**

《令和3年度 問題3》

5

【問題3】 排水管（硬質ポリ塩化ビニル管，接着接合）を屋外埋設する場合の留意事項を解答欄に具体的かつ簡潔に記述しなさい。**記述する留意事項**は，次の(1)〜(4)とし，それぞれ解答欄の(1)〜(4)に記述する。ただし，工程管理及び安全管理に関する事項は除く。

(1) 管の切断又は切断面の処理に関する**留意事項**

(2) 管の接合に関する**留意事項**

(3) 埋設配管の敷設に関する**留意事項**

(4) 埋戻しに関する**留意事項**

《令和2年度 問題3》

模範解答

4 【問題3】

（ガス瞬間湯沸器（屋外壁掛け形：24号）を住宅の外壁に設置し，浴室への給湯管（銅管）を施工する場合の留意事項をそれぞれ1〜2つ記述する。）

(1) 湯沸器の配置に関し，運転又は保守管理の観点からの**留意事項**

① 湯沸器を設置する場所は，火災予防条例等で規制してある周囲の可燃材との離隔距離を確保する。

② 機器が容易に点検できるスペース（前方600 mm，側方200 mm）を確保する。

(2) 湯沸器の据付けに関する**留意事項**

① 湯沸器取付け板上部中心孔にタッピングねじが仮止めできるように，外壁に墨出し，下穴をあけ，タッピングねじを壁面に仮止めする。

② 湯沸器取付け板上部・下部の取付け孔の位置に，下穴をあけ，すべての下穴にねじ止めして，湯沸器を固定する。

(3) 給湯管の敷設に関する**留意事項**

① 給湯配管には，保温付き架橋ポリエチレン管等の給湯専用配管を使用し，誤接続とならないように，給水配管とは，色等で識別できるようにしておく。

② 配管途中に空気たまりができるような配管敷設は避ける。

第二次検定

(4) 湯沸器の試運転調整に関する**留意事項**

① 所定の水圧が湯沸器本体にかかっていることを確認する。

② リモコン操作で，口火の点火状態，バーナの点滅作動，安全装置の作動及び温度調節器によるバーナの作動を検査する。

---

5 【問題3】

（排水管（硬質ポリ塩化ビニル管，接着接合）を屋外埋設する場合の留意事項をそれぞれ1～2つ記述する。）

(1) 管の切断又は切断面の処理に関する**留意事項**

① **切断** 硬質ポリ塩化ビニル管（以降塩ビ管と記す）は，管の断面が変形しないように管軸に対して直角に切断線を記入して，塩ビ管用のこを用いて切断する。

② **バリ取り及び糸面取り** 切断面は，面取り器で内外面のバリとりを行う。なお，外面端部は，挿入の際に接着剤による潤滑層を削り取らないようにするため糸面取りする。

(2) 管の接合に関する**留意事項**

① **マーキング** 継手受け口の長さを測り，塩ビ管に挿入しろ標線をマーキングする。

② **接着剤塗布** 継手受け口内面及び塩ビ管外面に，時間差を設けないで専用の接着剤をはけで薄く標線まで円周方向に均一に塗布する。

③ **潤滑層の形成** 塗布した接着剤で十分な潤滑層を形成させるため，少しタイムラグを設ける。

④ **接合** 軽く差し込み，管軸を合わせて一気に差し込む。継手受け口はテーパとなっているため，挿入後すぐに手を離すと塩ビ管が抜けだすので，夏場1分，冬場2分くらい，そのままの挿入した状態を保つ。

(3) 埋設配管の敷設に関する**留意事項**

① **根切り** 配管経路に沿ってできる限り均一に，排水管の管底高さより100mm深めに掘削する。掘削した部分を突き固め，地ならしする。

② **塩ビ管の敷設** 塩ビ管のこう配を確認しながら，塩ビ管の両サイドに山砂を入れ，突き棒で突き固める。

③ **検査** 勾配を確認しながら水を少し流す。取付け桝内から点検鏡を使って，塩ビ管が真円になっているか，また管底部に水が一直線となっているか確認する。

(4) 埋戻しに関する**留意事項**

① **山砂での埋戻し** 塩ビ管に損傷を与えないように，根切り底より300mm程度山砂で管の周囲を埋め戻し水締めする。

② **埋戻し** 配管真上に埋設表示シートを置き，掘削土をふるいにかけた土で埋め戻す。

10・4　施工経験した管工事の記述　必須問題(R2〜R5)　303

10・4 施工経験した管工事の記述 | 必須問題(R2〜R5)

【共通】　令和 5 年度以前では，**問題 6** は必須問題であったが，令和 6 年度は出題はなかった。今後も出題はないと思われる。

2

【問題6】　あなたが経験した**管工事**のうちから，**代表的な工事を 1 つ選び**，次の設問 1〜設問 3 の答えを解答欄に記述しなさい。

〔設問 1〕　その工事につき，次の事項について記述しなさい。

(1)　工事名〔例：◯◯ビル（◇◇邸）□□設備工事〕

(2)　工事場所〔例：◯◯県◇◇市〕

(3)　設備工事概要〔例：工事種目，工事内容，主要機器の能力・台数等〕

(4)　現場でのあなたの立場又は役割

〔設問 2〕　上記工事を施工するにあたり「**品質管理**」上，あなたが**特に重要と考えた事項**を解答欄の(1)に記述しなさい。

また，それについて**とった措置又は対策**を解答欄の(2)に簡潔に記述しなさい。

〔設問 3〕上記工事を施工するにあたり「**安全管理**」上，あなたが**特に重要と考えた事項**を解答欄の(1)に記述しなさい。

また，それについて**とった措置又は対策**を解答欄の(2)に簡潔に記述しなさい。

《令和 5 年度　問題 6》

3，**4**，**5** は，例年同じパターンの出題であるので掲載を省略する。

〔設問 1〕は，工事名，工事場所，設備工事概要，現場でのあなたの立場又は役割を記述する問題である。

〔設問 2〕，〔設問 3〕は，施工管理（品質管理・工程管理・安全管理）のうちの 2 つの管理項目が指定されるので，あなたが特に重要と考えた事項，それについてとった措置又は対策を簡潔に記述する問題である。

最近 5 年間の指定された管理項目

	令和 6 年度	令和 5 年度	令和 4 年度	令和 3 年度	令和 2 年度
〔設問 2〕	出題がなかった	品質管理	工程管理	工程管理	品質管理
〔設問 3〕		安全管理	品質管理	安全管理	安全管理

第二次検定

[執筆者] 横手幸伸　Yukinobu Yokote
1972年　関西大学工学部機械工学科卒業
現　在　㈱建物診断センター　シニアアドバイザー

伊藤宏之　Hiroyuki Ito
1983年　工学院大学建築学科卒業後，
同大学修士課程建築学専攻修了
現　在　㈱T-VIS 代表

中村　勉　Tsutomu Nakamura
1975年　大阪府立工業高等専門学校機械工学科卒業
現　在　須賀工業株式会社

大塚雅之　Masayuki Otsuka
1988年　東京理科大学大学院理工学研究科建築学専攻博士後期課程修了
現　在　関東学院大学　建築・環境学部　教授

木村彩芳　Ayaka Kimura
2023年　関東学院大学大学院工学研究科建築学専攻博士前期課程修了
現　在　東京電力エナジーパートナー㈱

加藤　豊　Yutaka Katou
1972年　工学院大学専修学校建築科卒業
2003年　㈱テクノ菱和技術本部副本部長
現　在　㈱ゆたか技術士事務所　代表取締役

令和7年度版　**第一次検定・第二次検定**
2級管工事施工管理技士　科目別問題集

2025 年 4 月 18 日　初　版　印　刷
2025 年 4 月 25 日　初　版　発　行

執筆者　　横　手　幸　伸
（ほか上記 5 名）

発行者　　澤　崎　明　治

（印刷）中央印刷　（製本）ブロケード
（装丁）市ヶ谷出版社　（トレース）丸山図芸社
（カバーデザイン）加藤三喜

発行所　　株式会社　市ヶ谷出版社
東京都千代田区五番町 5
電話　03－3265－3711㈹
FAX　03－3265－4008
http://www.ichigayashuppan.co.jp

Ⓒ 2025　　　　　ISBN 978-4-86797-364-6